Research and Applications of
NEW MEDIA

新媒体研究与应用

潘霁 ◎ 主编

北京大学出版社
PEKING UNIVERSITY PRESS

图书在版编目(CIP)数据

新媒体研究与应用 / 潘霁主编. -- 北京：北京大学出版社, 2024.10. -- ISBN 978-7-301-35655-5

I. G206.2

中国国家版本馆 CIP 数据核字第 2024HB5485 号

书　　　名	新媒体研究与应用 XINMEITI YANJIU YU YINGYONG
著作责任者	潘　霁　主编
责任编辑	梁　路
标准书号	ISBN 978-7-301-35655-5
出版发行	北京大学出版社
地　　　址	北京市海淀区成府路 205 号　100871
网　　　址	http://www.pup.cn
新浪微博	@北京大学出版社　　@未名社科-北大图书
微信公众号	北京大学出版社　北大出版社社科图书
电子邮箱	编辑部 ss@pup.cn　　总编室 zpup@pup.cn
电　　　话	邮购部 010-62752015　　发行部 010-62750672 编辑部 010-62753121
印 刷 者	北京溢漾印刷有限公司
经 销 者	新华书店
	730 毫米×980 毫米　16 开本　15.5 印张　260 千字 2024 年 10 月第 1 版　2024 年 10 月第 1 次印刷
定　　价	49.00 元

未经许可，不得以任何方式复制或抄袭本书之部分或全部内容。
版权所有，侵权必究
举报电话：010-62752024　电子邮箱：fd@pup.cn
图书如有印装质量问题，请与出版部联系，电话：010-62756370

目　录

第一章　新媒体与文化 ··· 1
第一节　新媒体文化概述 ·· 1
第二节　新媒体文化的参与者 ·· 4
第三节　符号、物质与实践 ·· 14
第四节　文化身份的建构 ··· 22
第五节　技术变迁与新媒体文化 ·· 28

第二章　新媒体与数据 ·· 39
第一节　理解数据 ·· 39
第二节　大数据 ··· 53
第三节　新闻媒体与数据应用 ··· 60

第三章　新媒体与游戏 ·· 79
第一节　超越玩乐：新媒体对游戏概念的拓展 ························ 80
第二节　游戏性：游戏对新媒体特性的强化 ··························· 87
第三节　游戏化：新媒体与游戏相结合发挥社会功能 ··············· 95
第四节　元游戏：新媒体与游戏融合的新趋向 ······················ 102

第四章　新媒体与媒介融合 ······ 111
第一节　媒介融合的含义 ······ 111
第二节　大众传播时代的媒介融合 ······ 120
第三节　移动网络时代的媒介融合 ······ 131

第五章　新媒体与国际传播 ······ 148
第一节　国际传播的起源与互联网的诞生 ······ 148
第二节　跨国新媒体与全球新平台 ······ 156

第六章　新媒体与出版 ······ 179
第一节　新媒体时代出版业面临的挑战和宏观调整 ······ 179
第二节　新媒体时代的版权管理制度 ······ 185
第三节　新媒体时代出版业内部发展战略 ······ 194

第七章　新媒体与舆论 ······ 206
第一节　舆论及其形成 ······ 206
第二节　新媒体与舆论新格局 ······ 219
第三节　新媒体与中国共产党新闻舆论思想 ······ 228

后　记 ······ 241

第一章　新媒体与文化

第一节　新媒体文化概述

经典文化理论是我们理解新媒体文化的出发点。雷蒙德·威廉姆斯(Raymond Williams)关于"文化乃平常事(culture is ordinary)"[1]的观点同样适用于新媒体文化。从根本上讲,新媒体文化是一种日常生活文化,它不仅仅包括艺术家或专业机构生产的艺术作品,更指向普通人在数字空间中工作、生活、休闲的意义创造过程。图1-1展示了两种不同的"新媒体文化"。左图是艺术家徐冰利用表情符号创作的新媒体作品《地书:曼彻斯特的一天》[2];右图是曾经在青少年网络用户中比较流行的"火星文"[3],多发布于个人网络空间。徐冰的《地书》与火星文都由网络文化中特有的表达符码构成,尽管生成逻辑迥然,却都反映了新媒体文化的可能风貌。

---

[1] R. Williams, *Culture Is Ordinary*, Cambridge University Press, 1958, p. 53.
[2] 徐冰:《地书:曼彻斯特的一天》,http://www.xubing.com/cn/work/details/614？year=2021&type=year#614,2024年2月29日访问。
[3] 《十年,QQ空间从男默女泪变成了时代眼泪》,https://www.thepaper.cn/newsDetail_forward_10654164,2024年2月29日访问。

(a) 徐冰的《地书：曼彻斯特的一天》　　　(b) 网友的火星文

图 1-1　新媒体文化示意

　　符号与文本是新媒体文化主要的表现形式，但我们也不能忽略新媒体文化中技术、物质与具身实践的成分。如雷蒙德·威廉姆斯所说，文化是人们具体的生活方式，是一种"活的体验（lived experience）"。从这样的视角看，新媒体文化的范畴极具延展性，超越物质与文本、线上与线下、视觉与听觉的界限，指向一种以新媒体技术为中介的融合体验。举例而言，我们用新媒体文化的角度看广场舞，就会发现这个活动中包含很多不同的文化维度：舞者通过手机应用形成网状连结；广场舞的音乐与舞姿都带有强烈的互联网风格，并与舞者的具身体验形成当下的共振；广场舞者使用从短视频、音乐平台获取的音乐，再通过移动音响设备在城市中创造一个专属的空间。另举一例。人们通过小红书或抖音平台"打卡"城市中的网红景点。打卡者亲身来到景观面前，复制经典的姿势与角度，通过手机拍照，编辑照片，配上滤镜，再添加相应的标签后上传。于是，该打卡影像汇流进庞大的网络影像。在这个过程中，个体在城市空间的具身体验被转化为一种"戏仿"游戏，城市景观在传播中不断被确认、挪用与篡改。

在这两个例子中,新媒体文化均不能被归约为纯粹的符号生产与交换,而应被理解为一个技术、意义、身体、情感与空间等元素互相嵌入、彼此纠缠的生产过程。

文化研究中关于主流文化(mainstream culture)与亚文化(sub-culture)关系的讨论,对理解新媒体文化很重要。中国的互联网普及率不断攀高,截至2023年12月,我国网民规模达10.92亿人,较2022年12月新增网民2480万人,互联网普及率达77.5%[①]——互联网成为一种普惠的信息技术,甚至变成了我们赖以生存的基础设施。在这样的背景下,今天的新媒体文化以其参与人数之众、影响范围之大,已然成为一种主流文化。曾经被视为典型的主流文化(如影视创作、机构新闻、流行音乐与文学)都与新媒体文化深度融合,难分彼此。不过,从历史发展的角度看,青年人一直是新媒体最主要的用户群体,因此今天的新媒体文化依然有很明显的青年文化特色。以互联网为核心的新媒体为小众文化群体和另类身份建立提供了相对独立的文化空间,由此新媒体也与亚文化形成紧密的联系。尽管新媒体已成为一种普遍的信息和社会组织形式,但新媒体文化依然与主流的、传统的文化样式存在某种意义上的区别,随着新媒体文化的边界日渐模糊以及卷入其中的群体越来越多元且呈现动态变迁的特征,我们或许很难沿用葛兰西理论中的"霸权(hegemony)"观念去分析新媒体文化中的权力构成。但新媒体文化场域依然可被看作一种"妥协的均衡(compromised equilibrium)",其中充满了不同方向上力的角逐,既有"收编"也有"反抗",既有本真的成分也有商业的运作。相比于传统媒介时代的流行文化,新媒体文化具有更多自下而上的创造力与更加丰富的冲突张力。尽管新媒体文化在体量上已成为主流,但由于其容纳的多元价值与审美,却并未形成固化、稳定的权力结构,相反充满了协商和运动。

---

① 《我国网民规模达10.92亿人》,https://www.gov.cn/yaowen/liebiao/202403/content_6940952.htm,2024年8月15日访问。

第二节 新媒体文化的参与者

一、参与者的结构

简而言之,中国的互联网网民都可被看作新媒体文化的参与者。分析中国互联网用户的结构性特征,也可以帮助我们理解新媒体文化参与者的构成。1994年,中国实现与国际互联网的全功能连接,就此开启互联网时代。此后的30年,中国互联网在硬件与软件方面逐渐成熟,网民规模及其群体特征也发生了巨大改变。1997年,中国互联网络信息中心(China Internet Network Information Center,CNNIC)牵头组织开展全国范围内的互联网使用情况调查,并发布统计报告,报告至今已持续发布50多次。据CNNIC首份报告数据,截止到1997年10月底,中国上网用户数为62万,且大部分用户通过拨号上网。2005年,中国网民规模首次突破1亿大关,宽带上网用户占比首次超过50%。2007年6月底,中国网民总人数达到1.62亿,网民规模位居世界第二,但互联网普及率仅有12.3%,低于全球平均水平。2008年6月底,中国网民人数达到2.53亿,普及率接近20%,首次大幅度超过美国,跃居世界第一。此后,3G、4G、5G技术相继成熟,移动网络崛起,中国移动互联网加速发展,网民规模持续稳定增长。

迅猛扩大的网民规模也意味着网民属性结构的显著变化。其中,网民年龄是重要的考察维度之一。在中国互联网发展初期,青年用户是中国互联网的主力军,也是商家争取的主要对象。根据1997年至1998年CNNIC历次统计数据,网民总量中21—35岁的青年占比在80%左右,而20岁以下以及41岁以上的网民占比较低,基本均在10%上下浮动。截止到2000年6月,中国网民数量达1690万,其中18—35岁的青年占比近86%。这批最早"触网"的青年群体,受教育水平与收入水平相对较高,上网条件也相对便利。

21世纪以来,随着宽带提速降价,家用电脑大量普及,门户网站、搜索引擎、论坛社区、网络游戏等蓬勃发展,互联网逐步成为国民生活的日常组成部分。

中国网民年龄结构更趋平衡,40岁及以上网民占比提高,高龄群体比例上升。从整体来看,网民群体仍以青年为主,但其年龄分布重心逐渐向下偏移,青少年用户在网民整体中的占比增长更快。2000年下半年,18岁以下网民所占比重由1.65%增至14.93%;2007年至2008年,10—19岁网民所占比重由27.8%增至35.2%,成为2008年中国互联网最大的用户群体。这种变化一方面源于教育部自2000年开始建设的"校校通"工程,为中小学校上网提供了便利资源;另一方面,网络游戏、视频、音乐等互联网应用不断增强的娱乐特性,天然吸引青少年,为其带来丰富的娱乐体验。

出生于这一时期的人,常以"数字原住民"的身份备受关注。他们被称为Z世代(Generation Z, Gen Z)、网络世代或互联网世代(the Internet Generation),是同时生活在电子虚拟世界与现实世界的原生世代。根据世代划分标准并参考欧美对人口代际的划分,Z世代特指在20世纪90年代末至21世纪头5年出生的人。按照15年为一个世代周期,国内学术界与媒体多将其细化定义为出生于1995年至2009年间的人。中国Z世代的成长轨迹,正与中国互联网的发展与变革相契合,他们也正在成为中国互联网规模庞大的用户群体与塑造者,是"活在网上"的一代。与父辈的"触网"经历相比,Z世代在更小的年纪便享受到了家用电脑的便利。除了家庭场景,"校校通"等资源利好为Z世代在教育学堂上提供了互联网技术基础,互联网使用成为他们启蒙教育的组成要素。

迈入21世纪的第二个十年,中国迎来移动互联网大爆发,通过手机上网的人数已经超越传统PC上网人数。2011年底,中国网民规模达5.13亿,手机网民规模达3.56亿,同比增长17.5%。2015年底,中国网民规模达6.88亿,手机网民规模为6.20亿,互联网普及率为50.3%,一半以上的中国人均已接入互联网。在这一时期,10—39岁用户以75.1%的占比,在中国网民年龄结构中占据首要位置。其中,20—29岁年龄段的网民占比最高,达29.9%。同时,互联网继续向10岁以下低龄群体和40岁以上中高龄群体扩散渗透。移动互联网应用生态也迎来跨世代更迭。一方面,以抖音、快手、小红书、哔哩哔哩(B站)为代表的内容平台涌入国民生活,以差异化、精细化的社区内容抢占用户注意力。

截至2023年12月,我国网民规模达10.92亿,互联网普及率达77.5%;其中,手机网民规模达10.91亿,较2022年12月增加2562万,网民中应用手机上网的比例达99.9%①,互联网已全面渗透国民生活。另一方面,移动社交快速发展,从QQ、人人网、微博到微信"超级App"(Super-app),再到陌陌、Soul等陌生人社交平台,中国的移动社交行业巨头崛起,社交业务场景趋向多元化,并呈现出鲜明的年轻化趋势。

根据《2023新中产人群洞察报告》,截至2023年7月,我国青少年和青年群体是互联网使用的主要人群,特别是20—29岁、30—39岁的网民占比分别为13.7%和19.2%。同时,中老年群体的互联网使用也在增加,50岁及以上网民群体占比由2022年12月的30.8%提升至32.5%。未成年人触网低龄化趋势明显,10岁以前首次"触网"的未成年人占比达52%,较上年提高7.4%。总体而言,青少年和青年群体对互联网的使用时间较长,月人均使用时长达到197.2小时,远超全网平均值166.9小时。Z世代及更大范围的青年群体仍是中国互联网用户的主力。② 从历年中国网民结构的变化来看,青年是中国新媒体文化的主要参与者,青年的网络文化与数字生活方式形塑了中国新媒体文化的整体风貌。一个有趣的例子是,在中国互联网上流行的很多"中年人"风格的文化元素(如表情包),恰恰是青年人创造并热衷传播的,青年群体对互联网文化具有不可否认的主导影响。近年来,随着互联网的进一步普及和市场的下沉,中老年群体逐渐开始发展出属于自己的社群和文化。

二、网络名人

网络名人有很多不同的称谓,如微名人(micro-celebrity)、网络达人、网红、大V、KOL(Key Opinion Leader,关键意见领袖)等。在英文世界,这类网络名人

---

① 《第53次〈中国互联网络发展状况统计报告〉》,https://www.cnnic.net.cn/n4/2024/0322/c88-10964.html,2024年8月15日访问。

② 《2023新中产人群洞察报告》,https://www.thepaper.cn/newsDetail_forward_24579089,2024年8月15日访问。

通常被称为"influencer"。涂凌波在其研究中将互联网上具有影响力的个体分为两种:一是网络名人,由互联网赋予知名度和社会地位;二是网络意见领袖,主要通过意见表达来影响公众。① 二者可以独立存在,也可以相互重叠。在《作为中国社交媒体娱乐形式的网红现象》(Wanghong as Social Media Entertainment in China)一书中,作者将中国当代网红分为三类:一是文化网红,指活跃在传统媒体上的精英、专家、作者和演员等,通常被称为"大V"和"KOLs";二是创意性网红,指原生于平台文化,专注于某垂直领域的内容生产者;三是社交网红,其核心竞争力在于与粉丝培养彼此间互惠、情感亲密的社会关系。②

网络名人是新媒体文化逻辑内生的一个群体和身份。在传统媒体时代,大众明星是流行文化的主要传播者。在新媒体环境中,各种类型的网络名人成为流行文化的主要塑造者。网络名人代表了一种全新的流行文化生产方式。大众明星依托大型媒体机构,对大规模的匿名观众产生影响,甚至逐渐具备一定的"国民性"。网络名人则更多由小型公司运营甚至自我经营,往往发展出明确的垂直领域,吸引特定的粉丝群体,具有明显的分众特点。相比而言,传统明星在台前展示自我,其私生活往往是神秘的,只是偶尔由狗仔队或八卦新闻披露。而网络名人在数字空间中构造一种持续的可接近状态,他们主动地生产、发布内容,旨在与粉丝及时沟通,粉丝则通过点赞、转发、评论等方式给予数据和意义上的回馈。③ 网络名人的文化生产被理解为一种"通过摄像头、视频、音频、博客以及社交网站等方式进行的新型表演,以期在与之连结的观众/读者中增加热度"④。对网络名人来说,他们的表演是持续的,并且是跨越不同平台的。有学者认为,网络名人的表演的核心为一种本真性(authenticity),这种本真性一方面指通过敞开私人领域而同粉丝建立的亲近感,另一方面也指维系一种稳定且

---

① 涂凌波:《草根、公知与网红:中国网络意见领袖二十年变迁阐释》,《当代传播》2016年第5期。
② 转引自曹钺:《平台时代中国的名人文化——评〈网红:作为中国的社交媒体娱乐〉》,《国际新闻界》2022年第3期。
③ S. Mishra, *Digital Cultures*, Routledge, 2021, p. 12.
④ T. M. Senft, *Camgirls: Celebrity and Community in the Age of Social Networks*, Peter Lang, 2008, p. 25.

有魅力的人格或"人物设定"。① 此外,与传统名人相比,网络名人的文化生产围绕"数据"与"流量"逻辑展开。网络名人在日常工作中,必须时刻基于数据考量粉丝的反馈,同时关注其他竞争者在平台上的可见性,还务必在创作和表演时迎合实时演变的算法规则,以维系并增加个人的影响力。这意味着数据和算法成为网络名人工作的基本方法论。

无论是网络名人还是网络意见领袖,在互联网发展早期(BBS、博客、微博早期),都缺乏有效明晰的商业模式。② 近年来,随着互联网技术的发展,特别是作为新经济系统的平台崛起,网络名人文化获得了巨大的商业动力。今天的网络名人,通常都有公开的商业诉求,利用自己的文化资本、内容优势和社会关系实现资本积累和商业变现。网络名人的商业变现渠道多样,如内容打赏、广告植入和电商合作等。网络名人的商业运营依托一种新型机构——MCN(Multi-Channel Network,多频道网络)公司。MCN 充当创作者与平台之间的中介,可以理解为网红经纪公司。MCN 不进行内容生产,更主要的任务是聚合内容创作者,为他们提供广告代理、版权、运营等服务,并以一定比例和创作者分成。③ 据统计,截至 2018 年底,国内 93% 的头部网络名人都隶属于 MCN 公司或自创 MCN 公司。④

譬如,李子柒是一个在国内外取得了广泛影响的网络名人。她于 2015 年开始拍摄"农村生活"主题的美食短视频。在视频中,李子柒几乎没有台词,而是通过对乡村生活与美食精致、唯美的视觉呈现,形成了自己的风格。李子柒视频中的自然意境与超然的生活态度对都市人形成了巨大的冲击力和吸引力,她一度成为最具"流量"的网络名人。后来,她因与 MCN 公司的矛盾渐渐淡出公众视野。李佳琦是另一位典型的网络名人。他本是一名百货公司的美妆店员,在 MCN 公司的扶持、运营下成为直播电商的顶级主播。随着影响力日增,

---

① 涂凌波:《草根、公知与网红:中国网络意见领袖二十年变迁阐释》,《当代传播》2016 年第 5 期。
② 同上。
③ 张培培:《网红"工厂":MCN 机构的发展历程、兴起逻辑及未来趋势》,《浙江传媒学院学报》2021 年第 1 期。
④ 《2018 年中国网红经济发展研究报告》,https://report.iresearch.cn/report/201806/3231.shtml,2024 年 7 月 5 日访问。

李佳琦的直播间也成为极具特色的女性消费文化空间,李佳琦本人则逐渐成为一个具有商业和文化号召力的 IP(有资产商业价值的品牌符号)。

网络名人是新媒体文化网络中的重要节点,推动着新媒体文化的流变。值得注意的是,新媒体文化多数时候是一种自下而上的参与式文化,在多种力量的交织互动中形成,并不为任何单一群体或机构所垄断。一方面,网络名人的出现,恰恰说明了新媒体文化的中心性下沉,有更加多元、广泛的人群能够对文化起到塑造作用。另一方面,网络名人和 MCN 公司的出现也表明商业力量对新媒体文化所起到的塑造作用。不少关于网络名人的研究都从批判性的角度切入,分析网络名人在日常表演与运营过程中涉及的情感劳动、可见性分配、算法权力等。[1] 这意味着网络名人及其粉丝也是深度嵌入技术、资本体系的文化形态,其文化符号和劳动价值可能被征用与收编。作为一种新生事物,网络名人在急速发展的同时,仍面临许多亟待解决的问题。业界网络名人经济应持续探索更加专业化的行业规范和商业模式。学界也应不断跟进,力图更好地理解和解释时刻变迁的技术—文化形态。

三、新媒体文化的社群

与现实中的文化形态发展相似,新媒体文化的发展也需要依托特定的"空间"。不同类型的互联网平台为多样的新媒体文化提供了具体的实现空间。这些独具特色的文化空间的形成,有历史的原因。例如,特定的群体因缘际会,在特定的情境下聚集于某一类互联网平台,在长期互动中发展出自己独特的表达方式与观念系统。例如,百度贴吧就曾经聚集了大量青年网民,形成了具有草根特色的亚文化空间。此外,新媒体文化空间的形成也与各类互联网应用的技术可供性有关。平台的技术设定会鼓励或限制某些用户互动方式,放大或缩小特定类型的感知审美,进而塑造文化的新形态。例如,短视频这种媒介形态及其流量运算与内容推送的机制,影响了很多短视频内容创作的取向。视频直播

---

[1] C. Abidin and M. L. Brown, eds., *Microcelebrity around the Globe: Approaches to Cultures of Internet Fame*, Emerald, 2019, p. 18.

间的即时反馈则会营造出独特的直播文化。特定文化空间的形成还与互联网商业部门的运营策略有关。例如,知乎平台定位于知识的分享与讨论,因此其空间具有精英取向的文化氛围;小红书围绕都市生活方式与消费体验运营内容,渐渐形成了具有都市中产阶层消费主义意味的文化氛围。同时,我们需要注意,新媒体文化空间也受到政策规定的影响,其最终的文化氛围是多方因素共同形塑的。本节接下来围绕哔哩哔哩、豆瓣网、小红书等案例来讨论新媒体文化社群的建构。

不同的网络文化空间中聚集了不同的网络社群。如果说新媒介提供了表达的技术性空间(space),那么具有共通的身份认同、相似的情感结构与表达方式的网络用户聚集在空间中彼此交往、互动,便形成了更具文化与情感意义的社群(community)。而由网络技术构造的空间就有可能成为具有社会与情感意义的"地方(place)"。① 社群是人类社会生活的基本单位之一,在不同历史时期存在不同形态的人类社群。在新媒体环境下,我们更关注的是广义的数字网络技术能否催生新的社群形态,这类社群形态与物理空间中的社群有何区别和联系,又会催生怎样的文化形态。有人将网络空间社群定义为"在社会多元分化的基础上,原本分散在不同地域中具有相同兴趣、观点和情感的个体利用互联网和新媒体连接起来,形成的有别于传统社群的新形态社群"②。在他们的分析中,网络社群具有内部结构圈层化的特征,其成员在现实世界中有较大异质性,但在网络社群的长期互动中建立了联系,增强了同质性和彼此的理解。通常,网络社群更具流动性,成员的连接性较弱,变动频繁。网络社群可以具有不同的交往目的,但大多聚焦于某种特定的议题或利用某种身份来进行自我组织与文化生产。

在文化方面,很多网络社群都围绕对兴趣爱好的分享以及知识创造进行自我组织。③ 这方面最具代表性的便是近年来在青年群体中具有较大文化影响力的"B站"。B站全称Bilibili或哔哩哔哩。该网站建立的初衷是为用户提供一

---

① 〔美〕段义孚:《空间与地方:经验的视角》,王志标译,中国人民大学出版社2017年版,第2—4页。
② 李良荣、方师师主编:《网络空间导论》,复旦大学出版社2018年版,第49页。
③ 同上。

个稳定的弹幕视频分享平台。早期的 B 站主打 ACG 与鬼畜内容。ACG 即以日本动画(Anime)、漫画(Comics)与电子游戏(Games)为代表的二次元内容;鬼畜则是通过更改原素材声音的频率、声调配合 BGM,以达到洗脑效果的一种独特的创作形式。经过长期发展,今天的 B 站已成为多元青年文化社群,包含为数众多的兴趣圈层,并形成了以创作者(UP 主)为中心的内容生态。

早期 B 站以鬼畜作品为独特标志,对起源于日本 Niconico 弹幕视频网站的、以《鬼畜蓝蓝路》为代表的"音 MAD"进行改造和发展,融入本土素材,搭配音乐将人声调整为歌曲的"人力 VOCALOID"形式。鬼畜视频通常挪用流行文化文本中的人物或素材(如赵本山、成龙、唐国强饰演的诸葛亮等人物形象)。鬼畜在 2015 年出圈,影响力日益增强,B 站也因此单独开辟了"鬼畜"分区。此外,B 站还主打动漫作为其特色内容。随着商业化发展,B 站大量购买、运营版权动漫内容。2013 年《进击的巨人》全网爆火,此后 B 站成为中国动漫观众最主要的流媒体平台。与此同时,B 站动画区出现了大量的 UP 主二创内容,渐渐形成更具特色的"二次元"社群文化氛围。2017 年,B 站开创国产动画分区,成为国漫发布的重要平台,数年间推出很多代表性佳作,如《罗小黑战记》《雾山五行》《时光代理人》《凡人修仙传》等。

早期的 B 站是日本动漫爱好者的聚集地,用户需要回答一百道动漫相关的知识性问题才能成为会员,参与社群互动。彼时的 B 站社群,门槛较高,具有一定的封闭性。这种机制将二次元狂热用户筛选出来,为创造友好的、同质化的社区氛围打下了基础。此外,B 站还沿用了起源于日本 Niconico 网站的弹幕功能。对 B 站用户来说,良好的弹幕礼仪和独特的表达方式增强了其归属感。在弹幕互动过程中,用户发展出自己的语言,弹幕"梗"的影响力不断扩大,独特的"玩梗文化"不仅增强了用户黏性,也进一步营造了良好的社区氛围。经过十多年的发展,B 站从专注二次元的线上社群发展为 Z 时代青年文化空间,现在成为泛娱乐化的原创内容平台。今天的 B 站已超越了单一文化的社区,成为涵盖多元兴趣圈层的包容社区,并不断地吸引新的趣缘群体和泛娱乐用户来到平台。尽管如此,B 站依然保留了其青年文化的特质,并以此区别于其他商业性视频平台。

国内另一个有代表性的网络文化社群是豆瓣网。该网站于2005年3月正式创办。豆瓣网是一个旨在帮助用户分享和发现新鲜事物的社交网络,其代表性功能为"书影音"评分系统。用户能够通过"想读/看/听""读/看/听过""在读/看/听"等功能对文艺作品进行标注和评论。每个用户拥有独立的个人档案。同时,网站还基于用户数据提供书影音推荐服务。豆瓣小组"爱看电影"注册用户不断增加,2005年5月,"豆瓣电影"成为独立的栏目——用户能够标注自己"想看"的影片,或是对自己看过的影片进行打分与评论,按照自己的理解为它们贴上自定义"标签"。豆瓣电影逐渐建立起自成一格的评分体系,即尽可能减少算法与人工干预,令观众的意见得到尽可能完整的、不加修饰的呈现。①其中,短评更能满足移动互联时代的碎片化需求;影评则无字数限制,形式更为丰富;页面内另设的话题、讨论及小组为用户提供了高度自由和开放的表达环境。"读书"是豆瓣的另一运营重点,包括图书信息、书评、交流小组、图书购买、电子书等板块。其中,豆瓣书评始终是重要的板块。"短评"与"书评"改变了传统书评的叙事形态,形成了自由、口语化的表达方式。

豆瓣是一个社交网站,用户和用户之间通过"关注"连结成网络。但豆瓣网还同时提供豆瓣小组、线下同城活动、友邻等功能,为社区的形成提供技术基础和支持。用户在评论书影音的过程中,利用评论、点赞("有用"与"没用")、"标签"等功能形成多元连结。豆瓣页面内设有引流链接,根据以往的"标签"、用户评价和电影类型向用户推荐其可能感兴趣的作品。围绕某一具体的图书、影视或音乐作品进行评价与讨论,能够促进用户互动,并形成共通的审美标准与价值。在这种关系架构中,每个个体都作为节点在不同的内容之间产生关联,用户兼具内容的生产者和话题的传播者两种身份,并由此围绕文艺作品这类丰富的文本资源形成文化社群。在现实社会中,文化与趣缘群体的交往受到时间与空间的限制,而数字文化空间则超越了这种限制,为用户提供了以"兴趣爱好"为纽带的新型人际关系网络。豆瓣网以文艺作品为中心,在技术连结性的基础上聚集趣味相似的朋友,从听歌、阅读、观影等活动到线上评论、话题讨论、小组

---

① 常江:《流动的经验与下沉的话语:数字时代的电影评价体系》,《当代电影》2021年第8期。

交流,在频繁互动中形成身份认同以及更加稳定的社群。随着平台的发展以及用户的努力,豆瓣网达成了公共性与个体性之间的平衡,构建了独具一格的"艺文"空间并形成了多元的社群。

近年来,小红书作为一个消费文化类平台获得了较大用户流量。小红书于2013年6月在上海成立,定位为一个"生活方式平台和消费决策入口"。和其他电商平台不同,小红书最初的定位是从社区起家。大多数互联网社区依靠线上虚拟身份,用户在线上消费内容,体验也在线上结束,而小红书作为一个"生活方式社区",其用户发布的内容来自生活。用户在小红书上不管是看到了美食还是旅行目的地,都必须回到现实生活中进行消费,才能让这个体验链条完整。小红书试图打造用户分享产品口碑的社区,并通过积累用户数据(如对内容的点赞、收藏、浏览、分享等)来分析用户的市场需求。

在小红书,平台对用户生产内容的聚合和呈现方式主要可以分为图文、短视频、直播三种形式。用户生产内容主要来自传播者自身在现实空间中的消费体验,他们通过购买、测评、记录和评论消费产品与体验的方式进行表达。小红书平台别出心裁,将其平台内容称为一条一条的"笔记"。例如,小红书中包含大量美食类笔记——博主或普通用户去线下美食门店消费体验,并通过拍摄和撰写文字对食物、就餐环境、排队状况等情况进行评论。

小红书的用户内容经常反映并构成了时下的都市消费文化潮流。有时,这种潮流甚至就是小红书平台、博主、品牌、MCN公司共同运营、推广的结果。例如,2020年疫情期间,由于出行受限,小红书博主发布了大量在"家门口"的公园、露天草地进行野餐的内容,呈现了精美的野餐垫和考究的食物摆盘,打造了精致的都市生活场景和生活方式。随后,"精致露营"成为户外野餐的升级版火爆小红书,也成为又一个典型的消费文化景观——博主携带各种装备(如天幕、折叠椅、金字塔帐篷、炉具等),拍摄精致的野餐照片和视频,塑造高端、优雅、热爱自然的城市中产形象。在英文世界,这种形式的露营被称为glamping,即英文glamorous camping(魅力露营之意)的缩写,直指这种活动炫示性消费的本质。

第三节　符号、物质与实践

一、新媒体文本：符号与风格

根据斯图亚特·霍尔的理论[①],文本可以被理解为结构化的符号系统,由人类创造用以表达意义。分析文本是文化研究的主要路径。在文化研究中,广义的文本既可以是文字、影像、声音,也可以是一个物件、一处园林景观或建筑。在有些语境下,人们会用到相对狭义的文本概念(如文字、影像),主要指符号形态的对象,与物质的、技术的、实践的对象形成对比。在新媒体环境下,文本也呈现出更加多元、流动的形态。例如,视频网站发布的综艺节目、网红在平台发布的个人作品、用户在社交账号上发表的状态和上传的自拍照片,或者在网络新闻下的留言和评论,都可以理解为文本。

在新媒体语境下,文化研究所处理的文本形态也发生了显著的变化。在传统媒体时代,机构和专业人士生产的文本占主导地位,文化学者更多地分析诸如电影、电视剧、流行音乐、流行文学、服装服饰等文本形态。新媒体催生了大量用户生产内容(user-generated content, UGC),与官方生产的专业化内容(officially made/professionally made content)分庭抗礼。学者盖里将这类伴随主要文本而生的媒介内容定义为泛文本(paratexts),并指出泛文本与核心文本共同创造并构成了媒介文化的意义。[②] 在新媒体的媒介环境中,由官方生产的内容很多时候被看成"正片",围绕正片又存在很多泛文本。例如,视频网站除了定期发布节目外,还会推出精彩剪辑、预告片、广告片、先导片,在选秀节目中还会发布明星的"直拍"视频、官方海报等。自媒体和粉丝有时会根据正片内容推出所谓的"反应视频(reaction video)"或粉丝剪辑。热心的粉丝会为明星拍摄并编辑出精彩的照片,制作精美的杂志和相册。对今天的媒介观众来说,观看这些

---

① S. Hall, ed., *Representation: Cultural Representations and Signifying Practices*, Sage, 1997, pp. 21-23.
② J. Gray, *Show Sold Separately: Promos, Spoilers, and Other Media Paratexts*, New York University Press, 2010, pp. 3-4.

泛文本内容的重要性并不亚于观看正片。各式各样的泛文本也是建构意义的符号资源。

文本并非孤立地存在。文本意义通常在与其他文本的关系中形成。若要理解文本,读者还必须关注文本所在的语境(context)以及文本间的关联——文本间性(inter-textuality)。文本、语境与文本间性为意义阐释创造了空间。在这个空间中,文本并不能垄断全部意义,读者在阅读文本时也可以通过协商或者对抗来形成自己的解读。如是,文本就成为一个意义流动与协商的载体。在新媒体环境中,读者在赋予文本意义方面获得了更大的自主权。新媒体内容的观众不仅可以在解读中协商意义,更可以通过新技术手段改编、创造自己的文本。有时,人们可以通过戏仿的手法,完全颠覆原作的意义。例如,网友胡戈创作的恶搞视频《一个馒头引发的血案》,就将一部知名电影与《中国法制报道》的节目内容拼贴在一起,重构了一个农民工讨薪的故事。该视频被认为是中国恶搞网络视频的早期代表。媒介学者亨利·詹金斯在其经典的粉丝研究中,化用德赛都的理念,提出了"文本盗猎(textual poaching)"的概念。[①] 在他看来,粉丝与文本的关系仿佛一种战术或游戏,粉丝可以将文本打碎,再按照自己的意思进行组合、拼贴,就仿佛是盗猎一样对既有的文本进行肆意修改。在约翰·菲斯克看来,这个过程体现出了粉丝的文本生产力(textual productivity)。[②]

此外,在经典文化研究中,"风格"是一个非常重要的议题。伯明翰学派在分析亚文化现象时,经常关注一些特异的符号风格。他们认为,很多亚文化群体会利用由特定符号系统构成的风格来构筑群体身份,并举行具有抵抗性的仪式。其中,赫伯迪格对风格进行了较为系统的研究。[③] 他特别注重对"拼贴(bricolage)"的分析,认为一些文化群体有意识地转化既有的符号资源,再通过新的组合方式进行意义表达。因此,风格本身在此成为一种意指实践(signifying practices),传达出特定文化群体独有的身份、价值与意识。在中国的新媒体文化场

[①] H. Jenkins, *Textual Poachers: Television Fans and Participatory Culture*, Routledge, 1992. pp. 10-14.
[②] J. Fiske, "The Cultural Economy of Fandom," in L. A. Lewis, ed., *The Adoring Audience: Fan Culture and Popular Media*, Routledge, 1992, pp. 30-49.
[③] D. Hebdige, *Subculture: The Meaning of Style*, Routledge, 1979, p. 31.

域中,也经常出现一些极具特异性的"风格",甚至令公众感到诧异或困惑。例如,曾经在中国网络空间流行的"杀马特"群体,即以夸张、色彩鲜艳的发型给人留下了深刻印象。在二次元文化中,也存在非常不同于日常的穿着、打扮和表达方式。尽管新媒体文化早已无法为经典的"亚文化理论"所概括,但风格依然是对数字空间中文化表征进行分析的重要视角。

说到新媒体的文本的符号和风格,在即时通信软件中广为流行的表情包是一个有代表性的案例。作为新媒体文化的一种视觉表征,表情包源于传统网络表情,是新媒体用户在网络社交中表达情感的一种图文符号。1982年,美国卡内基·梅隆大学的斯科特·E. 法尔曼(Scott E. Fahlman)教授提议使用 ASCII 字符串":-)"和":-("来表达"开心"与"难过"的情绪,第一个互联网表情由此诞生。这些表情符号在传入日本后大受欢迎,并逐渐发展出了生动形象的"颜文字",许多手机的信息操作系统也纷纷推出了"颜文字"表情库。后来,随着互联网技术和社交媒体的发展,"绘文字",即 emoji,作为传统表情符号的变体出现了。2003年,QQ 和人人网分别推出了黄色小圆脸的表情系列,深受用户喜爱,使用表情包逐渐成为网络社交的风尚。之后,随着新媒体的发展以及用户媒介素养的提高,结合了图片与文字形式的自定义表情包开始出现,表情包的创作主体也由官方的社交网络平台,逐渐向专业表情包制作人或团队以及社交媒体用户扩展。表情包的视觉风格也摆脱了传统的"颜文字"和"绘文字"的模式,呈现出元素多样化与表达个性化的特点。图文并茂、风格多样的表情包成为新媒体用户进行社交表达的方式,表情包也逐渐成为一项新兴的文化产业。当下的表情包创作主体由社交平台官方、专业表情包制作人或团队以及社交媒体用户三者构成。社交网络平台除了自带官方表情包系列以外,还为用户提供了表情包的创作平台,例如微信的表情包创作者可以在后台上传自制表情包,并开设自己的主页,供其他用户打赏,由此促进了表情包的商业化与风格多样化。

由表情包专业制作人 Gecter 所创作的表情包系列"小蓝和他的朋友"(见图 1-2)是表情包商业化的典型案例。该表情包系列于 2018 年 10 月首次发布于微信表情平台,由主人公"小蓝"和他的"朋友"——小红、小紫等卡通人物形象构成。在视觉风格上,"小蓝和他的朋友"表情包不仅图画线条简单流畅,而且卡通人物的表情辨识度高。该表情包系列一经面世,便以"生活的真实感"和"传递年轻文化"的特点受到了年轻用户的喜爱。与专业制作人或团队生产的表情包相比,普通用户创作的表情包在创作技术上主要采取了 PS 技术,在个性表达上更加独特、另类,在视觉风格上也融合了来源更加广泛、形式更加多样的元素,不仅包括各种卡通形象,还容纳了网络流行语、热播影视剧、焦点人物等多种新鲜元素。

图 1-2　在微信平台流行的商业化表情包

在去中心化的新媒体时代,表情包创作主体不断增强的多元化特征,进一步凸显了其在视觉风格上的元素多样化和表达个性化特点。图文并茂、风格多样的表情包已经成为新媒体用户进行社交表达时一种不可或缺的方式,表情包的使用也已逐渐成为一种网络社交习惯。此外,新媒体时代的表情包的传播内容根植于丰富的网络文化资源,包括网络流行语、热播影视剧、可爱萌宠等新鲜的文化元素,同时又生成新的网络文化资源,在某种程度上完成了一种双向的新媒体文化建构。

二、物与实践的文化

需要指出的是,文本并非新媒体文化研究的唯一形态。在分析层面,我们还应该关注"非文本"的文化元素。这里,我们有必要简单讨论一下近年来引起很多学术讨论的"物"与"实践"。物质性是近年来媒介研究的热门话题,盖因传播研究太过关注媒介所承载的"信息"或"内容",聚焦其中的意义、情感以及产生的效果,而忽略了传播过程中所涉及的"物质"或"物理"元素。物质性的所指可以非常广泛,例如传播学者默多克将媒介物质性定义为支持日常传播活动的系统、设备以及维系传播基础设施和机器的过程中所涉及的原材料与资源。[1] 传播过程中所涉及的所有物理性和工具性的"物"都可纳入分析。技术的社会塑造(Social Shaping Theory,SST)视角以及行动者网络理论(Actor-Network Theory,ANT)将人造的"物品"视作具有主体性和能动性的存在,认为其与人类行动者共同构造出社会的关系与结构。拉什和卢瑞认为,在全球文化工业驱动下,作为表征和上层建筑的文化坍塌进物质基础,其结果是文化获得了物质性,媒介也发生了物化(thingified)。[2] 这些理论视角都旨在将我们的注意力引到媒介符号之外的维度。虽然对于大多数媒介文化,我们依然可以用符号视角对其进行分析,但将"物"纳入考量会丰富我们的理解。

近年来新媒体文化中广为流行的潮流玩物,可被看作"物质性"文化的一个注脚。广义的潮流玩物包含潮玩、潮服、潮鞋等一系列流行物品,它们通过融入设计、艺术、文化、联名等多方面要素,形成自身独立的 IP 和独特的品牌价值。潮流玩物的消费人群主要为年轻人,往往通过专属品牌符号和多样的设计元素满足年轻人的个性化审美需求。厂商通常采取饥饿营销方式激发市场需求,深受年轻人的追捧。值得指出的是,潮玩的流行与金融化的二级市场炒作有很大

---

[1] G. Murdock,"Media Materialties: For A Moral Economy of Machines," *Journal of Communication*, Vol. 68, No. 2, 2018.

[2] S. Lash and C. Lury, *Global Culture Industry: The Mediation of Things*, Polity, 2007, p. 16.

关联。这里我们仅对其自身的文化逻辑进行讨论。举例而言,盲盒就是一种典型的潮玩。盲盒本身是一种消费模式,有其营销作用,但打开盲盒的惊喜或失落又催生了新的情感价值。盲盒的代表性产品为一种小尺寸的人偶玩具,其形象多由 IP 支撑。一组盲盒有一个特定的主题,包含若干不同的系列玩偶,玩家抽中的概率不尽相同。在这种机制下,玩家会努力收集更多的同主题造型玩偶。玩偶尺寸不大,通常会包含一定的场景或活动(如驾驶、超市购物、野餐)。这些玩偶没有可移动的部件,更多作为陈设装饰之用。我们当然可以用"符号"和"文本"的方式去分析这些盲盒潮玩,分析其形象、风格所传达的意义,但这样的分析会使我们忽略潮玩文化的一些重要面向——人们会通过不同渠道和仪式获取玩具,让其交换流通,将玩具拿在手中把玩,将其置于生活空间中,或组合出一整个玩偶展示柜。这些互动和行动方式都超出了潮玩作为一个文本的意义。若想更充分地理解潮玩文化,引入物质性的视角非常有必要。

潮玩文化中,球鞋爱好也是一个重要的个案。例如,耐克(NIKE)公司旗下的运动鞋品牌 Air Jordan(AJ)已成为极具热度与关注度的重点 IP 之一。对于篮球粉丝来说,乔丹作为公认的史上最伟大的篮球运动员,其本人就代表着篮球这项运动。而伴他征战球场的 AJ 球鞋也逐渐成为乔丹精神的一部分。持续的商业运营,使得球迷对乔丹的感情逐渐凝聚到作为商品(物件)的球鞋上。购买和玩赏球鞋成为与偶像获得"共在"体验的重要方式。在这个过程中,AJ 鞋的符号价值逐渐超越其本身的交换价值。"别问,问就是热爱"成了鞋迷广泛使用的消费口号,"我买故我在"演变成了最主要的消费逻辑。[①] 购买球鞋并不是简单的买卖行为,还包含了一系列相关"操作"。以耐克为例,其热销产品的营销分为线上与线下两种途径。耐克通过官方 App 组织线上抽签销售,通常会提前一段时间公布发售日历,并在规定时间段进行球鞋发售的线上抽签。这种规定时间、地点的线上抽签发售球鞋的行为,让球鞋迷感受到了仪式感。球鞋圈内还产生了关于线上抽签的"行话"——将每次线上抽签称为"冲冲冲",成功登记抽签信息则称为"上跑道",没抽中鞋被称为"陪跑"。通过深化品牌文化

---

① 杨钊:《以物为媒:粉丝文化消费的三重维度——以"Air Jordan 鞋文化"为例》,《当代青年研究》2022 年第 2 期。

价值、赋予品牌潮流属性、建构仪式性的售卖活动,耐克使 AJ 运动鞋从单纯的商品转化为更具文化意义的"潮鞋"。球鞋不仅仅是符号,还可以穿在脚上、走进球场,和身体产生紧密的联系,并由此生发出各类实践。这里,球鞋文化便不仅仅是符号与表征,还是兼具物质性与具身性的文化系统。

除了物质性,对文化的理解还需要考虑人的实践。拉什和卢瑞在分析媒介文化的物质性转变时,用可操作性(operationality)概念来描绘人与媒介物之间的关系。在数字媒介环境下,人们不仅仅阅读或解释媒介文本,还"操作"或"操弄"媒介的对象。这意味着媒介使用并不仅仅构成一种文本关系,还牵扯到更为具体的实践关系。[1] 媒介学者尼克·库尔德利提出了"媒介实践(media practice)"的视角,旨在帮助我们分析人与媒介在文本之外的关系。[2] 实践可被理解为一种惯常(routinized)的活动,过程中可能涉及人的行动、物品/技术以及情感。而媒介实践则是人们围绕媒介展开的惯常化的活动。媒介实践不仅仅是个体的行为,也是生成具体社会情境与结构的基本方式。库尔德利在书中列举了一些典型的新媒介实践。例如,人们会在社交媒体上调整他们在场(presensing)的程度与频率,通过上线、隐身、小号、登记、打卡等手段来显露或隐藏自己的身份。又如,人们会通过多种平台为自己定制一套信息源,以确保能够及时获知各个方面的信息。今天,很多手机用户也会截屏并将截图保存在特定的相册中,以归档(archive)屏幕上转瞬即逝的信息或状态。此外,人们也普遍利用平台功能收藏、标记某些内容以供日后使用。几乎所有的互联网产品都有点赞、转发等互动功能。作为新媒体用户,我们每日都在完成如上实践。尽管这些实践也或多或少涉及与文本的互动,但为了让分析更为清晰和符合逻辑,我们需要从"实践"的角度来理解这些重要的网络生活方式。

这种围绕技术和实践展开的媒介关系在虚拟偶像(Virtual Idol)文化中体现得尤为明晰。虚拟偶像是指通过数字视听技术制作出的虚拟人物,并按照真实偶像的方式演绎和运营。其外观大多数是日本动漫风格的年轻男女形象,同时在人物设定上带有鲜明的二次元文化风格。媒介技术是虚拟偶像产生和发展

---

[1] S. Lash and C. Lury, *Global Culture Industry: The Mediation of Things*, Polity, 2007, pp. 33-36.
[2] N. Couldry, *Media, Society, World: Social Theory and Digital Media Practice*, Polity, 2012, p. 13.

的重要推力,如 Live2D 技术、3D 建模技术、声库技术、全息成像技术、直播技术等。随着科学技术的发展,虚拟偶像不断进化出各种形式,交互性越来越强,其定义也在不断更新。例如,日本乐器制造商雅马哈公司开发了一款语音合成引擎,大多数技术驱动型虚拟偶像的雏形是在此技术的支持下逐渐生成的,包括以洛天依、初音未来为代表的虚拟歌姬。虚拟歌姬拥有自身形象设定和音源库,粉丝通过软件输入歌词和声调,即可形成类比人声的音乐,达到让偶像为其歌唱的效果。① 而全息投影技术则让虚拟歌姬得以从线上走到线下。初音未来是第一个使用全息投影技术举办演唱会的虚拟偶像。另有一类由真人操控虚拟形象的虚拟偶像,这类虚拟偶像依托动作捕捉技术,由"中之人"佩戴传感器,在直播中以虚拟主播的形象进行演绎,时而歌舞唱跳,时而聊天互动,与粉丝进行更深层次的交流。尽管这类虚拟偶像的性格和业务水准并不稳定,但其人格更有特质,表演更真实,互动性更强,逐渐开始步入大众的视野,也极大地丰富了 AI 虚拟偶像的形式。

虚拟偶像的活动形式非常多样。每一位虚拟偶像都会探索并采取符合自身具体情况的活动形式,如视频投稿、直播、社交互动或线下活动。在这些"表演"中,虚拟偶像可以探讨自我、杂谈、发布 vlog 或短剧、打电子游戏、表演音乐舞蹈等。有时,虚拟偶像还会跨出边界与其他虚拟偶像或现实中的名人展开联动。直播是当前虚拟偶像最普遍的活动方式,由此衍生出了一类新的产业型虚拟偶像——虚拟主播。例如,乐华娱乐与字节跳动于 2020 年 11 月 23 日合作推出的虚拟偶像团体 A-SOUL,其设定为"来自枝江大学的五个各怀才艺、追逐星梦的女生",主要活动以日常直播为主。虚拟偶像是一种自带关系的新型传播媒介,是人类强关系的延伸。② 一旦进入虚拟偶像文化,大多数粉丝就会投入真情实感,并付出实在的金钱与精力。理解虚拟偶像文化时,我们固然需要考虑这些虚拟人物形象的符号特征,分析他们的"表演",但物质性的视角则带我们进入这一文化的其他生成逻辑,如不同类型虚拟偶像背后的技术构成以及由此

---

① 李镓、陈飞扬:《网络虚拟偶像及其粉丝群体的网络互动研究——以虚拟歌姬"洛天依"为个案》,《中国青年研究》2018 年第 6 期。

② 同上。

衍生的商业模式。我们同样需要分析虚拟偶像的粉丝如何围绕直播、移动设备展开具体的"媒介实践"（如打榜、刷礼物），或者通过互联网渠道购买周边产品，建立自己在这个文化社群中的合法身份。我们也可以追问从这些技术、实践和关系中如何生发出粉丝与社群的情感联系。换言之，虚拟偶像文化的参与者仅仅"阐释"各类符号对象是不够的，他们还需要身体力行地与各类技术和商业对象互动，通过具体的实践来构造自身与文化社群的关系。

第四节　文化身份的建构

一、新媒体文化身份

身份与主体性是文化研究的核心概念。简与贝克尔在经典教程中将身份与主体性列入文化研究的关键词。他们谈论身份时常关注这些问题：我们如何成为某一类人（如男人或女人、都市人或乡下人）？我们的主体性如何生成？我们如何认同各类对我们自身的描述并与这些身份形成情感联系？[①] 以这种论述来看，身份认同并不是与生俱来的某种一成不变的类别，而是在社会关系和文化环境中被塑造出来的。因而，文化研究需要检视获得某种身份的过程并批判性地看待文化系统对某种身份的定义。这些身份生成机制都指向技术、文化和社会权力的运作。因此，文化研究通常将身份和主体性的建构看作一个政治过程。

从现代性理论看，自我是一项工程。[②] 相比于传统社会，现代社会中的个体得以摆脱宗族、宗教、王权等对主体性的决定性影响。现代人在新的政治、经济、文化状况中形成新的身份认同，并不断地去同这些身份进行协商与调整。相较而言，现代社会中的个人获得了更大的空间、更多的可能来塑造自我。但人们依然需要依托新的结构关系（如市场关系）去寻找身份认同，并且基于这些

[①] E. A. Jane and C. Barker, *Cultural Studies: Theory and Practice*, Sage, 2016, p. 13.
[②] 如安东尼·吉登斯、乌尔里希·贝克对自我和个人化的讨论。

身份认同也必然会形成更强烈的流动性与冲突感。英国的文化研究传统因袭马克思主义传统,强调社会结构性因素对文化身份的塑造,特别是对"阶级身份"(资产阶级、中产阶级和工人阶级)的分析。例如,伯明翰学派围绕阶级、群体、代际等"身份话语"来阐释符号与风格。身份作为一种建构出来的话语,依然是理解今天新媒体文化的一个重要角度。在观察当下的数字文化时,我们依然可以看到源自"身份认同"的张力。比如,不少颇有影响力的新媒体平台都具有明确的身份与阶层属性:如一般认为"知乎"平台聚集了年轻的知识精英群体;"小红书"平台反映了都市中产阶级女性的审美和消费习惯;"快手"平台则具有突出的乡村和城镇生活色彩。这些"标签化"的描述,一方面反映了平台用户的自我认同,另一方面折射出大众文化对一类群体的评价与期待。这些身份描述形成的机制以及不同人群对这些身份的响应,恰恰反映了文化与人互相构成的基本方式。

近年来,性别议题在社交媒体上的可见性不断增强,围绕性别展开的话语实践体现了文化身份建构与协商的过程。在以微博为代表的主要数字平台上都存在性别议题。网友们以性别身份为基础实现了共情,如"Girl helps girl"的女性互助活动就具有实现心理疗愈与社会赋权的双重作用。① 这种女性话语渐渐日常化,并形成了更广泛的文化共识,其声援范围不再局限于极端性事件,而是更关注普通人在日常生活中的情感与体验。对于女性劳动者的关注就体现了这种更加日常的性别身份建构。譬如,有用户长期在社交平台征稿,讨论招聘中存在的性别歧视现象。在微博话题#看见女性劳动者#、#看见女性的力量#中,网友们长期转发、记录着各行各业中的女性力量。该微博话题由网友于2019年发起,并在2020年引发大量关注。活动鼓励网友拍下日常生活中看到的女性劳动者,发布于#看见女性劳动者#微博话题中,以增强各行各业尤其是工程师、科学家、高空电工等刻板印象中由男性从事的职业中女性劳动者的可见性,并挑战对女性普遍存在的"不能吃苦""不能从事理工类职业"等偏见。根据国家卫健委公布的数据,疫情中女性医护人员2.8万人,占比2/3。主流媒

---

① 冯剑侠:《"发声"作为一种抗争:#MeToo运动中的情感劳动》,《新闻界》2019年第10期。

体的报道却常常更加强调女性医护人员的性别特质而非职业身份,如"美丽""纯真"等女性气质,以及女儿、母亲等性别角色;她们的专业技能和劳动价值常被淡化和琐碎化。① 自媒体和网友的行动受到公众和主流媒体的关注,产生了较大影响。

在商业化、娱乐化的媒介内容中,性别身份也是一种重要的话语。性别身份成为市场锚点,催生了媒介"她经济"潮流。近年来热播的影视作品《二十不惑》《三十而已》《梦华录》和综艺节目《乘风破浪的姐姐》等都是典型代表。《乘风破浪的姐姐》(简称《浪姐》)是由芒果TV在2020年推出的女团成长综艺节目,每一季邀请30位年龄30+的女艺人"姐姐",通过合宿生活与舞台竞演,组成7人女团出道。依循很多偶像选秀节目(如《超级女声》《青春有你》《创造营》)所培养出来的审美习惯,"女团"多由充满青春活力的年轻女孩儿组成。《浪姐》试图打破人们针对"女团"的刻板印象,推翻大众审美习惯中的青春崇拜,从而解构对女性"性别"和"年龄"的双重偏见。该节目在重塑30+女性形象的同时,也让女艺人因年龄而遭遇的职业瓶颈问题在微博中引发了对于女性在职场中普遍面临的年龄歧视和母职惩罚的讨论。需要指出的是,这些影视内容仍然将女性视角作为一种市场策略,它们对性别身份的探讨有失深刻,且时常出现矛盾,但在市场层面提出这些新的观念,仍是身份议题走向主流的一种文化表现。

总的来说,新媒体技术和模态使得性别话语走进公众议题。网友们灵活运用社交媒体的话题技术聚集关注度,使过去被困在私人和家庭领域的女性形象重新回归公众视野。在社交媒体上,这些讨论逐渐日常化,渐渐成为一种新的文化常识。这些自下而上生成的性别话语实践,都在尝试打破性别刻板印象,重塑多元性别形象,促进形成更加平衡的媒介性别呈现和实践,为制度建设营造良好的意见氛围。

---

① 冯剑侠:《#看见女性劳动者#:新冠疫情中的女性自媒体与话语行动主义》,《新闻记者》2020年第10期。

二、后现代转向与文化身份变迁

身份认同的建立与个体所处的结构性环境有关。经典社会理论会预设在一定时期内存在相对稳定、合法的价值和话语系统,即所谓的宏大叙事。个体身份认同的协商围绕着这些结构化的叙事/话语系统展开。例如,在经典的文化研究中,主流文化与亚文化不仅泾渭分明,而且存在着明显的冲突——主流文化处于宰制地位而亚文化处于从属地位。主流的商业文化试图收编亚文化,而亚文化则抵抗这种压制和收编。双方围绕社会的主导话语与宏大叙事展开争夺。这种主导与从属之间的对抗关系反映了一种高度结构化的预设。

然而,随着技术与社会经济状况的持续变迁,媒介文化形态也不断变化,我们是不是也应该尝试突破这种结构性预设去理解文化呢?例如,今天的新媒体文化是否具有更多"后现代"的特征,包含更多"后现代"的元素——新媒体文本不再承载结构性的话语,也无法构成一个对抗的场域。多元的新媒体文化样式,有时更像是一种"拼贴",一种纯粹的"风格",甚至是一种"情绪"与"感觉",在其背后无法追寻体系化的时代叙事。日本学者东纪浩在分析御宅文化(otaku culture)时提出了"数据库动物(database animal)"的概念,用以概括媒介文化的后现代转向。在他看来,第一代御宅文化所消费的动漫文本(以《机动战士高达》为例)中包含着关于时代精神与共同社会关切的宏大叙事。读者通过动漫的符号体系,进入了"叙事消费(narrative consumption)"的世界。而第二代御宅文化中受欢迎的动漫文本(以《新世纪福音战士》为例),其背后则再难解析出明确的宏大叙事。在表面看似相近的动漫符号体系中,粉丝们不再从中解读、建构关于集体意识、历史逻辑、政治价值等结构化的意识形态。叙事消费开始衰落,取而代之的是围绕新技术模态生成的更加多元的符号体系与传播方式。其中,故事、符号与审美元素并不汇流成"自上而下"的叙事,而是像数据库内容一样形成网络式的联系,它们相互指涉,自身构成意义。东纪浩将这种新型的文化参与模式称为"数据库消费(database consumption)"。

数据库消费的观念对于理解当下的新媒体文化也有帮助。越来越多的网络文化逐渐成为自我指征的符号系统,在传播中形成感觉和意义。这些文化元素以数据库的形式联系在一起,可以自由地组合、拼接,形成广泛流通的文本。尽管这些文本流行度很高,但却未必包含清晰的集体意识或接入宏大叙事。近年来在网络上火热的迪士尼卡通 IP"达菲家族"就反映了这种趋势。与迪士尼经典的公主系列、米奇家族不同,达菲家族的人物(比如最受欢迎的林娜贝尔和星黛露)背后并没有完整的故事与人物设定。从官方的简单介绍,我们也难以读出任何关于"爱情""友情""家族""历险""复仇"等童话母题。达菲家族 IP 以人偶、公仔、表情包等形式广泛传播。他们没有"使命",也没有"历史",依靠直接可感的"可爱"外表与性情成为潮流符号。这或许正体现了新一代数字文化的特征。

"二次元"或许是最具"后现代"特色的新媒体文化身份。"二次元"一词源自日本,是"にじげん"的汉字写法,在日文中的原意是"二维",意指包含长度和宽度的二维空间,本是一个数学领域的术语。在日本的网络用语中,二次元通常用以指代以日本动画、漫画的美术风格进行绘制的作品。① 2008 年前后,"二次元"一词逐渐在中国流行开来,意义获得延展,指围绕漫画、动漫、游戏、网络小说中的虚拟符号体系衍生的文化及社群。国内早期的"二次元"审美以日本 ACG 文化为中心,而后随着中国"二次元"产业的成长,逐渐形成了本土化的"二次元"文化。本土语境下"二次元"文化自身的外延已经发生了巨大的变化。早期的二次元文化与日本御宅族文化中"狂热""阴郁""逃离现实"的气质有较强的关联,国内的二次元也被认为是沉溺幻想世界的小众文化。但随着二次元文化从 ACG 作品中逐渐延伸出来,形成了更加泛化二次元文化,其也在不断被主流文化所接受,打破"次元壁"的事件时有发生。今天的二次元通常泛指基于虚拟视觉形象与故事世界观的,常常带有一定奇观化、幻想化色彩的各类文化工作内容产品,也包含各类主流的青年消费文化。②

二次元粉丝是典型的趣缘群体——通过共同的兴趣爱好、价值取向和情感认同形成高度紧密的社群,并通过共享一套文化和话语体系建构身份认同。群

---

① 刘书亮、朱巧倩:《论二次元文化的概念流变及其文化消费特征》,《现代传播(中国传媒大学学报)》2020 年第 8 期。

② 同上。

体内部共享一套文化和符码体系,因此形成了圈层壁垒。圈外人群很难进入该文化体系,即使通过网络或其他渠道了解到一些二次元常识或表达方式,也无法触及二次元群体的文化内核。另外,二次元群体内部也分为许多小的圈层,例如某部动漫或游戏的粉丝群体,在其小圈层内部又形成很多具体的符码与文本,例如作品中的梗、剧情、同人创作等。对作品的二次创作是二次元群体的一项重要活动,其也被称为"同人创作":在原作的世界观、剧情和人物的基础上进行改动和创作,以文字、绘画、视频等不同形式呈现。通过二次创作,二次元群体从作品的消费者转变为消费和生产一体的产消者。同人创作不仅为群体内部提供了大量可供传播和消费的内容,也提高了作品知名度和粉丝内聚力。许多官方机构因而鼓励粉丝进行同人创作。

如果从宏大叙事的角度去看二次元文化,就会发现在这个身份话语之中很难解析出亚文化/主流文化之间那种传统的结构性张力。诚然,二次元文化也可以被看成一种"非主流"的文化,但它与主流文化的关系未必如经典文化分析所揭示的那样存在着对抗与收编的关系。我们也很难用某种统一的价值观去概括二次元文化,其群体内部存在多元的价值体系。有时候,二次元文化同结构性的价值体系勾连,如爱国主义情感、工作伦理、阶层观念等。但很多时候,二次元也表现出更加多元的审美和价值取向,更像是围绕某些符号风格展开的"嬉戏"或"玩乐",并没有指向明确的结构性话语。二次元文化的成员可能重视某一类虚拟形象的"萌感"或某种音乐的"快感",却未必会围绕这些感觉打造统一的意义。例如,在二次元文化中,很多粉丝喜欢电子化编曲的中国风音乐搭配中国古典意象的歌词,舞者常穿汉服、旗袍等具有中国特色的服装。这种中国风的符号,其含义很可能不限于一般意义上的国族主义价值观或民族主义情感。从"后现代"文化的观念看,中国风的元素可能只是诸多可供拼贴、欣赏的符号资源,更多的是个体层面的审美活动,不一定总能推动形成某种明确的集体意识。这样看,由二次元所构成的文化身份,虽然是一种重要的主体性标识,并营造出强烈的归属感,却未必总可以映射出更为结构性的叙事或话语。

第五节 技术变迁与新媒体文化

一、技术驱动的媒介融合

融合与隔绝是媒介技术和组织形态变迁的两种方向。在媒介发展史上,我们看到不同的媒介形态组合或分化,产生不同的社会文化效应。近年来,数字技术和人工智能技术快速发展、普及,不同类型的媒介内容都通过数字化方式传播,融合成为主要的潮流。在这个意义上,融合(convergence)成为新媒体技术核心的特征。作为一个学术概念,媒介融合具有非常多元的意义,在不同语境中所指也不同。很多情况下,我们讨论的融合都是在技术、组织或资源架构层面发生的变迁。在相对宏观的层面,媒介融合指不同类型的通信网络和制式的统一协同。比如,"三网合一"策略即将电信网、有线电视网与互联网整合的一种发展模式。近年来,我国各级媒体的"融媒体"改革强调整合新老媒体资源,从技术、组织、平台、模态等方面打通不同类型媒体之间的分割,这也可以被理解为一种媒介融合实践。在组织层面上,也有学者用媒介融合描述传媒机构横向或纵向的合并收购,或机构内部不同部门的整合。例如,在世界范围内的媒介融合浪潮中,专业新闻机构都尝试打通不同的生产部门,同时要求新闻记者个人掌握更多的新闻报道技能,甚至直接生产融合媒介产品,以适应多元的媒体发布渠道的要求。媒介融合在个体媒介用户的日常生活中也有体现,通常指人们所使用的各种媒介格式与设备的整合汇流。例如,手机作为个人移动计算平台,将通信、视听、阅读、金融等一系列媒介功能汇聚到一个便携设备上,体现了高度的媒介融合性。以上所说的融合,更强调"物质"或"组织"层面的变动,可以称其为技术驱动的媒介融合。

近年来的"播客"热潮可以被看作一种媒介融合的文化产物。"播客(Podcasting)"一词为苹果电脑的移动数字音乐播放产品"iPod"与"广播(broadcast)"的混成词。播客其实并非全新的媒介形态。2004年8月13日,亚当·科利(Adam Curry)的"每日源代码"(Daily Source Code)正式拉开播客革命的序幕。

中国也早已出现本土的播客节目,但影响力局限在小群体内,形成的是相对小众的媒介文化。在 2020 年前后,随着声音类产品在移动端的大发展,播客也迎来了增长的爆发期。2020 年,播客 App"小宇宙"上线。喜马拉雅和网易云、QQ 音乐分别改版新增播客入口。艾瑞咨询发布的报告显示,2020 年中国新增中文播客数量 7869 个,同比增长 412%。据 eMarketer 调查,2021 年中国播客听众人数有 8560 万人,占人口数的 6.1%。① 同年 6 月 2 日,《中国语言生活状况报告》发布,"播客"入选年度高频词语。② 根据 JustPod 发布的《2022 中文播客新观察》,中文播客的主要听众平均年龄是 30.2 岁,女性占比 53.1%,一线城市听众占比 48.4%,硕士及以上学历的听众占比 40.0%。③

在中文播客的生态中,涌现出不少有影响力的品牌。例如,主打图书、出版的播客"单读"和"理想国",以文化类访谈节目见长,常常邀请作家、艺术家等文化创作者到节目中同听众交流。脱口秀厂牌作为语言类内容的生产者,也纷纷推出了自己的播客栏目:如米未的《东七门》。此外,中文播客中最具活力的内容来自一些相对"独立"的主理人。他们并非专业媒介内容从业者,而是来自各行各业。他们从自身的知识储备、专业领域和情感经历出发,做出更加个性化的表达。例如,《限时肤浅》是一档较为生活化的节目——两位主播从自身生活体验中寻找与观众的共鸣。广受好评的《随机波动》是由三位女性媒体人主理的一档泛文化类播客,每期有专门的主题,并附加详细的图文节目简介(播客称之为 shownotes)提供信息来源。《不成气候》则是两个自称"科研狗"的主播分享在大气科学领域的学习和思考体会。正是这些更加"私人""个性化""独立"的内容构建了中文播客圈独特的风貌。

从技术层面看,播客并非什么高深复杂之物——简单而言,它是融合了"古

---

① 《年增万档的播客,拿什么吸引 Z 世代》,https://new.qq.com/rain/a/20211102A0AZ7V00,2024 年 2 月 29 日访问。
② 程宇:《〈中国语言生活状况报告〉发布 方舱医院等成 2020 年度媒体高频词》,http://www.moe.gov.cn/fbh/live/2021/53486/mtbd/202106/t20210603_535342.html,2024 年 2 月 29 日访问。
③ 《【特写】当小众乌托邦变隐秘流量池,播客成为营销新阵地》,https://www.jiemian.com/article/8113493.html,2024 年 2 月 29 日访问。

老"的广播录播节目、互联网流媒体技术与 Web 订阅技术的一种移动声音媒介。但这种简单的技术组合又引发了一系列更复杂的融合,最终形塑了一种独具风貌的播客文化景观。首先,在一般的观念下,媒介融合似乎意味着"做加法"——将更多元丰富的媒介元素组合起来。然而,在今天视觉文化主导的时代,播客作为一种声音媒介实际上可被看成一种技术回归。麦克卢汉在《理解媒介:论人的延伸》中写道:"收音机具有一层看不见的外壳,这一点和其他任何媒介相同。它以人与人直接打交道时私密、亲切的形式出现在我们面前。然后它其实是一种具有魔力的、能扣动早已忘却的琴弦的、潜意识的共鸣箱,这才是更紧要的事实。"①声音媒介具有很多独特性,它更能拉近人和人的距离,因而播客内容具有更强烈的情感色彩。加之一个播客的听众群体往往数量并不大,因而其内容更加聚焦,甚至包含很多私人化的表达。这样,听众和主播就容易形成一个更加有归属感的社群。回归听觉的另一个效果是,播客让渡出部分用户的注意力,因而增强了它的伴随性。播客开启了一种"耳朵经济"。这种伴随性在移动互联网环境下产生了最大的效果。很多年轻用户在每日零散的空闲时间——如步行、乘坐公共交通工具、自驾、打扫房间、健身时——选择收听播客。这样一方面可以打发时间,另一方面也可以利用空闲时间以更加轻松、舒适的方式(相比于通过手机观看或阅读)获取有用的信息。于是,播客这种媒介非常自然地嵌入了日常生活的诸多场景,实现了媒体与日常生活在时间与空间上的重组和融合。此外,播客内容因其较为轻量化的媒介形式,也非常容易通过社交媒体传播,完成社交化融合。不少用户也开始通过简单的设备开设账号,创立自己的声音播客,完成内容生产者和消费者的融合。总而言之,播客通过简单的技术叠加,引发了一种声音媒介的更复杂的融合变化。在适当的商业模式下,这种融合的媒介形态又契合了当代都市青年群体的需求(譬如,获取知识和信息的需求、更强烈的情感需求、在快节奏生活中使用媒介的需求等),从而发展出一种具有特色的媒介文化体验。

---

① 〔加拿大〕马歇尔·麦克卢汉:《理解媒介:论人的延伸》,何道宽译,译林出版社 2019 年版,第 44 页。

二、平台化与文化生产

数字平台已渐渐成为当代生活的信息基础设施。平台化(platformization)则反映了技术高度聚合、打通边界的媒介关系变革,可被看作一种媒介深度融合的过程。资讯、金融、娱乐、社交等方方面面的线上服务都受到平台化的影响。由此,平台与平台化成为理解新媒体文化的重要技术视角。那么,数字平台意味着什么呢?范·迪克等学者在《平台社会:互联世界中的公共价值》一书中将平台定义为一种为组织用户互动而设计的可编程设施。① 范·迪克等将平台机制总结为"数据化(datafication)""商品化(commodification)"和"选择(selection)"。平台机制的核心在于数据化——将用户行为的诸多面向转换为数据,并对其进行收集、整理、分析,最终为商业目的服务。在这个过程中,平台将线上线下涉及的对象转换为可资交易的商品。例如,在社交媒体上传播的用户内容、互动记录、支付信息、线下的服务和物品都被卷入平台的商业运作,成为商品。用户选择是平台商品化和数据化的重要环节,主要指平台围绕用户的选择而驱动内容流动的机制。在平台环境中,用户可以通过点赞、评论、订阅、阅读等方式影响各类信息的可见性。同时,平台利用算法最终决定什么样的内容以什么形式呈现给何种用户。选择性可以看作数据化的延伸,平台在利用算法和用户数据驱动内容流动、优化用户体验的同时,也将自身的商业和政治逻辑融入其中,对用户产生影响。可将"平台"理解为以数据为核心驱动、以算法为中介的一种技术形态。平台并非一种纯粹的技术设置,而是整合了商业、政治、文化等多重关系的技术聚合体。

平台对新媒体文化也有显见的影响。有研究指出,在平台化的文化生产中,文化产品越来越具有"依存性(contingency)",即文化产品在设计上更加具有延展性(malleable)、更加模块化(modular),并且依据数据化的用户反馈随时进行更改与再次传播。② 亦有学者指出,新型数字平台(如短视频服务)为国家

---

① José van Dijck, et al., *The Platform Society: Public Values in a Connective World*, Oxford University Press, 2018, p. 9.

② D. B. Nieborg and T. Poell, "The Platformization of Cultural Production: Theorizing the Contingent Cultural Commodity," *New Media & Society*, Vol. 20, No. 11, 2018.

文化战略提供了技术化的空间,将草根阶层也纳入文化创新的行列。① 今天,中国流行文化的生产与消费都深度嵌入平台。越来越多的数字平台开始生产自制的电视剧、新闻、综艺节目,利用数据机制进行平台化运营。网红、微名人、KOL 及其生产的内容,借助 MCN 公司,在各类视频或社交平台上吸引粉丝,并发展出独特的商业模式。商业体育、通俗文学、流行音乐等品类纷纷以平台化形式组织生产。同时,"平台"与"算法"作为一种新的知识与概念,也逐渐融入中国网民的日常话语和行动逻辑。

平台作为一种新的互联技术模态,给网络治理带来了新的挑战。与传统的专业媒体或门户网站不同,平台本身不直接生产文化内容,更多时候起到聚合信息和服务的"中介"作用。这就为早期平台运营商逃避承担"内容生产者"的社会责任提供了说辞。随着公众对平台属性认识的加深,社会各界都期待平台在社会发展与文化建设方面扮演更加积极、负责的角色。在新媒体文化方面,平台化运营往往过度强调"数据"与"流量"的逻辑,其结果是部分流行文化的生产转向以市场表现为单一标准或者过度迎合一部分观众的喜好,削弱了文化生产的独立性,也消解了流行文化中较为先锋、更具批判性的元素。平台化运营的流行产品也可能引发传播中的过度营销、过度消费甚至是浪费。平台化给文化生产带来了新的方法与动力,但也可能引发一系列新的亟待解决的问题。除了依靠平台的自律与技术的进步,国家相关监管部门也开始介入平台文化的治理。国务院、国家网信办、广电总局等部门相继发布通知、意见与规划,旨在加强对网络视听、算法服务、粉丝现象等的规制与管理。由此可见,平台化不仅仅是技术性创新的结果,也是一个商业模式变革与政策调整的复杂过程。

三、从技术融合到文化融合

在詹金斯看来,文化意义上的融合远比技术性融合更加根本。② 融合文化

---

① J. Lin and J. de Kloet,"Platformization of the Unlikely Creative Class: Kuaishou and Chinese Digital Cultural Production," *Social Media+ Society*, Vol. 5, No. 4, 2019.

② H. Jenkins, *Convergence Culture: Where Old and New Media Collide*, New York University Press, 2006, p. 22.

不只是不同媒介形式在同一设备上的聚合——这种技术的汇流只是提供了融合文化的基础。詹金斯将融合文化看作一种更加普遍的文化心态和思维逻辑。在文化消费上，融合文化意味着观众可以轻松地理解叙事和符号在不同平台的流动与变迁，用户可以方便地在不同形态的媒介内容间创造联系。在融合文化中，个体可以整合不同媒介形态中的资源，获得享乐体验，同时构建意义。在文化生产上，融合文化的出现代表着一种参与式文化（participatory culture）的兴起——借助新的媒介可供性，人们得以通过各种方式介入、影响、改变媒介内容的流动。最典型的就是，人们可以通过点赞、评论、转发的方式影响媒介内容的流动。詹金斯还提出了可扩散的媒介（spreadable media）这一概念[1]，进一步强调流动融合的媒介内容中所蕴含的观众动能与创造力，以及可能产生的社会影响。此外，在融合文化中，新媒体用户将更为频繁地参与文本的创作与再创作、积极改编媒介内容，并将其置于新的场景中，赋予其新的意义。融合文化意味着用户与媒介间存在更深层的关联，以至于媒介互动逐渐成为一种个体行为惯习和集体的文化规范。当然，融合文化并不纯然是由媒介用户发起的自下而上的文化运动，公司与平台也有意无意地推动了媒介文化的融合，并且积极地将媒介用户的参与和跨媒介想象力转化为一种市场和商业资源。

在今天的新媒体世界里，融合文化的体验已成为日常。笔者曾参加了一次由大型互联网公司自制节目举办的线下活动。这家公司在娱乐与体育内容方面深耕多年，有很强大的资源整合能力。基于此，该活动邀请了各个领域、各个年龄层的娱乐明星（演员、歌手、脱口秀演员、电竞选手）参与篮球对抗比赛，同时邀请国内外的篮球名宿加入比赛。整场活动按照一场标准的篮球比赛流程组织，但同时融入了大量娱乐演绎元素。现场的观众类型也五花八门，其中既有流量偶像的粉丝，也有退役NBA球员的球迷。这场"秀"从组织、设计、运营，再到粉丝构成和活动方式、观众与平台的关系，处处都体现出融合文化的特质。我们甚至可以将这种活动理解成"融合文化"的产物。因为只有当媒介观众发展出"融合性"的文化观念以及在跨媒介文本中构建意义的能力时，这样一个

---

[1] H. Jenkins, et al., "Spreadable Media," in Henry Jenkins, et al., eds., *Spreadable Media: Creating Value and Meaning in a Networked Culture*, New York University Press, 2013, p. 11.

"跨界的、大杂烩一般"的活动才能吸引观众并且产生商业价值。从以上讨论以及案例可以看出,融合文化本质上代表了一种用户与媒介相互形塑的新型关系。融合文化依托新的技术可供性,在用户的创造性参与和公司文化的推动下催生了更加积极、更具动态性的网络文化空间。从这个角度看,我们甚至可以说"融合"就是新媒体文化的根本属性。

青年网民非常熟悉的"弹幕"文化就是一种典型的融合文化。弹幕一词原本来自军事领域,指大量的炮火不断集中轰击某一区域,由此形成密集的"子弹幕布"。后来,一些视频网站推出了一种创新的评论方式,即将评论内容叠加在画面之上并即时滚动显示。"弹幕"一词也因此被赋予了新的含义,代指观看视频的用户发布的评论,就像子弹幕布一样密集地覆盖视频画面。2006 年,日本的 Niconico 动画网站最早推出了实验性质的弹幕功能,用户的评论以字幕的形式出现在了视频上。两年后,源于日本的视频弹幕功能经 AcFun 弹幕视频网站("A 站")引入大陆,随后哔哩哔哩、Tucao 动漫("C 站")等视频网站也相继引入弹幕,并在技术和创意方面进行了完善。随着弹幕越来越受欢迎,包括腾讯视频、爱奇艺、优酷视频等在内的主流视频网站也纷纷推出了弹幕功能。

渐渐地,弹幕逐渐由一种单纯的内容组织形式演变成为具有独特表达风格的新媒体语言。原创性的弹幕语言多集中在特定平台,但经常会突破圈层,对互联网文化产生更为广泛的影响。弹幕因此也成为互联网流行语重要的发源地。例如,典型的弹幕语言包括"前方高能"(表示接下来的视频内容非常精彩),或者由纯数字"666"(表示称赞)或纯字母"hhh"(表示大笑)构成的评论。有时弹幕中还包含各种表情符号,或由两到三种元素拼接组合而成的评论,如"笑 cry"("笑哭",表示非常好笑)等。弹幕语言还有一个典型的风格特征——比较简短,且多以主动句、省略词、感叹词为主,有时甚至简化为一个词语或者一串数字。从 2018 年开始,B 站每年发布年度最有代表性的弹幕。这些"年度弹幕"包括"囍"、"真实"、"AWSL"("啊我死了"的拼音首字母缩写,表达在视频中感受到的幸福、快乐、兴奋等情绪)、"爷青回"("爷的青春又回来了"的缩写,表达对过去岁月的追忆和与青春重逢的欣喜)、"破防了"(表示心理防线被突破后,产生不可抑制的震动)等。① 这些具有代表性的"年度弹幕"大多非常简短,缺乏完整的语法结构。"囍"和"真实"都仅由零碎的词语构成,"AWSL"和"爷青回"则运用了缩写的另类表达方式,而"破防了"则是一个缺少主语的省略句,是非常口语化的表达。同时,"囍""AWSL"和"爷青回"都具有非常强烈的亚文化风格。

这些弹幕虽然具有代表性,但并非每个网络用户都能轻易理解。通常只有那些长期活跃于新媒体平台上的网络用户才能快速领悟其背后的含义。因而,这些弹幕语言也发挥了一定的文化区隔作用。从融合的角度看,弹幕表达是一种典型的参与式文化生产,我们甚至无法追溯一种流行语言的最初创作者。或者,我们应该将这些语言理解为在用户互动中生成的,是集体创作的语言。而弹幕语言的独特风格恰恰就源自参与式文化的生产动态。弹幕与网络流行语就像两个相互贯通、双向流动的语言池:由弹幕发展出的话语有可能成为一段时间内的网络流行语,而网络流行语池中的语汇也往往会进入弹幕语言池。这种多元互动的表达系统体现了弹幕的融合文化属性。

案例:平台时代的娱乐文化产业

2010 年以来,中国的娱乐生产开始出现明显的平台化转向。就生产主体来看,互联网公司开始自主生产娱乐内容(如网络综艺节目和网络电视剧),从而改变了省级卫视原来在娱乐生产领域的主导地位。随着时间推移,互联网平台在娱乐生产领域影响力日增。随着国民观看习惯逐渐转向网络电视和移动终端,卫视观众流失严重,其在娱乐生产方面的影响力进一步减弱。由互联网公司主导的媒介娱乐生产表现出比较明显的本土特色。在欧美、日韩等地,传媒公司或娱乐经纪公司依然是流行文化生产的主要力量。

---

① 《2021 年 B 站 100 亿弹幕中,年度弹幕是它……》,https://baijiahao.baidu.com/s?id=1717825181874065164&wfr=spider&for=pc,2024 年 5 月 14 日访问。

互联网公司在娱乐生产上具有先天的优势。首先，互联网平台播放不受档期限制，可以同时推出很多节目，形成竞争。其次，互联网平台生产节目整体上受到的限制较少，在题材、内容、赛制等方面有更大的探索空间。平台综艺还便于观众更灵活地观看，并且深度嵌入社交媒体，使得用户能更充分地与内容互动。在生产层面，互联网娱乐的制作节奏更加紧凑，从选题策划、招商选角，再到播出运营，都体现出互联网的"速度"与"效率"。这种生产模式围绕市场反馈展开——收视率高、影响力大的节目很快续订下一季，而收效不好的节目则很快面临停播。这样的模式给生产和经营团队都制造了很大的压力，而这种压力又继续通过不同的商业化模式向观众传导，最终形成了一种高度商业"竞赛"化的新粉丝文化。

互联网娱乐生产具有非常明显的平台化和数据化特征。其本质就是通过数据技术，将更加直接、即时的市场反馈整合进生产环节。因此，互联网娱乐生产也催生了一系列有别于其他模式的商业策略。其中，以若干获得强烈市场反响的唱跳选秀节目最为典型。2018年，《偶像练习生》与《创造101》两档选秀节目爆红。随后几年，各大视频平台保持以每年一季的频率创办各自的选秀节目。直至2021年5月，这类节目因"倒奶事件"被广电总局叫停，作为一个娱乐范式的网络选秀节目宣告终结。在这四年中，流量明星及其粉丝随着选秀节目的热播逐渐进入大众视野，偶像粉丝群体的网络行为也渐渐引起了其他网民的关注。

在冠名赞助、贴片广告等较为传统的商业化方式外，网络选秀节目充分利用数据化技术运营节目。例如，这些节目通常将选择权全部交到作为"全民制作人"的观众手中，由观众的投票数量决定每一赛段结束时选手的去留。观众获得投票的机会源于免费和付费两个渠道，其中，付费渠道一般通过"充值开通视频平台会员"和"购买赞助商产品"两个途径获得加票。事实上，在比赛后期的白热化阶段，观众需要购买赞助商指定产品获得额外加票才能最终决定所支持的选手能否出道。

在这些过程中，平台、营销部门和广告主可以通过数据实时掌握选手的人气度与市场"带货"能力。例如，相比于传统综艺的"海选"机制，网络综艺与专业的练习生公司深度合作，将经过专业训练的选手送去参赛。其实这是一群事先经过选择的商业偶像，他们在外形、性格、艺能等方面保持多样性。而选秀的过程，也可以理解为让市场从中识别出那些更具商业价值的偶像的过程。生产方通过观众投票数、视频播放量、应援商品购买量等方式判断选手人气，并进行相应的商业转化。例如，节目通常在正片之外发布各个选手的"直拍"视频或某些精简片段。从这些视频的播放量也可以看出不同选手的人气度。又如，在很多商业活动中，不同选手代言相同的商品，但却有各自的购买链接。通过考量各个选手的粉丝的"消费力"，生产方可以直观地了解选手的"转化"能力。这样，整个节目的生产就基于数据化的市场反馈向前推进。例如，很多节目的贴片广告都由选秀选手演出。而那些"数据"表现更好的选手将获得更多的商业机会，同时又能巩固其人气。

近年来，支持各类娱乐明星的网络粉丝群体活动常常溢出圈层，在一定程度上侵占了网络公共空间，占据了大量的公共注意力，时常出现的骂战对公共生活也产生了负面影响。这些都是平台化运营、过度强调数据生产的后果。从互联网治理的角度看，相关政策应加大力度，进一步强调优化平台的行为，限制过度数据化运营的生产模式，同时积极引导粉丝行为，使其形成良好的公共生活观念，努力激活网络粉丝在艺术创造、公益宣传等方面的能量，监管非法集资、煽动消费、引发骂战等不良行为。

思考题

1. 新媒体文化是否有高雅与低俗的分别？区分的标准是什么？请结合实例进行讨论。
2. 请尝试分析网络直播文化中的符号与风格。这些符号与风格创造了怎样的意义？

3. 数字平台对社会生活的很多方面都产生了巨大的影响。请结合个人经验,谈谈数字平台对流行文化和娱乐产生了哪些影响。

 拓展阅读

D. Craig, et al., *Wanghong as Social Media Entertainment in China*, Palgrave MacMillan, 2021.

〔荷〕何塞·范·迪克等:《平台社会:互联世界中的公共价值》,孟韬译,东北财经大学出版社 2023 年版。

何威:《从御宅到二次元:关于一种青少年亚文化的学术图景和知识考古》,《新闻与传播研究》2018 年第 10 期。

〔美〕亨利·詹金斯:《融合文化:新媒体和旧媒体的冲突地带》,杜永明译,商务印书馆 2012 年版。

陶东风、胡疆锋主编:《亚文化读本》,北京大学出版社 2011 年版。

〔英〕约翰·斯道雷:《文化理论与大众文化导论(第九版)》,常江译,北京大学出版社 2024 年版。

朱丽丽、蔡竺言:《"弹性"的毛细管作用:中国粉丝权力网络的博弈与变迁》,《新闻与传播研究》2022 年第 8 期。

第二章　新媒体与数据

第一节　理解数据

数据是一个多义的概念,对它的界定受制于社会历史情境,从不同视角出发也常会得出不同的结论。本节我们先从历史的维度审视数据内涵的变迁,随后在社会科学研究范畴内思考数据的定义。接下来从不同维度对数据进行分类,力图理解数据的多义性。最后我们将探讨数据的价值。

一、数据的概念

一张《星球大战》系列电影的蓝光光碟,容量为72.8GB。那么,存储在光碟里的是什么呢？是二进制数字,还是数据,或是信息？

对这个问题的回答取决于我们如何理解数据,从不同视角出发常会得出不同的结论。从计算科学视角来看,数据是二进制要素的集合,能够进行电子化处理和传输。因此,光碟中以二进制格式存储的内容即数据。但这些数据未必构成信息,只有经过提炼和分析的数据才能转化为事实或信息。从认识论的角度看,数据是构成事实的经验性证据,为进一步推理分析提供了依据。在社会科学研究中,数据是社会建构的产物,它具有物质性,是可供交易的商品,同时也印刻了社会意识形态特征。①

数据的内涵也受到社会历史情境的形塑。自文明出现之始,人类便与数据打上了交道。最早的数据以数字的形式存在,记录了文明的印记。唐代的邸报上使用数字来记载官员晋升、奖惩和战事等政事。唐宣宗时期的中书舍人孙樵在散文《经纬集·读开元杂报》中也列举了很多数字。②

17世纪,数据(data)一词就出现在了英文世界中。随着个人财富的积累、土地交易的增加,人们对精准测量的需求也逐渐增加。同时,为了解国家财富状况、增进税收,人口调查开始兴起,人类更加渴望借由数据精准测量社会发展程度。这个时期,数据需借由科学的测量工具和规范的测量过程获得。数据被视作公正的、客观的,排除了个人影响和个人判断的,此时的数据稀缺且珍贵。

随着社会结构日益复杂,出于公共治理的需要,自19世纪始,政府机构开始定期、系统地采集和生产数据。大量数据的生产和采集促进了统计学的发展。1821年5月5日,英国《卫报》在创刊号(时为《曼彻斯特卫报》)上刊登了一个表格,罗列了曼彻斯特和索尔福德地区每所学校的学生人数和年均学费。表格中的数字揭示了接受免费教育的学生人数及贫困生的数量,其与官方宣称的数字相去甚远。表格提供者认为,数据告诉了人们真相,基于真相才能制定有效的社会政策。③ 此时,数据被认为是比个人陈述更加真实的信息,它未经分析与拆解,是对外部世界的原始记录。

进入20世纪,科学统计和精准测量渗入社会生活的方方面面。1967年,美国记者菲利普·梅耶(Philip Meyer)在报道底特律骚乱时引入了统计学的方法。报道团队用了一个星期的时间设计问卷,随后又花费一周培训调查人员,接着对骚乱地区15岁以上的黑人居民进行抽样,然后面对面发放了问卷,最终回收437份问卷,并使用大型读卡式计算机进行了分析。一个月后,调查结果汇总为系列报道——《十二街那边的人们》(*The People beyond 12th Street: A Survey of*

---

① Rob Kitchen, *The Data Revolution: Big Data, Open Data, Data Infrastructure & Their Consequences*, Sage, 2014, p. 24.
② 冯帆、艾红红:《从数字新闻、精确新闻到数据新闻》,《新闻春秋》2017年第3期。
③ 〔英〕西蒙·罗杰斯:《数据新闻大趋势:释放可视化报道的力量》,岳跃译,中国人民大学出版社2015年版,第52页。

Attitudes of Detroit Negroes after the Riot of 1967)。数据分析的结果挑战了人们的认知,相关报道也斩获普利策新闻奖。这则报道的出炉实属不易,数据获取和分析过程颇有难度,来自大学的研究人员提供了帮助和指导;数据获取的成本也较高,所幸得到多家基金会支持,数据报道作品的制作过程共耗时一个月。[①]当时,数据还存在较高的获取门槛,普通公众难以接近数据。经过专业人士的收集和处理,数据能转化为有价值的信息。此时的高质量数据是待价而沽的商品。然而,随着数字技术的不断发展,数据的产生过程和本质内涵也在发生翻天覆地的变化。

同样是报道骚乱,2011 年,英国《卫报》对伦敦骚乱的报道与以往截然不同。骚乱蔓延初期,官方尚无法提供骚乱发生的具体地点,《卫报》便推出了骚乱地图报道,同步实时提供骚乱发生的具体地理位置信息。这些信息由公众在开放平台上自发上传,相关的数据也全部开放下载。骚乱中,警方指责社交媒体平台散播谣言,助长了骚乱蔓延,甚至一度考虑短时关闭社交媒体。为讨论社交媒体的作用,《卫报》团队与大学研究者合作,抓取了 Twitter 平台上与骚乱相关的 257 万条推文,发现大量的推文在澄清谣言,并提供了不少应对骚乱和洗劫的建议。

与底特律骚乱时不同,此时的数据不再稀少而珍贵,数据也不再只掌握在政府机构和科研机构手中。用户使用数字平台时产生了大量数据,这类数据有了新名称——"大数据"。在大数据时代,公众既是数据的生产者也是使用者,数据获取难度大幅降低,数据也有了全新的价值,大数据在阐释和预测大规模群体行为方面颇有功效。

但是,大数据也带来了诸多隐忧。2021 年,美国国会山发生骚乱。参与者在社交媒体平台发布了千余个现场视频,视频随后被存档、解码。这些散落在社交媒体上的数据轻松易得,然而视频中却包含了重要且敏感的个人信息,视频中的元数据或会暴露拍摄者的个人信息。实际上,这些数据也确实被官方用于锁定嫌疑人。

[①] Philip Meyer, "1968: A Newspaper's Role between the Riots," https://niemanreports.org/articles/1968-a-newspapers-role-between-the-riots/,2024 年 8 月 12 日访问。

随着历史的演进,数据的表征形式日益多样,从单一的数字形态逐渐演变为包含图像、文本、元数据等多种形式;其内涵也愈加丰富,从比个人陈述更为真实的客观表述到渐渐包含了更多群体行为特征;数据的价值日益凸显,业已成为现代社会的关键资源。然而,随之而来的伦理隐忧也在增加。

从词源来看,英文中的数据(data)一词来自拉丁文(dare),本意为给予(to give)。按此理解,数据是由现象给予的,是通过观察、实验、计算或记录等手段从现象中提取的要素。然而,在日常生活中,人们常使用获取数据(to take)的提法,意指从全部数据中选取一部分。由此,数据也从词源本义上的"给予"变成了日常使用中的"获取"。获取了什么呢?按照学者基钦(Rob Kitchin)的界定,数据是在将世界抽象为范畴、度量单位或其他表征形式——数字、字符、符号、图像、声音、电磁波、比特等的过程中产生的原材料,它是构建信息与知识的基石。①

从这个定义中可提炼出数据的三个基本特征。首先,数据是一种原材料。它是未经分析、未经处理的关于外部世界的原始材料。这意味着数据通常是杂乱无章的,需要清洗、整理或分析,才能展现出其中蕴藏的价值。比如,银行卡的刷卡数据就是未经处理和分析的原始材料。由于产生方式各异,很可能出现数据格式不统一、数据缺失等情况,将其清洗、整理后,可依据消费类别、消费时间等进行分析,由此了解消费者的消费习惯。其次,数据是高度抽象的表征形式。刷卡数据是对消费方式和消费水平的高度抽象,将消费行为记录表征为数字形式。再次,数据的形态是多样的。数据不仅仅是数字,也可以是声音、影像、文本等。刷卡数据中或会包含数字形式的刷卡时间、刷卡数额等,也可能包含刷卡地址等文本格式的数据。

二、数据的分类

数据具有多样的形态与特征,依据数据的使用情境和阐释视角,可将数据

---

① Rob Kitchen, *The Data Revolution: Big Data, Open Data, Data Infrastructure & Their Consequences*, Sage, 2014, p. 1.

区分为不同类型。例如,在分析和处理数据时,需首先了解数据的组织形式。依据组织形式可将其分为结构化、半结构化和非结构化数据。接下来我们从五个维度对数据进行分类①,以加深理解。

(一) 按形态分类:量化数据与质化数据

量化数据与质化数据分别产生自定量研究与定性研究的研究过程,两种研究取向在指导思想与操作过程上有所区别,由此导致两种数据形态也迥然有异。

量化数据常见于定量研究。定量研究通常在宏观层面分析社会现象,研究中以数字的形式记录研究对象的物理属性,比如身高、体重、收入水平等。量化数据多以数字形式存储和传输,便于进行数据分析与数据可视化,既可以进行描述性分析,也可实施推断性统计分析,还可用于搭建预测模型和模拟数据模型。新闻报道中不乏量化数据,也有不少媒体直接采用定量研究方法报道新闻。2022 年极端天气较为多发,气候变化议题的重要性日益凸显。为此,澎湃新闻推出了面向公众的问卷调查,以了解中国公众对气候变化的认知和行动情况。调查共回收有效问卷 1611 份,澎湃新闻以《极值之下丨澎湃调查:对气候变化认知越高,不意味着行动越多》为题报道了调查结果,并以可视化方式呈现了问卷调查的数据(图 2-1)。

实际上,20 世纪 60 年代末,美国记者菲利普·梅耶就曾倡导使用定量研究方法报道新闻,并将这种报道方式命名为精确新闻。但受制于生产成本等因素,精确新闻逐渐式微。而如今,数字技术的发展极大地降低了精确新闻的生产门槛和成本,量化数据的应用或会更为普遍。

质化数据则常见于定性研究,这类研究对社会现象进行深入细致的描摹与分析,研究结果主要以非数字形式呈现。这类数据可存储为文本、图片、视频、颜色、声音等多种形态。新闻报道中的采访内容、非虚构报道中应用的文本都属于质化数据。

---

① 分类依据主要参考 Rob Kitchen, *The Data Revolution:Big Data, Open Data, Data Infrastructure & Their Consequences*, Sage, 2014, pp. 2-3。

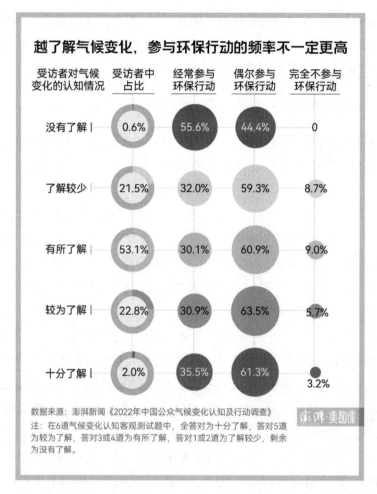

图 2-1 澎湃新闻《2022 年中国公众气候变化认知及行动调查》报道

资料来源：吕妍等：《极值之下丨澎湃调查：对气候变化认知越高，不意味着行动越多》，https://www.thepaper.cn/newsDetail_forward_21339425，2024 年 7 月 20 日访问。

质化数据可以转化为量化数据，然而简单的转化会减损质化数据中更丰富的内涵信息。数字技术提供了更多的分析工具，比如借助机器学习和文本挖掘等方法也可深入分析质化数据。获取质化数据后，可进行简单的描述性统计分析。复旦大学新闻学院学生曾抓取了 5243 条有关家庭语言暴力的文本，统计了文本中的高频词，并依据主题归类内容（图 2-2）。

第二章 新媒体与数据

家庭语言暴力针对点

学习成绩：528 次　　生活习惯：231 次　　工作：192 次

婚恋：164 次　　性格：110 次　　身材长相：108 次　　身体健康：65 次

复数实验室 × 有数

数据来源：
1. 微博 # 中国式不好好说话 # 话题
2. 知乎「如何应对家人的"语言暴力"」、「如何面对父母的语言暴力」、「父母语言暴力是一种怎样的体验」
3.《中国式「不好好说话」实录》文章中所列的 43 条语录

获取时间：2020 年 6 月 1 日

注：本图选取自总数据中有关家庭语言暴力针对点的 1398 条

图 2-2　原生家庭之殇：从 5243 条数据看家庭语言暴力

资料来源：贾雨欣等：《有数丨原生家庭之殇：从 5243 条数据看家庭语言暴力》，https://www.thepaper.cn/newsDetail_forward_8250520，2024 年 7 月 20 日访问。

(二)按结构分类:结构化数据、半结构化数据与非结构化数据

依据数据的组织形式,可将其分为结构化、半结构化和非结构化数据三类。结构化数据通常呈现出较为一致的格式,比如姓名、性别、出生日期和地址等类型的数据。这类数据可使用 Excel、SPSS、SQL 等数据处理工具进行搜索、查询、合并和分析,同时存储、传输和数据转换也很方便。结构化数据处理起来很简便,但给定的数据结构也限制了其灵活性和可用性。表 2-1 是一则结构化数据的示例,其数据格式统一,文本数据与数字数据的特征清晰可辨,可直接通过 Excel 软件分析和存储。

表 2-1 2017—2021 年部分地区 GDP 数值 (单位:亿元)

地区	2021 年	2020 年	2019 年	2018 年	2017 年
北京市	40 269.6	35 943.3	35 445.1	33 106.0	29 883.0
天津市	15 695.0	14 008.0	14 055.5	13 362.9	12 450.6
河北省	40 391.3	36 013.8	34 978.6	32 494.6	30 640.8
山西省	22 590.2	17 835.6	16 961.6	15 958.1	14 484.3
内蒙古自治区	20 514.2	17 258.0	17 212.5	16 140.8	14 898.1
辽宁省	27 584.1	25 011.4	24 855.3	23 510.5	21 693.0
吉林省	13 235.5	12 256.0	11 726.8	11 253.8	10 922.0
黑龙江省	14 879.2	13 633.4	13 544.4	12 846.5	12 313.0
上海市	43 214.9	38 963.3	37 987.6	36 011.8	32 925.0
江苏省	116 364.2	102 807.7	98 656.8	93 207.6	85 869.8
浙江省	73 515.8	64 689.1	62 462.0	58 002.8	52 403.1
安徽省	42 959.2	38 061.5	36 845.5	34 010.9	29 676.2
福建省	48 810.4	43 608.6	42 326.6	38 687.8	33 842.4

资料来源:《国家数据》,https://data.stats.gov.cn/easyquery.htm?cn=E0103,2024 年 8 月 27 日访问。

半结构化数据具有较为松散的结构,不存在给定的数据模型,因此不能保存在关系型数据库中。这类数据比结构化数据更为复杂,但比非结构化数据更便于存储。这类数据的数据集中存在一组相当一致的字段,可据此为数据打标

签,或进行语义标记,也可使用"元数据"来识别数据特征,将数据缩放成记录或预设字段,以实现对其编目、搜索和分析。使用分隔符号(如逗号、制表符等)存储的数据即属于半结构化数据,数据经处理后可使用 Excel 软件分析。图 2-3 所示即为半结构化数据,数据内容使用单引号标注,数据间用逗号作为分隔符,需先将其转化为格式统一、明晰的结构化数据再进行分析。

```
'NAME','STREET','ZIP','STATE','CITY','BIRTHDAY','ORDERDAT'
'ABBY, KENNY','PO BOX 318','62915','IL','CAMBRIA','19490730','19930325'
'ABREN, CLARENCE','6545 S LANGLEY 1ST FL','60637','IL','CHICAGO','19570526','19920717'
'ACKERMAN, RAYMOND','13837 S HALSTED','60627','IL','RIVERDALE','19460705','19930105'
'ADAMS, DANIEL','1741 N WITCHELL','62526','IL','DECATUR','19600310','19920609'
'ADAMS, JAMES','40 LOST CABOOSE','62615','IL','AUBURN','19550823','19930512'
'ADAMS, VINCENT','611 W 16TH PLACE','60411','IL','CHICAGO HEIGHTS','19630127','19920814'
'AGNEW, WILLIAM','HILL CORR. CENTER','61401','IL','GALESBURG','19580714','19920602'
'AIDEN, MILLAID','913 MAIN ST','60202','IL','EVANSTON','19621112','19921023'
'ALBARRAN, ALBERTICO','144 WASHINGTON PK','60085','IL','WAUKEGAN','19650919','19911101'
'ALDRIDGE, DENNIS','1207 CLEVELAND','61832','IL','DANVLE','19470629','19930620'
'ALEXANDER, MICKEY','6253 S MICHIGAN APT2007','60637','IL','CHICAGO','19570209','19921026'
'ALFORD, ALBERT','806 E SEMINARY','61832','IL','DANVLE','19510102','19930427'
'ALLEN, DANNY JR','RR 1 P O BOX 235','61858','IL','OAKWOOD','19680510','19930526'
'ALLEN, JAMES','1050 LINCOLN PK DR','62522','IL','DECATUR','19600605','19921102'
'ALLEN, ROBERT','422 N PEAR #9','62863','IL','MOUNT CARMEL','19630406','19920611'
'ALLISON, EARL','1727 N MC VICKER','60639','IL','CHICAGO','19590203','19930204'
'ALSTON, BIRCHARD','827 N LAKE','60607','IL','AURORA','19591205','19930331'
'ALVARADO, FRANCISCO','660 MAY ST','60120','IL','ELGIN','19440628','19921218'
'ALVERIO, JAIME','1231 N ARTESIAN','60622','IL','CHICAGO','19660119','19920914'
'AMOS, LLOYD','9038 S DANTE','60619','IL','CHICAGO','19690114','19930108'
'ANDERSON, CHARLES','730 GLIDDEN AVE','60115','IL','DEKALB','19530613','19921029'
'ANDERSON, GLEN','11400 SO NORMAL','60628','IL','CHICAGO','19601126','19921001'
'ANDERSON, MICHAEL','8828 S EMERALD','60620','IL','CHICAGO','19531103','19920906'
'ANDERSON, WARREN','1005 BLACK AVE','62702','IL','SPRINGFIELD','','19930322'
'ANDREWS, SCOTT','5194 S RT 45-52 D8 BOX 77','60922','IL','CHEBANSE','19590708','19920602'
'ANWEILER, CALVIN','14116 KENNETH CT','60445','IL','CRESTWOOD','19480926','19921001'
'ARANGO, ORLANDO','2315 W FULLERTON','60647','IL','CHICAGO','19481217','19930218'
'ARMFIELD, CALVIN','4521 SOUTH LECLAIRE','60638','IL','CHICAGO','19000821','19930401'
'ARMSTRONG, JACKIE','5715 W OHIO','60644','IL','CHICAGO','19610322','19930311'
```

图 2-3 半结构化数据示例

非结构化数据中没有给定的数据模型,也不存在可识别的结构。每个单独的元素都可能具有特定的格式,且不与其他数据共享相同的结构。此类数据可被搜索和查询,但无法直接进行合并或计算分析,传统的数据处理工具也显得捉襟见肘。社交媒体上的数据即非结构化数据,包含文本、图片、声音、视频以及元数据等多种类型的数据。大数据时代,非结构化数据的体量增长迅猛,大多情况下可通过自然语言处理(natural language processing)或文本挖掘的方法处理此类数据。

(三)按性质分类:索引数据、属性数据和元数据

索引数据是指能识别和链接到其他数据的数据类型,这类数据常为唯一标识符,包括护照号、身份证号、信用卡号和产品序列号等。姓名、地址和邮政编码等也属此类。索引数据的重要性在于,它能够将大量非索引数据链接在一

起，并通过共享的标识符跟踪数据，对数据进行区分、组合、分解和重新聚合、搜索以及其他处理和分析。

属性数据描述了事物某个方面的性质，比如某个人的性别、年龄、收入等，数据呈现了个人的特征。而个人的身份证号则属于索引数据。通过索引数据可检索到关系数据库中其他相关联的属性数据，比如用产品序列号查询某个产品散落在不同数据集中的属性数据，将其重新组合以进行更有价值的数据探索。

元数据是有关数据的数据。它既可以指涉数据内容，也可以描述整个数据集。当指向数据内容时，元数据常描述数据的构成、数据产生的时间、数据的名称和性质等内容。图2-4展示了一幅照片的元数据，包括照片的拍摄时间、云端存储的序号、拍摄的设备、光圈和快门信息、图像尺寸和地理位置等信息。

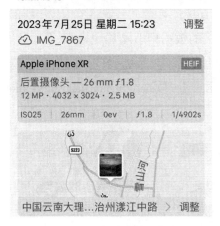

图2-4　一张照片的元数据

关于数据集的元数据有三种形式。一是描述性元数据,通常用于发现和识别,它说明数据的主题、作者、出版者等基础信息。比如,一篇论文的题目、摘要和关键词或是对一个数据集的概述都属于描述性元数据。二是结构性元数据,其陈述了数据集的结构、组织关系和涵盖范围。譬如,网站的文件结构包含根目录、子目录和文件,这里的结构信息即结构性元数据。三是管理性元数据。它是数据产生的时间和过程、数据的技术层面的细节以及数据的使用方法等信息,以便于对数据进行使用和分析。比如,数据的版本信息或变更历史记录就属于管理性元数据。

元数据对于建立数据间的链接、传输和转化数据以及搭建数据流中的"血缘关系"都起到至关重要的作用。①

(四)按生成方式分类:捕获数据、伴生数据、衍生数据

按数据生成方式,可将其分为捕获、伴生和衍生数据三类。捕获数据是有目的性地通过观察、调查和实验等方式获取的数据,数据是经过深思熟虑的测量所得到的结果,比如实验室内记录的实验过程数据。

伴生数据的产生不带有明确的目的,它是设备或系统运行的副产品,也就是伴随系统运行产生的数据。比如,超市自动结账系统的首要目的是收费和结算,但在运行过程中,它同时记录了售出商品数量、商品种类、购物时间等数据。这类数据通常体量较大、数据结构化程度低,因处理和存储成本较高而常被丢弃。但进入大数据时代后,云存储和数据分析工具都在更新,此类数据的价值需要被重新审视。

衍生数据是经过处理和分析的捕获数据。比如,校园卡的刷卡数据是通过校园信息运行系统捕获的,将其与时间、地理位置数据等做相关性分析,或可得到有意思的发现,比如校园内最受欢迎的餐厅、排队最长的窗口等。这些数据体现了生产者的智慧劳动。

---

① Rob Kitchen, *The Data Revolution: Big Data, Open Data, Data Infrastructure & Their Consequences*, Sage, 2014, p. 34.

按数据存储、分析与对数据理解方式的不同,可将数据分为小数据与大数据。我们将在第二节中详细介绍大数据的概念及其价值。

三、数据的价值

数据被称为"21世纪的石油",它已经成为当下人类社会异常重要的资源。但数据本身就像石油一样,需要被开采、处理、提纯,这样才能转化为有价值的信息。

无论数据如何分类,它们都是构成知识金字塔的基石。数据作为未经处理和分析的原始信息,本身无法彰显价值。通过数据整理、分析等过程"萃取"出数据的特征、趋势、分布,数据就转化为有意义的信息。数据的价值恰恰在于经过处理后能够进行信息转化,从而为知识和智慧库添砖加瓦。数据、信息、知识和智慧构成了一个可以转化的金字塔(见图2-5),金字塔的底层是世界,而将对世界的认识和理解进行抽象得出的要素即数据,信息位列数据之上,它是有价值的数据,提供了对现实世界的认知和理解。

图 2-5 数据转化的金字塔模型

资料来源:Rob Kitchen, *The Data Revolution:Big Data, Open Data, Data Infrastructure & Their Consequences*, Sage, 2014, p. 14。

从信息中进一步提炼出规律、原则和经验,便得到了知识。知识是对信息的加工、组合和应用,以获得更高层次的认知和能力。最终,通过将知识与经验结合起来,发展出独特的思维模式和智慧,使得人们能够更加深入地理解世界,具备更高层次的认知能力和创新能力,这就是数据转化为智慧的过程。智慧位于金字塔的顶部,是最高层次的认知能力,它帮助人们理解自己和世界,并且令其获得更强的决策、规划和创新能力。

在这个金字塔模型中,信息之于数据就像葡萄酒之于葡萄,信息是从数据中提取的精华。换句话说,"知识就像将信息变成面包的食谱,而数据就像构成面粉和酵母的原子"[①]。在这个模型中,每一层都建立在前一层的基础之上。要获得智慧,就必须首先收集和整理数据,数据有机会转化为信息和知识,知识有助于逐步提升人的认知能力,或可发展出具有创新性和洞察力的智慧。下面我们用一个具体实例来说明转化的过程。

1831年到1854年间,英国连续发生了三场霍乱,带走了数万人的生命,但人们并不知道什么是引发霍乱大规模传染的罪魁祸首。直到1855年,医生约翰·斯诺(John Snow)将死亡病例标注在一张伦敦地图上(图2-6),地图显示宽街(Broad Street)附近病例十分集中。经走访发现,附近居民共用一个水泵,更换供水设施后,传染病的蔓延得到了控制。斯诺医生将数据叠加画在本地的地图上,提供了便于理解数据的情境,不仅可以传递信息,还可以寻找问题的症结。

斯诺医生所获取的数据即有关霍乱疫情的原始记录,它们可能是零散的、杂乱无章的,无法从中总结出任何规律。将数据进行汇总整理,依据地理位置将其归类,并施画在地图上后,数据中的规律与趋势便十分鲜明地展现出来。地图显示宽街地区病例集中出现,由此数据经过分析、处理,转化为有价值的信息。基于这则信息,继续进行深入调查后发现水泵为疫情扩散源,更换后病例有所减少。对信息进行处理后,斯诺医生提出,霍乱病毒通过下水管道传播。由此,有价值的信息上升为知识,而知识更具适用性,可以处理同类型信息。应

[①] 〔美〕戴维·温伯格:《知识的边界》,胡泳、高美译,山西人民出版社2014年版,第23页。

对霍乱疫情的知识经过一段时间的检验和积累，沉淀为更高层级的智慧。每一层的转换都经历了抽象、提炼与升级。

图 2-6　斯诺医生施画的病例地图

注：约翰·斯诺医生在 1855 年发表的文章《关于霍乱病毒的传播模式》一文中使用了这张地图，具体见 https://artsci.case.edu/dittrick/2014/06/16/morbid-matter-public-health-and-public-opinion/l0063431-map-showing-deaths-from-cholera-in-broad-street/，2024 年 7 月 20 日访问。

虽然并非所有形式的知识都牢固地植根于数据——例如，猜想、观点、信念，但数据显然是我们理解世界最为关键的基础材料。数据为整理、分类、匹配、分析和建模等过程提供了基本输入要素，这些过程旨在创造信息和知识，以理解、预测、调节和控制社会现象。

第二节 大数据

新媒体时代，人类社会正在经历一场数据革命，其核心驱动力便是大数据。我们首先溯源大数据的概念，随后聚焦大数据的特征，最后阐释大数据带来的社会认知变革。

一、大数据溯源

大数据并不是最近几年才出现的全新概念。早在几十年前，"从事粒子物理实验研究的科学家就已经面临了如何处理实验中所获得的海量数据的问题。可那时大多数人还根本不知道大数据是什么。真正的大数据并不仅是数据量大，而是一个包含了数据的获取、传输、存储、分析等综合性的最前沿技术"[①]。

20世纪90年代中期，科技公司开始着手更新技术基础设施，以应对大数据带来的挑战。美国硅谷一家顶尖科技公司——硅谷图表公司（Silicon Graphics Inc., SGI）的首席科学家约翰·马西（John R. Mashey）在多个场合发表演讲，提出数据量正在飞速增长，数据类型也日益多样，科技公司需要更新技术基础设施，以应对爆炸式增长的数据。[②] 随后在1998年，两位计算机学者在《预测性数据挖掘：实践指南》（*Predictive Data Mining: A Practical Guide*）一书中也提出了大数据的概念[③]，这是大数据一词的早期使用。随后，华尔街的商业分析报告和经济学家的建模中也出现了大数据。宾夕法尼亚大学经济学家弗朗西斯·迪耶伯德（Francis X. Diebold）在一篇关于宏观经济分析的论文中使用了"大数据"的说法。这篇文章发表于2003年，文中提出使用大数据分析的方法衡量和

[①] 小溪：《"大数据"如此热门，真正的源头在哪里？》，https://ihep.cas.cn/kxcb/kpwz/201806/t20180604_5020904.html，2024年7月20日访问。

[②] J. R. Mashey, "Big Data and the Next Wave of Infrastress," https://www.usenix.org/legacy/publications/library/proceedings/usenix99/invited_talks/mashey.pdf，2024年8月12日访问。

[③] S. M. Weiss and N. Indurkhya, *Predictive Data Mining: A Practical Guide*, Morgan Kaufman, 1998.

预测宏观经济。

2008年9月,《自然》杂志推出了"大数据"封面专题,题为"大数据——Petabyte时代的科学",这期专题使得"大数据"一词逐渐获得了合法性。2011年,麦肯锡全球研究院公布了156页的报告——《大数据:下一个创新、竞争与提高生产力的前沿》①。报告提出,数据的爆炸式增长已将人类社会带入大数据时代。数据渗透到每一个行业和业务领域,成为重要的生产力要素,并将成为未来商业竞争的基础。报告中将大数据界定为"规模已经超出典型数据库软件所能获取、存储、管理和分析能力的数据集"。报告还提出,大数据将从五个方面创造出新的价值:透明性;发现需求,提升服务;人群细分,精准定制个体需求;通过算法替代或支持人类决策;创新商业模式、产品和服务。自此,大数据开始变为热词,频繁出现于媒体报道以及各类研究、决策报告中。

信息传播技术的发展为大数的产生据提供了技术条件。移动互联网、智能设备以及信息技术的普及与迭代使得计算无处不在,数据可以随时随地产生,数据量以几何级别激增。面对爆炸式的数据增长,存储设备的性能也相应提高,为大数据提供了储存和流通的物质基础。云计算与云存储技术又为处理海量数据提供了可能,为大数据的产生提供了技术支持。新的数据分析工具为应对数据盈余而非数据稀缺提供了可能。

大数据究竟为何?从字面理解,它是体量较大的数据,但仅将其理解为"大的数据"无疑谬之千里。接下来我们将拆解新媒介环境下,大数据呈现出来的特征,以更好地把握大数据的本质和内涵。

二、大数据的特征

大数据兴起之初,工业界曾将其界定为"大小已超出了传统意义上的尺度,

---

① J. Manyika, et al., "Big Data: The Next Frontier for Innovation, Competition, and Productivity," https://www.mckinsey.com/~/media/mckinsey/business%20functions/mckinsey%20digital/our%20insights/big%20data%20the%20next%20frontier%20for%20innovation/mgi_big_data_exec_summary.pdf,2024年8月15日访问。

一般的软件工具难以捕捉、存储、管理和分析的数据"①。这个界定被广泛使用，但它忽略了大数据这一概念中更多的社会文化意涵。随后，IBM 公司数据团队提出使用"4V"界定大数据，即海量（Volume）、高速（Velocity）、多样（Variety）以及价值（Value）。延续这种路径，从小数据与大数据之间的区别的角度，研究者基钦将大数据的特征扩充到 7 个②，这些特征相互关联，共同界定了何为大数据。

（一）海量

海量描述了大数据的体量。大数据的存储和传输需要较大的存储空间，一般为兆字节（terabytes）或拍字节（petabytes）级别，即 2^{40} 字节或 2^{50} 字节的存储空间。得益于云计算和云存储技术，海量的数据存储成为可能。随着日常生活的数据化程度日益加深，数据的量级预计还会持续攀升。

数据量级的爆发式增长首先源自社会整体的数字化转型。越来越多的人类活动和社会运行情况以数字的形式被记录和存储，传统的纸质文件和手工记录被数字文档和电子数据库所取代，这使得数据的生成和存储变得更加便捷和高效，也导致了数据量级迅速增加。其次，物联网的普及也是数据量级急剧增长的重要原因。物联网连接了传感器和其他设备，如智能手机、智能家居设备、工业传感器等，使其能够通过互联网相互通信并共享数据。这些设备和传感器不断产生大量的数据。随着物联网设备数量和应用场景的增加，数据量也会水涨船高。最后，社交媒体的普及也带来了海量数据，社交媒体使用者每天发布的文字、图片、视频等数据都被相关管理人员存储、管理和分析。这些数据不仅包括用户自主发布的内容，还包括评论、点赞、分享等互动数据，社交媒体产生的数据量级也在呈指数级增长。

但大数据中的"大"并不仅指数据的规模和体量，小数据也可以具备较大的

---

① 涂子沛：《大数据：正在到来的数据革命，以及它如何改变政府、商业与我们的生活》，广西师范大学出版社 2012 年版，第 2 页。
② Rob Kitchen, *The Data Revolution: Big Data, Open Data, Data Infrastructure & Their Consequences*, Sage, 2014, p. 24.

体量。比如,人口普查数据体量也较大,但它不具备大数据的其他特征,比如普查数据不是动态持续地产生,并且数据不具备可扩展性。

(二) 动态持续地产生

大数据与小数据的根本区别或在于数据产生过程的动态性。大数据通常是高速地、持续地、动态地产生的,例如社交媒体平台的数据。据统计,2018年,社交媒体平台 Twitter 平均每分钟有 473 400 条推文发布,且数据在持续不断地产生。[1] 有些情况下,大数据甚至是高速、实时地产生的,例如信用卡刷卡数据,每一笔交易数据都被实时计入银行后台的数据库。

小数据则通常是在特定时间节点生成的,有些小数据的获取可能历经较长时间,比如人口普查每十年进行一次。这些数据是间隔产生的,不是持续生成的动态数据。

高速实时产生的数据可能存在噪声、错误或缺失,给数据分析带来一些挑战,分析前需处理这些质量问题。高速产生的大量数据对数据存储和处理系统也构成了巨大的压力。传统的存储和处理方案可能无法满足高速产生的数据的需求,需要采用分布式、并行和弹性的架构来处理数据。

(三) 多模态

多模态主要指数据的形态多种多样,存在文本、音频、视频、图片等多种形态。但多模态并不是区分大数据与小数据的绝对标准。小数据也可能包含多样的形态,但小数据内部通常依靠标识符或共同字段建立数据间的关联,而大数据则通常是相互关联的数据。问卷调查的结果数据可能包含数字、文本、图片或语音等多种形态,可以通过"姓名"字段建立数据间的关联。由于不是持续动态地产生的,调查结果数据虽然体量较大但仍属于小数据范畴;而社交媒体平台上的数据是持续动态地产生的,同样包含文本、图片、视频、音频、超链接等多种形态,这些数据又可通过链接、点赞、评论等与其他用户数据直接关联。

---

[1] Rob Kitchen, *The Data Revolution: Big Data, Open Data, Data Infrastructure & Their Consequences*, Sage, 2014, p. 240.

相较于小数据，大数据的优势即在于建立结构化与非结构化数据间的关联。以往非结构化数据难以得到有效挖掘和利用，现今，得益于数据挖掘、自然语言处理等工具，非结构化数据也日益彰显其价值。

（四）穷尽性

小数据一般是通过抽样等方式获得的数据，是在总体样本中获取的具有代表性的数据。与之相反，大数据不是抽样数据，而是总体样本数据。因其是全部数据，所以有时也被称作整体数据。比如，购物平台会记录用户的全部行为数据。用户的每一次购买、每一次点击、浏览每一个商品页面的时间、商品的购买时间等数据全部被"记录在案"，甚至还会与其社交媒体账户关联，以获取社交网络数据，更好地预测其行为。但是，这时需要注意使用用户数据的权限和隐私保护等问题。

可穷尽的数据集合中通常包含来自不同来源和多个数据源的数据，需尤为关注数据质量和准确性。缺失数据、不一致数据、噪声数据等可能会对数据分析的准确性产生影响。另外，数据集的规模和复杂性也影响着分析和处理的难度，需要采用新的技术和算法，如分布式计算、机器学习等，以提高数据分析效率。

（五）颗粒度精细

随着数字技术的发展，人类的日常生活也逐渐数据化。与此相应，人类能够存储和处理的数据量越来越大，数据的颗粒度也日益精细，这也是大数据主要的发展趋势之一。走进超市，你或许会发现数据无处不在。以往，一类商品会使用一个数字标示码，即条形码或二维码，而如今每一个商品都有一个唯一的数字标示码。比如，每一个鲜肉商品上都标示了唯一的可识别的二维码，通过这个二维码可以追踪其生产地点、流通地点等信息，以实现更为细致的数据追溯与处理。

（六）可关联性

相较于小数据，大数据具有更强的可关联性。结构不同的数据和来源不同的数据可以方便地连接在一起,以挖掘更多的价值。比如,内容推荐算法所使用的数据包含用户行为数据和社交关系数据。不同数据库间的数据彼此关联后可获得更多的发现,能实现对用户更精准的描摹。这里同样需要注意数据权限与隐私保护等问题。

(七)可延展、可扩展

可延展性是指数据生成过程中的灵活性。小数据通常延展性不强,一旦数据生成,便不能更改、无法增删字段。以人口普查数据为例,一旦调查表格确立,便无法修改和增删。同时,为保证调查数据的延续性,问卷内容通常是固定不变的。而大数据则具有较强的灵活性,可轻松添加字段并实现快速扩展。比如,许多移动应用程序都可以不断调整其设计和底层算法,或是更改元数据字段,由此生成的数据也是可变的,可根据需要随时增加新字段或删除字段。

可扩展性指的是系统应对数据流变化的能力。许多社交媒体平台都需要应对数据流的巨大变化。当数据流较大时,若要保证服务器正常运转,就需要配置分布式硬件系统,将数据存储于分布式服务器的数据库中。当数据流猛然激增时,可根据需要扩展存储空间。

这些特征并不是同时体现出来的。有研究者分析了26个大数据数据集,发现海量与多模态并非大数据的核心特征[1],相比之下,动态持续地产生与穷尽性更能界定大数据,海量与多模态恰恰是数据高速与动态产生的副产品。

三、大数据与认知变革

大数据是数字革命引发颠覆性创新的重要驱动力,被视作21世纪竞争的关键。在经济领域,大数据引发了竞争规则和管理模式的嬗变,数据本身也成为炙手可热的商品。对政府机构而言,数据则是新的管理手段,社会治理中数据化思维的使用逐渐普遍。大数据同时也带来了社会科学研究的革命,社会计

---

[1] Rob Kitchin and Gavin McArdle, "What Makes Big Data, Big Data? Exploring the Ontological Characteristics of 26 Datasets," *Big Data & Society*, Vol. 3, No. 1, 2016.

算、数字人文、计算社会科学等新的范式开始确立。从社会科学研究的视角来审视,大数据所带来的认知变革主要体现在三个方面:

首先,大数据使得人们不再完全依赖随机抽样的传统统计方法,而是针对整体数据进行分析。传统的统计模型,包括基于概率论的一些数据应用方式和模型,在现实应用中的局限性越来越明显。

其次,大数据时代,精确性不再是唯一的追求。精确性是小数据时代的产物。在信息匮乏的时代,缺失任意一点数据,都可能导致结果的偏差。在大数据时代,数据量巨大,当数据量达到一定程度时,增加更多的数据对结果的影响逐渐减弱。这是因为随着数据量的增加,边际效用递减,即新增数据对提高结果准确性的贡献越来越小。因此,大数据不再追求绝对的精确性,而是更关注从数据中获取有意义的模式、趋势和关联。

同时,大数据的特点之一是混杂性,即大数据是大量、高速和多样化的数据集合。具有混杂性特点是因为其包含了来自不同来源、不同类型和不同结构的数据,如结构化数据、非结构化数据、文本、图像、视频等。接受这种混杂性意味着我们不能再局限于特定类型或特定来源的数据,而是要将多样的数据进行整合和分析。例如,以往在分析用户购买行为时,人们会比较关注结构化数据,比如产品销售额、产品类别等。这些数据只能粗略描绘销售情况,却无法全面了解用户的购买偏好。如果接受数据的混杂性,将非结构化数据纳入分析范围,就能够获得更多的信息。例如,可依据混杂大数据深入分析商品评论数据和评分数据,了解用户对产品的满意度,还可分析浏览和点击数据,了解用户的偏好。通过将这些不同类型的数据进行关联和分析,可以揭示出更多的用户行为模式。

最后,大数据不再强调因果关系,而是转而探究变量之间系统的相关关系。通过大数据分析,找出关联物,通过监测关联物就可以预测未来。所以,"建立在相关关系分析法基础上的预测是大数据的核心"[①]。

大数据不仅是经济、科技现象,也是一种社会文化现象。路易斯和韦斯特

---

① 〔英〕维克托·迈尔-舍恩伯格、肯尼思·库克耶:《大数据时代:生活、工作与思维的大变革》,盛杨燕、周涛译,浙江人民出版社 2013 年版。

隆德提出①,作为社会文化现象的大数据主要受到三种动力机制的形塑:

技术层面:大数据的运用可以最大限度地提升计算能力和算法精度,以收集、分析、链接和比较大型的数据集;

分析层面:利用大型数据集挖掘模式,做出经济、社会、技术或法律上的判断;

数据的迷思:人们普遍认为,大数据笼罩着真理、客观与准确的光环,它能够提供更高层级的智能和知识,能够产生此前无法获得的洞见。

大数据的"大"强化了围绕它产生的光环,可能引发一系列的误导和迷思。大数据虽然具有穷尽性的特征,但它仍然受制于数据生成系统,大数据的内容和效用取决于数据被捕获和记录的时间。在一定程度上,穷尽是在技术条件允许范围内的穷尽。大数据的广泛应用并不会导致小数据的消亡。实际上,小数据在回答特定问题时仍然有效。大数据的获取和使用同时还受到商业伦理和规制措施等的限制。

第三节 新闻媒体与数据应用

新闻媒体积极拥抱了数据时代的各项创新,将数据应用于新闻生产,确立了"数据新闻"这种新型报道样式。

本节我们将解释数据新闻的发展历程、对数据新闻的界定及其生产流程,并通过案例解析数据新闻对传统新闻生产成规的突破。数据新闻被媒体接纳的过程,也是数据深度融入媒介实践、驱动媒体进行数字化转型的过程。

一、数据融入媒介实践

数据新闻的发展历程也是数据融入媒介实践的历程。通常认为,计算机辅

---

① Seth C. Lewis and Oscar Westlund, "Big Data and Journalism," *Digital Journalism*, Vol. 3, No. 3, 2015.

助报道、精确新闻的发展为数据新闻的产生奠定了基础。计算机辅助报道（Computer-assisted reporting，CAR），简而言之，是指使用计算机搜集信息并生产新闻的报道方式。计算机辅助报道的早期实践者和教育者布鲁斯·盖里森（Bruce Garrison）认为，它可以从两个方面提振新闻报道：一是线上调研，即通过连接其他电脑或数据库来搜寻信息；二是搜寻数据库中的原始信息。①

（一）计算机辅助报道

1952 年，美国总统大选之际，大型计算机被带进了新闻编辑室。哥伦比亚广播公司（Columbia Broadcasting System，CBS）首次使用计算机预测大选结果。计算机系统由雷明顿兰德（Remington Rand）公司开发，名为 UNIVAC，由程序员进行操作。他们依据早期公布的选举结果搭建了预测模型，显示艾森豪威尔将以压倒性优势胜出。但当时舆论普遍认为两位候选人势均力敌，CBS 管理层也怀疑预测结果不准确，于是压了几个小时才发布。最终，实际结果与计算机预测的结果仅相差不到一个百分点，艾森豪威尔以 82.4% 的选举人团票胜出，而计算机预测的结果为 83.2%。②

此后，新闻编辑室开启了计算机化进程。但计算机没有直接进入新闻生产链条，反而是首先被应用于经营领域，比如订阅管理、财务管理等。③ 这或许是因为新闻室内缺乏能够应用计算机的人才，也可能因为彼时的大型计算机较为笨重，难于操作。此时，媒体想要获取数据也并非易事，需要聘请专业人士使用大型计算机进行分析，编辑室内还尚未搭建起适应数据生产的硬件环境。

计算机辅助报道的兴起，使得数据开始成为驱动新闻生产的内容要素。菲利普·梅耶在报道底特律骚乱时，首次将社会科学中的问卷调查方法引入新闻报道，向骚乱地区居民发放问卷，调查其感受和认知，随后通过一台 IBM360 大型机分析问卷调查的结果。那篇有关底特律骚乱的报道中数据分析结果与人

---

① Bruce Garrison, *Computer-assisted Reporting*, Routledge, 1998, p. 11.

② M. Cox, "The Development of Computer-assisted Reporting," paper presented at The Annual Conference of the Association for Education in Journalism and Mass Communication, Chapel Hill, Southeast Colloquium, March 17–18, 2000.

③ Bruce Garrison, *Computer-assisted Reporting*, Routledge, 1998, p. 45.

们的惯常想象大相径庭。这则报道斩获了普利策新闻奖,也开启了计算机辅助报道的新时代。紧随其后,数名从业者开始尝试在报道中加入计算机处理的数据结果。

1968年,《迈阿密先驱报》的记者聘请迈阿密大学法学院的学生,将法庭审判记录导入电脑,随后用电脑分析了13 000张打孔卡。报道揭示了司法系统中存在的不公。这则报道也被视作在新闻报道中使用计算机分析政府数据记录的开端。[1]

在今天,利用计算机完成报道是一项再平常不过的新闻实践。然而,在20世纪末,计算机辅助报道被视作一种创新型实践。它对新闻业产生了重要影响,具有"不可忽视的地位",也是新闻业数字化最早的尝试。为推动其发展,1989年,美国调查记者与编辑协会(Investigative Reporters and Editors,IRE)与密苏里大学新闻学院联合成立了全美计算机辅助报道学会(National Institute for Computer Assisted Reporting,NICAR)。从1994年到1999年,NICAR每年举办40到50场研讨会。在它成立的最初10年间,约有12 000名记者参加了其组织的300余场次的会议。职业组织的认可推动了计算机辅助报道的发展,从1989年到1996年间,普利策新闻奖获奖作品中有8篇都是计算机辅助报道。[2]

进入新世纪以来,随着计算机的普及,新闻业已不再将计算机辅助报道作为一个独立的报道门类,NICAR也将培训专业人员的重心转向数据新闻与人工智能等领域。计算机辅助报道似乎已失去往日的荣光,但它却为数据新闻奠定了重要的基础。

(二) 精确新闻

许多研究者将梅耶视作计算机辅助报道的重要开拓者,但他本人却将自己的实践称作精确新闻报道。事实上,虽然他在报道中借助了计算机,但他的初

---

[1] M. Cox, "The Development of Computer-assisted Reporting," paper presented at The Annual Conference of the Association for Education in Journalism and Mass Communication, Chapel Hill, Southeast Colloquium, March 17-18, 2000.

[2] 卜卫:《计算机辅助新闻报道:信息时代记者培训的重要课程》,《新闻与传播研究》1998年第5期。

衷并非推进计算机在新闻中的应用,而是倡导在新闻中使用社会科学的研究方法。计算机辅助报道是新闻编辑室采纳新技术工具的尝试,而引入社会科学方法进一步奠定了数据新闻的地位,数据得以成为新闻的生产资料。

精确新闻是指将社会科学、行为科学的研究方法应用到新闻实践中的报道样式。在精确新闻产生的年代,"成为一名记者所需要的技能正在增加……一名记者必须是数据库的管理者、数据的处理者以及数据的分析者"①。彼时也是社会科学发展成熟并成为大学中主流学科的时期。精确新闻的出现便与社会学科的成熟密切相关。

20 世纪 60 年代末,精确新闻的提出者菲利普·梅耶得到了尼曼基金会的支持,在哈佛大学进行了一年的脱产学习。其间他修读了统计学、计算机科学等课程。回到工作岗位,他积极尝试使用社会科学方法报道新闻。1967 年,美国底特律发生了较大规模的骚乱。新闻界对此类事件的惯常做法是采访权威消息源或当事人,借助不同人的观点来描画现实。但在梅耶看来,这样的做法很容易受消息源的操纵。20 世纪初,公共关系在美国已发展为一个发达的产业。有研究显示,在 20 世纪 20、30 年代,报纸上有一半左右的报道是由公关代理人等供稿完成。② 同时,大选以及世界大战也使得政治宣传手段花样迭出。"媒体太容易被强大的政治家及其高明的助选顾问公关专家所操控。这些人可以轻易地决定什么能成为新闻、什么不能成为新闻。为了抵抗被操纵,媒体需要更多的自信,而找到自信的最佳路径就是掌握知识。"③

梅耶所说的知识即社会科学知识,他希望以更科学的方式来解读骚乱。于是,他和密歇根大学的两位学者合作,在骚乱地区发放问卷,并用一台 IBM360 大型机分析了问卷结果。结果表明,大学生和高中肄业者参加骚乱的概率基本相同,此外,土生土长的北方黑人比从南方迁徙来的黑人更易参与骚乱。调查结果被写成报道刊发在《底特律自由报》上,次年,该报道斩获普利策奖。随后,

---

① 〔美〕菲利普·迈耶:《精确新闻报道:记者应掌握的社会科学研究方法(第四版)》,肖明译,中国人民大学出版社 2015 年版,第 2 页。
② 章永宏、黄琳:《重建客观:中国大陆精确新闻报道研究》,中国书籍出版社 2013 年版,第 37 页。
③ 〔美〕菲利普·迈耶:《精确新闻报道:记者应掌握的社会科学研究方法(第四版)》,肖明译,中国人民大学出版社 2015 年版,第 3 页。

梅耶将自己的新闻实践总结成《精确新闻》(Precision Journalism)一书,并于 1973 年正式出版。

有趣的是,同年另有一本对新闻业影响至深的图书《新新闻》[①]问世,这本书是由扛鼎者沃尔夫等将 21 位作家的作品编纂集结而成。新新闻以文学的写作手法记录社会,其可归入文学新闻范畴。梅耶认为"新新闻将新闻业推向艺术,而精确新闻则将新闻业推向科学",更加科学才应是新闻业的归宿。利用数字和量化分析来提升新闻业的专业程度,才能获取公众更大的信任。数据新闻正是沿着这条路径不断发展的。

实际上,在新闻报道中使用问卷调查的方法并非梅耶的首创。在 1968 年至 1972 年总统选举期间,美国的各大媒体都开展了民意调查。计算机技术的发展、抽样调查方法的完善,再加上盖洛普等商业调查机构的推动,民意调查似乎成为选举报道中必不可少的部分。选举报道中对民意调查数据的广泛采纳和社会科学方法的运用,体现了新闻生产对客观性理念的追求和坚守。

(三) 数据新闻的兴起[②]

有从业者将数据新闻的历史追溯到 1821 年,但彼时还没有数据新闻的概念。首个使用数据新闻(data journalism)一词的人是程序员记者——阿德里亚·哈罗瓦提(Adrian Holovaty)。[③] 他称自己为网页开发人员和音乐家。他精通编程语言,在密苏里大学新闻学院修读完新闻学专业后,开始为媒体工作。工作期间他提出并积极实践"用计算机编程的方法做新闻"(journalism via computer programming)。2006 年,他的博文《报纸网站变革的根本出路》("A Fundamental Way Newspaper Sites Need to Change")[④]引发关注。文章认为报纸应抛

[①] Tom Wolfe, The New Journalism, Pan Books, 1975.

[②] 本部分参见徐笛:《数据新闻的兴起:场域视角的解读》,中国传媒大学出版社 2019 年版,第 42 页。

[③] A. Howard, "The Art and Science of Data-driven Journalism," https://internews.org/wp-content/uploads/legacy/resources/Tow-Center-Data-Driven-Journalism.pdf,2024 年 8 月 12 日访问。

[④] A. Holovaty, "A Fundamental Way Newspaper Sites Need to Change," http://www.holovaty.com/writing/fundamental-change/,2024 年 8 月 12 日访问。

弃以故事为中心的写作方式("Newspapers need to stop the story-centric worldview"),转而实践数据驱动的新闻。这是数据新闻一词首次出现在公众视野之中。随后不久,由哈罗瓦提开发的街区网(Everyblock)上线,成为用编程方法做新闻的典型案例。他编写程序自动抓取政府网站、警局网站上的信息(多为警事信息),对比核实后发布于街区网,用户可通过地址、邮编等查询发生于本街区的最新案件。

极客(geek 的音译,指对网络技术有狂热兴趣并投入大量时间钻研的人)的尝试也启发了机构媒体。2009 年,英国《卫报》在其网站开设"数据博客"(datablog)栏目,同时推出"数据商店"(data store)栏目开放原始数据。创始人西蒙·罗杰斯称:"我们处在一个被信息淹没的时代……我们每天要处理大量的来自全世界的数据,创办数据博客是为了向读者开放数据,与读者共享。"①数据博客对伊拉克战争日志的发布被视作数据新闻的破冰时刻,而本节开篇谈到的关于伦敦骚乱的报道,使数据新闻得以向全世界扩散。

数据新闻发端于英美精英媒体的探索性实践。除了大数据时代的广阔背景,英美两国所经历的开放政府运动、开放数据运动与开源运动等政治、文化运动也是形塑数据新闻的重要力量。开放运动催生的信息公开法案(FOIA)则让数据新闻得以生根。②

开放运动中的"开放"不仅意味着政治上的开放,即开放政府信息,使公共决策与管理过程更加透明,以利于公众监督,也指向技术层面的开放,即以更为友好的方式发布信息,提供机器可读的信息,提高信息的可及性和可利用性。两个维度的开放意涵殊途同归,都根植于民主诉求,以期更好地监督权力、服务公众。开放为数据新闻带来了日益丰富且方便获取的生产资料——通过可供分析的数据,利用对数据的检视和反思来展开调查报道,数据新闻赋予了新闻

---

① S. Rogers, "Welcome to the Datablog: Looking for Stats and Facts? This Is Now the Place to Come," https://www.theguardian.com/news/datablog/2009/mar/10/blogpost1,2010 年 5 月 12 日访问。

② M. Coddington, "Clarifying Journalism's Quantitative Turn," *Digital Journalism*, Vol. 3, No. 3, 2015; Harlan Yu and D. G. Robinson, "The New Ambiguity of 'Open Government'," *UCLA Law Review Discourse*, Vol. 59, 2012.

业监督权力的新途径。尤其在调查报道式微的时代①,数据新闻为延续新闻业的公共服务传统带来了新的希望。

在英美两国兴起的开源运动进一步形塑了数据新闻。开源运动反对收费高昂的专属软件(proprietary software),倡导开放源代码供社会成员学习、修改,并免费使用。开源不仅是一场科技运动,也是一场社会文化运动。运动的政治文化意涵即为降低知识使用与分享的门槛、让知识生产的过程民主化。这场运动深刻地影响了新闻业。站在技术与新闻交叉口的数据新闻受追求透明与参与的开源文化的影响尤为明显。透明之于新闻业的意义在于,打破原本封闭的新闻生产过程,使新闻生产去神秘化。参与则是透明的下一步,即让社会成员参与新闻生产即知识生产的过程。

英国《卫报》开设数据博客栏目这一新闻实践可谓开源文化进入新闻业的最佳例证。数据博客上的多数数据新闻都会在文末附上文中数据的下载链接,这些数据都经过了编辑和清洗,公众可免费下载并进行二次分析。在这里,作为新闻生产物质基础材料的原始数据,即新闻生产的"源代码"向公众公开。它们不再被视作媒体机构的私有财产,而变成了知识生产过程中的公共财富。与此类似,538网站②也在Github③上发布新闻作品的原始数据,更重要的是还会附上对数据处理过程的详细说明。在传统的新闻生产模式中,原始材料比如采访录音等被视作从业者的私有财产,通常不会向公众公开。如何处理原始材料是从业者个人管辖权的一部分,也是其文化权威的来源。封闭的生产方式在一定程度上让新闻生产带有神秘色彩。而受到开放与开源运动的影响,更为开放

---

① M. Walton, "Investigative Shortfall," *American Journalism Review*, Vol. 32, No. 3, 2010.

② 538网站的网址为https://abcnews.go.com/538,2008年由统计学者内特·希尔弗(Nate Silver)创建。538是指美国大选中的选举团人总数。网站起初作为个人博客,专注于民意调查分析。随后被《纽约时报》纳入麾下,现转到ESPN旗下,内容也由民意调查拓展至对政治、经济、科技、体育、文化等内容的量化分析与解释。在几次美国大选中,其因调查预测与可视化作品而声名鹊起,被诸多机构媒体争相追捧。

③ Github是一个源代码托管网站,网址为https://github.com。在开源运动中,一些参与者通过该网站进行源代码共享与协作修改,由此网站聚集了大量用户,目前该网站已成为世界上最大的代码托管和开源社区。受开源文化影响,该网站亦有大量媒体入驻,在此发布报道原始数据或公布其他新闻素材。美国公共广播电台(NPR)就在该网站公布了自行开发的可视化软件的源代码。

与透明的知识生产过程成为公众新的诉求,《卫报》数据新闻的实践积极地回应了这种诉求。开放意味着新闻业主动打破边界,将公众卷入新闻生产过程,《卫报》也将数据新闻实践作为开放新闻编辑室的立足点。①

开放、透明与参与相互交织。透明的生产过程为公众提供了参与的机会。众包便是实现途径之一,也是《卫报》数据博客经常使用的生产方式。例如,在报道《测试你家的宽带连接速度》中,《卫报》邀请读者通过测速工具上传自家宽带的实际网速,并评价英国宽带网络建设的情况。共有 3150 名读者上传了数据,《卫报》据此制作了英国宽带速度地图。通过对比读者上传数据与网络提供商宣称的连接速度数据,报道发现两者最大的落差为 60%。通过众包,社会公众参与到了知识生产的过程中,由此构建出另一幅知识图景,区别于既定机构所设定的知识框架(本例中即为网络提供商所宣称的网络连接速度)。此外,《卫报》的数据博客也较多地使用开源软件生产数据新闻,比如谷歌表格(Google Form)、谷歌融合图表(Google Fusion Tables)等。虽然开源软件能达到的可视化效果常被业内人士诟病,但数据博客创始人西蒙·罗杰斯解释这是有意为之的选择。开源软件的使用方便了数据的共享与再利用,也便于公众参与,只要拥有一个谷歌账号,即可下载原始数据并进行二次创作。② 尤其是具有人文精神并掌握较高计算机技能的公众,他们[被称作程序员记者(programmer journalist)]能够主动参与到新闻生产中,为新闻业带来了新的思维方式和新的媒介文化。③

新闻业独立性的要求催生了数据新闻。"从 19 世纪末到 20 世纪 70 年代,美国的新闻报道经历了客观性新闻报道、解释报道、调查报道和精确新闻报道的发展过程。每一种新闻报道形式的变化实质上都在追求摆脱新闻来源的控

---

① 章戈浩:《作为开放新闻的数据新闻——英国〈卫报〉的数据新闻实践》,《新闻记者》2013 年第 6 期。
② J. Stray, "How the Guardian Is Pioneering Data Journalism with Free Tools," http://www.niemanlab.org/2010/08/how-the-guardian-is-pioneering-data-journalism-with-free-tools/,2024 年 8 月 12 日访问。
③ S. Lewis and N. Usher, "Open Source and Journalism: Toward New Frameworks for Imagining News Innovation," *Media, Culture & Society*, Vol. 35, No. 5, 2013.

制,强调记者报道的独立性和系统性。"① 如前文所述,精确新闻的创始人梅耶在探索精确新闻时,也认为将数据作为新闻源有利于新闻业的独立,可减少精明的政客和公关人员对新闻的实际控制。数字媒介技术和数据时代的到来也孕育了数据新闻产生的土壤。休伊特在分析数据新闻在英国的发展路径时提到,调查报道举步维艰,难于获取新闻源;计算机辅助报道生产成本高昂;信息公开法案、开放数据运动等使得数据日益可得,数据量持续充盈;计算机技术的发展又降低了数据获取与分析的成本,由此计算机辅助报道逐步演化为数据新闻。②

二、界定数据新闻

数据新闻产生之初,数据被等同于数字。数据新闻被界定为"在数字中挖掘故事,并利用数字来讲故事的新闻报道"③。随着实践的深入,数据的内涵得到扩充。图像、影像、声音等都被用作数据新闻的生产材料。数据形态的变动增加了定义"数据新闻"的难度。

同时,数据新闻也经常与计算新闻、数字新闻等概念混用。考丁顿分析了90余篇有关计算机辅助报道、数据新闻以及计算新闻的学术研究和业界讨论文章,对界定这些概念的文本进行了归纳总结。④ 目前,无论学界还是业界对这些概念尚未达成一致认知。粗略来说,计算机辅助报道更趋向于指借由计算机解析数据完成调查报道,而数据新闻更强调通过数据和可视化来完成故事叙述,计算新闻则偏向使用计算科学的工具和方法,比如建立运算模型或通过算法自动生成信息,来协助新闻生产。研究者建立了一个包含四个维度的分类框架以进一步厘清这些概念:专业控制、开放性、认识论和对公众的认知(见图2-7)。

---

① 卜卫:《计算机辅助新闻报道:信息时代记者培训的重要课程》,《新闻与传播研究》1998年第5期。

② J. Hewett, "Data Journalism Grows Up," in T. Felle, J. Mair and D. Radcliffe, eds., *Data Journalism: Inside the Global Future*, Abramis, 2015, pp. 27-38.

③ A. Howard, "The Art and Science of Data-driven Journalism," https://internews.org/wp-content/uploads/legacy/resources/Tow-Center-Data-Driven-Journalism.pdf, 2024年8月12日访问。

④ M. Coddington, "Clarifying Journalism's Quantitative Turn," *Digital Journalism*, Vol. 3, No. 3, 2015.

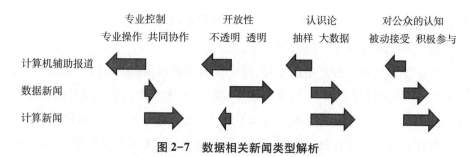

图 2-7 数据相关新闻类型解析

资料来源：M. Coddington, "Clarifying Journalism's Quantitative Turn," *Digital Journalism*, Vol. 3, No. 3, 2015。

其中,专业控制指的是新闻专业从业者对生产过程的掌控程度。计算机辅助报道基本由专业从业者操作。数据新闻则既可以由专业从业者操作,也可联合有志趣的公众共同制作。而计算新闻则完全在开放协作的环境下生产,公民、新闻从业者、计算机专业人士均可参与。开放性是指新闻生产过程的开放程度。计算机辅助报道的生产过程相对封闭,大部分操作在新闻编辑室内完成,其数据获取、分析的过程并不为公众所知。数据新闻则强调透明与开放。如前文所述,受到开放运动的洗礼,数据新闻实践会要求公开原始数据以及数据分析过程,甚至倾向于使用开源软件。计算新闻出于软件成本、人力成本等原因,也倾向于采用封闭的生产过程,并不会公开算法或程序。就认识论而言,不同的新闻媒体实践牵涉如何抓取和分析数据以了解人们总体认知上的不同。计算机辅助报道采用社会科学中的抽样方法来描述总体情况,即借由社会科学方法,通过小数据认识世界。数据新闻和计算新闻则强调大数据的运用,即采用总体样本,不再追求精确性。在对公众的认识上,计算机辅助报道将公众看作被动的接收者,认为新闻专业从业者才是合法的知识生产者。而数据新闻更为重视公众的需求和公众参与,强调共同协作,共创知识。计算新闻则更强调积极的公众在新闻中发挥的作用,期待公众自行运用各种工具进行分析,以生产个体化的知识。三种类型的新闻在不同维度上的强度也各有不同。

但这个分类框架主要基于西方的数据新闻实践,在应用于我国本土分析时仍需调适。有研究者检索了有关数据新闻的18本中外教材、239篇英文文献和710篇中文文献,提取了59种数据新闻定义。结果显示,现有的有关数据新闻的定义最强调的是工具性和生产流程的标准化程度,其次是统计性和新闻行业的创新性,反而对新闻性的关照非常少。①

数据新闻也有三种界定的路径,即新闻呈现形态、新闻生产流程和新闻行业发展。② 从呈现形态上看,数据新闻常通过可视化图表或交互设计等来呈现新闻发现。从生产流程来理解,数据新闻是指"通过反复抓取、筛选和重组来深度挖掘数据,聚焦专门信息以过滤数据,并以可视化的方式呈现数据,进而合成新闻故事"③。从行业发展的角度,从业者提出数据新闻是未来的发展趋势,其所代表的开放、共享、协作等理念将深刻地改变新闻生产。

本书建议从生产流程的角度来审视数据新闻。数据新闻在呈现形态上的变化及其对行业发展的影响,都可体现在生产流程之中。由此,数据新闻可被定义为:以数据作为核心新闻源,通过数据获取、清洗和分析等流程来寻找新闻点,通过可视化的方式传达信息的新闻报道样式。

三、数据新闻的生产流程

数据新闻是一种基于数据分析和可视化呈现的新闻报道形式。通过对数据的处理、分析和呈现,报道能够帮助读者更好地理解和解读新闻事件。数据新闻的生产流程涉及数据的采集、整理、清洗、分析和解释,故事的构建和写作,报道的审核和发布等多个步骤。每一步都需要精确和专业的技能与工具,以确保数据新闻的质量和价值。《卫报》数据博客栏目曾发布一张流程图来详细解释数据新闻的四个生产环节,具体包括:第一步,确定数据新闻选题;第二步,数据的收集和整理;第三步,数据的分析和解读;第四步,数据新闻写作与可视化呈现。这个生产流程图也为不同国家的媒体提供了指引,一定程度上确立了数据新闻的生产流程规范。

数据获取,即找到新闻相关的数据是数据新闻的基础。数据来源可以包括官方网站、政府机构、学术研究机构、社交媒体等多种渠道。但需要注意的是,

---

① 吴小坤:《数据新闻:理论承递、概念适用与界定维度》,《新闻与传播研究》2017 年第 10 期。
② 方洁、颜冬:《全球视野下的"数据新闻":理念与实践》,《国际新闻界》2013 年第 6 期。
③ 同上。

数据的质量和可用性对后续的数据处理和结果分析至关重要。因此,记者需要仔细挑选数据来源,并保证数据的可靠性和准确性。

数据整理和清洗是将收集到的数据进行处理和准备的过程。在这个过程中,需要处理缺失值、异常值和错误数据,并确保数据格式统一。对于超大规模的数据集,则可以使用自动化的数据清洗和整理工具,如 OpenRefine、Excel、Python 等,以提高数据处理的效率和准确性。

数据分析和解释是将收集到的数据进行分析并对分析结果展开解释的过程。首先需要使用各种统计分析工具对数据进行分析和解释,以帮助读者挖掘数据中的价值。随后需要将有价值的发现通过数据可视化的方式呈现出来。譬如 Tableau、ECharts 等可视化工具可以帮助记者更好地呈现数据分析的结果,让读者更容易地理解数据并从中获得有价值的信息。

伦敦城市大学的研究者布莱德肖对数据新闻的生产流程进行了完善,提出了双金字塔生产流程(图 2-8)。他认为,数据新闻的生产是一个倒金字塔结构。一般从汇编(compile)各种问题和数据开始,然后进入清理数据(data cleaning)环节,同时需要理解社会情境(context),最终组合成文(combine)。一篇好的数据新闻报道需要具有清晰的思路、合理的结构和流畅的叙述,使读者能够跟随作者的思路,深入了解新闻事件所揭示的信息。在完成数据分析和可视化之后,需要将数据转化为一篇具有较强故事性的新闻报道。将数据分析和解释融合到一个具有逻辑性的故事中,能够帮助读者更好地理解数据并从中获得有价值的信息。随后,还需要以有效的方式传播报道。数据新闻的传播是读者阅读报道、获取和实现数据新闻价值的过程。数据新闻的社会传播能够影响公共政策和个人决策。布莱德肖强调了数据新闻在传播过程中的基本机制,尤其是信息可视化对于启动传播过程的价值。数据通过可视化(visualize)形成新闻叙事(narrate)后,在各个平台发布实现社交化(socialize),这体现了人性化(humanize)的需求,之后按照读者个性化(personalise)的兴趣和需求加以应用(utilize)。影响数据新闻扩散过程的可视化、叙事、社交化、人性化、个性化和应用化理应在数据新闻生产过程中得到更多重视。

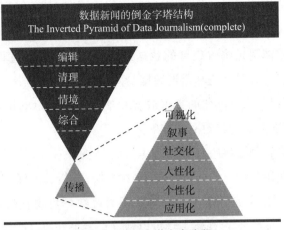

图 2-8 双金字塔生产流程

资料来源:Paul Bradshawn,"The Inverted Pyramid of Data Journalism," https://onlinejournalismblog.com/2011/07/07/the-inverted-pyramid-of-data-journalism/,2024 年 8 月 12 日访问。

四、数据新闻对传统新闻生产常规的突破

数据新闻不仅仅是一种新型的报道样式。开放式基因的注入和程序员记者的加入,使得数据新闻生产突破了传统新闻生产的诸多成规和惯例。下面我们以本章开头提到的骚乱报道为例,详细说明计算机辅助报道,及由其发展而来的数据新闻对新闻生产成规和惯例的突破。

2011 年 8 月,英国伦敦发生了骚乱。持续五天的骚乱震惊了世界,英国《卫报》对骚乱的报道也震撼了新闻界。

骚乱起因于警察击毙了 1 位 29 岁的黑人男青年,这位名为马克·达根(Mark Duggan)的青年被怀疑非法持有枪械。2011 年 8 月 6 日,他的家人到警局门口举行和平抗议活动,要求警方公布执法详情。随后和平抗议升级为骚乱。骚乱从伦敦北部街区扩散至整个伦敦,接着蔓延至曼彻斯特、利物浦等地。骚乱中,有 2278 家商店被破坏或洗劫,共发生了 5112 起与骚乱相关的犯罪事件,超过 4000 人被捕。[①]

[①] S. Rogers, "Data Journalism Reading the Riots: What We Know. And What We Don't," https://www.lccsa.org.uk/data-journalism-reading-the-riots-what-we-know-and-what-we-dont/,2024 年 8 月 12 日访问。

各地媒体实时跟进了骚乱的进展。按照传统的新闻操作方式,媒体一方面会派记者前往现场,借由"在场"彰显报道的客观性,另一方面也会采访各种官方信源,由此强调报道的权威性。《卫报》在推出实时报道的同时,独辟蹊径,通过数据新闻,展现出了与官方话语迥异的另外一番图景。

骚乱在蔓延,而官方尚无法提供关于骚乱发生地点的完整信息。于是,《卫报》数据博客栏目推出了骚乱的地图报道,在谷歌融合图表上标注已知的骚乱发生地点,并提供了对现场详情的报道。同时栏目邀请读者查漏补缺。读者可上传骚乱信息,还可校正骚乱地图中的错误,所有的数据都可以自行下载。骚乱发生第二天,数据博客又推出了在线问卷,请读者选填骚乱的原因。

骚乱逐渐平息后,1984人接受了法庭审讯,法庭审讯记录里包含了全部18岁以上嫌疑人的身份信息、家庭住址、涉及罪名等。法庭记者很快拿到了开庭记录摘要。但条线记者只关心那些特殊、典型的案例。相比之下,数据博客却更想知道事情的全貌:受审者是谁,他们从哪里来,为什么参与其中。于是,数据博客向法院提出信息公开申请。几经周折,数据博客终于拿到了以PDF格式存储的开庭记录。这种格式的文档无法直接分析。经过人工转录,数据博客最终自制了一份含有一千多条庭审记录的数据库。对此数据分析发现,法庭倾向于重判参加骚乱的犯罪嫌疑人。他们的刑期比其他类似罪行的刑期平均长了四分之一[1],而这些都是仅靠采访无法获得的信息。

骚乱报道最核心的问题,无外乎探究事发原因。政客和评论家对此众说纷纭。时任首相卡梅伦认为,骚乱与贫穷无关。而数据博客把涉嫌骚乱的犯罪嫌疑人的家庭住址叠加在反映贫穷程度的地图上后发现,显而易见,二者有较强的相关性。骚乱中,警方指责Twitter和Facebook等社交媒体散播谣言,助长了骚乱的蔓延。警方甚至一度考虑短时关闭社交媒体。那么,社交媒体在事件中到底起到了何种作用?数据博客与伦敦政治经济学院的学者合作,分析了几条典型谣言在Twitter上的传播过程。[2]

---

[1] S. Rogers, "Data Journalism Reading the Riots: What We Know. And What We Don't," https://www.lccsa.org.uk/data-journalism-reading-the-riots-what-we-know-and-what-we-dont/,2024年8月12日访问。

[2] 同上。

1981年,英国发生了类似的骚乱。斯卡曼勋爵(Lord Scarman)领衔的调查委员会对骚乱原因做了深入剖析,其调查结果对社会政策的制定产生了深远影响。而2011年骚乱发生后,官方并未进行系统调查,但有关骚乱的数据新闻报道为我们揭示了更为丰富、全面的事件信息,也提供了有别于官方话语的图景。更重要的是,报道基于可供验证的数据而非个人判定。①

以往的新闻生产有赖于权威消息来源,生产过程相对封闭,较少与外部机构合作。公众被视作信息的接收者,并不会参与到新闻生产过程中。数据新闻报道打破了媒介行业的部分成规,将参与、开放等元素纳入新闻生产逻辑。

媒介成规和惯例被打破,使新的文化元素被纳入新闻生产逻辑,深刻地改变了新闻媒介的认识论。认识论是一个哲学词语,简而言之,是指对知识的认识。新闻业是现代社会重要的知识生产机构,新闻业的认识论具体是指新闻业如何界定何为知识,什么又是真实、合法的知识。一般来说,新闻业会依据一定的规则、常规和制度化程序展开知识生产实践。② 比如,新闻价值判断决定了什么是新闻业认可的知识。遵循客观性和信源交叉检验规则而产生的知识,新闻业可以宣称这些知识是真实的,由此主张自己作为知识生产机构的合法性。价值判断、规范、成规等构成了新闻业的认识论基础。新媒体时代,大数据正在重塑这个基础。我们借用艾克斯特罗姆的研究成果,从三个维度分析前文提到的《卫报》有关伦敦骚乱的报道,以审视大数据对新闻业的改造。

艾克斯特罗姆在研究电视新闻时,提出新闻业的认识论可分为三个组成部分③:

(1) 知识的形式:与媒介类型相关的知识的形式,以及这种知识的特征。

(2) 知识的生产:生产知识所遵循的专业规范或常规。

(3) 知识的接收:知识被公众接受或拒绝的决定性条件。

我们将这个理论框架简化为更具可操作性的衡量标准。其中,知识的形式

---

① S. Rogers, "Data Journalism Reading the Riots: What We Know. And What We Don't," https://www.lccsa.org.uk/data-journalism-reading-the-riots-what-we-know-and-what-we-dont/,2024年8月12日访问。

② M. Ekström, "Epistemologies of TV Journalism: A Theoretical Framework," *Journalism*, Vol. 3, No. 3, 2002.

③ Ibid.

可简化为生产资料,即用来生产新闻的原始材料。知识的生产简化为生产方式,即对生产材料的处理方法。知识的接收简化为受众的接收方式(见表2-2)。我们借此分析有关骚乱的数据新闻报道。

表2-2 《卫报》骚乱报道分析

报道主题	生产资料	生产方式	接收方式
骚乱地图	骚乱发生地点的地理位置信息	原始数据众筹、开放	参与
骚乱原因	邀请读者填答的问卷结果	自制数据、数据开放	参与
谣言传播	社交媒体数据	与大学协作	获取
法庭审判	转化为电子格式的法庭审判记录	自制数据、数据开放	获取
骚乱与贫穷	法庭审判数据、反映贫穷程度的官方统计数据	自制数据、连接外部数据、数据开放	获取

资料来源:徐笛:《数据新闻的兴起:场域视角的解读》,中国传媒大学出版社2019年版,第21页。

数据已成为生产资料的核心,并且数据被认为较观点判断更为客观、真实。与之相关联,新闻的生产方式也有革新。传统的新闻生产过程较为封闭,生产资料和生产过程都是不公开的,比如记者的采访笔记、采访录音都被视作个人或组织的财产。而基于数据的新闻生产以开源、协作、开放众筹等为特征。数据作为原始生产资料面向公众公开。在与受众的连结方式上也以受众参与为典型特征。而在传统新闻生产中,受众常扮演被动接收信息的角色。这些变革意味着公共知识和新闻实践的合法性基础正在发生变化。

数据与新闻的联结日益紧密。有学者总结称新闻业正在经历"量的转向"(quantitative turn)。[1] 为了更系统地理解大数据对新闻业的影响,我们需要首先建立一套概念框架。学者路易斯和韦斯特隆德提出的四个维度的衡量框架可供参考[2]:

首先,在认识论上,大数据是否挑战了新闻业对事实的认知,它是否会让新

---

[1] M. Coddington, "Clarifying Journalism's Quantitative Turn," *Digital Journalism*, Vol. 3, No. 3, 2015.

[2] Seth C. Lewis and Oscar Westlund, "Big Data and Journalism: Epistemology, Expertise, Economics, and Ethics," in Seth C. Lewis, ed., *Journalism in an Era of Big Data: Cases, Concepts, and Critiques*, Routledge, 2018, p. 20.

闻报道更加客观。

其次,在专业技能上,大数据获取与分析涉及一定的编程技能。这就要求传统记者更新自己的工具包,而缺乏相应技能可能有损于记者在职业实践中的自主权和专业权威。

再次,从经济基础的角度来理解,大数据可能会催生新的商业模式。同时,大数据可更为精准地描画受众喜好,监测传播数据。这些数据会反过来影响内容生产。

最后,从伦理角度考量,大数据可能牵涉个人隐私,也可能面临数据造假的风险。此外,大数据分析处理所要求的透明、公开、参与等原则,可能会重塑新闻业的伦理准则。已有学者提出,大数据时代,透明或会成为新的客观性。①

案例:自采数据,报道网络暴力

2023年1月,因染了粉色头发而被网暴的女孩郑灵华在"积极抗抑"3个月后,选择离开这个世界,年仅23岁。小红书上,她的抗抑郁记录停留在"住院Day9"这一篇。

郑灵华的离世再次引发公众对网络暴力议题的强烈关注。在随后召开的两会上,共有29位人大代表和政协委员提出网络暴力治理的议案或提案。谁是网络暴力的受害者?他/她们经历了哪些苦楚?网络暴力仅仅是语言暴力吗?网络暴力事件中,该如何追责?如何能更有效地治理网络暴力?目前关于网络暴力的新闻报道多以个案为主,从单一个案中难以获得全部答案,公众无法知晓网络暴力的宏观图景,通过数据来解答这一社会议题或可提供更宽广的视角。

有感于郑灵华的不幸和网络暴力事件的频发,复旦大学新闻学院的师生开启了调查,希望通过数据新闻报道推进网络暴力治理。历经三个星期的数据爬取、分析和可视化,他们完成了报道——《311个受害案例、4场网暴模拟告诉你,谁该"保你平安"》,发布于澎湃新闻平台。

---

① A. B. Howard, "The Art and Science of Data-Driven Journalism," https://academiccommons.columbia.edu/doi/10.7916/D8Q531V1,2024年8月15日访问。

报道从典型案例入手，首先呈现郑灵华所遭遇的语言暴力。报道团队爬取了社交媒体平台上针对郑灵华的发言和评论，并将这些内容制作成弹幕式词云图，恶意的话语从屏幕中划过，让人不寒而栗。

哪些人遭遇了网络暴力？网络暴力行为有何特点？为回答这些关键问题，研究团队从慧科新闻数据库获取了 18 319 篇发表于 2022 年的网暴相关报道、评论，清洗后得到了 311 个发生于 2022 年的网暴案例。随后，团队对案例展开编码分析，确立受害者身份、年龄、性别、网暴的诱发因素等字段。数据分析发现，女性更容易因两性关系、外貌穿着、家庭伦理而成为网络暴力的对象，相较之下，男性则更多因意识形态、公共议题、职业表现等遭受网络暴力。

网暴的受害者中，超过四成是普通公众。明星、网络主播与博主等公众人物不是最主要的网暴受害者。至于被网暴的原因，更是五花八门。被网暴者中有母亲因为给孩子买蛋糕边角料被嘲"穷人生二胎只会害了孩子"；有疫情期间滞留三亚的游客，因为"非要乱跑，自作自受"而饱受攻击。任何人都可能以任何面貌变成网络靶子。

网络暴力的受害者常会经受长久的心灵创伤。报道团队通过爬虫软件获取了网络问诊平台上 48 条有效问诊记录。求助问诊者中女性居多，近 6 成问诊者产生心理不适超过半年，有 3 成求助者为未成年人。

基于一定的数据量所做的分析，可以更有效地呈现出网络暴力行为的一般特征，提供比个例更为丰富的中观和宏观视角。公众最为关心的问题是如何推进对网络暴力行为的治理，这也是该篇报道的重点和亮点。

如果是传统新闻生产方式，可能会通过专家访谈回答此问题，而研究团队采用了专家访谈与自己采集的数据相结合的方式，获得了更多的信息增量。311 个网暴案例中，近 8 成网暴事件肇始于微博和抖音，由此可以看出，平台在网暴治理中的责任不容推卸。团队成员测试了 11 款 App 对暴力信息的拦截效力，当评论中出现某个常见的侮辱性词语时，对施暴者弹出发文警示的 App 数量较少，消息往往显示"已发送"，但超过半数的 App 能过滤这条不良信息，阻止它出现在受害者的消息箱里。

随后,团队以模拟网暴的形式测评了平台的防护功能。虽然一些平台可以拦截含有明确辱骂词语的极端言论,但识别其他形式的隐晦侮辱仍然存在一定的难度。此外,报道还强调了平台在处理举报和举证过程中的不足之处——举证难、反馈慢。

自己采集的数据和自我测试的数据为报道带来了极大的信息增量,提供了犹如"在场"一般的客观证据,使得报道更具说服力和可信度。

这篇报道可视化风格统一,形式清新,在颜色选择上也颇有深意。报道团队通过色彩提取工具提取了郑灵华头发的颜色,并以其作为全篇报道的主色调,意在使用粉色纪念这位粉色头发女孩。颜色的选择深化了报道的主题,也意图触发读者的情感,引发共同悼念。

思考题

1. 请简述小数据与大数据的区别。
2. 请思考在新闻传播活动中,大数据还有哪些应用场景。
3. 数据新闻如何从数据出发观照、挖掘数据背后的故事?

拓展阅读

Rob Kitchen, *The Data Revolution: Big Data, Open Data, Data Infrastructure & Their Consequences*, Sage, 2014.

V. Mayer-Schönberger and K. Cukier, *Big Data: A Revolution That Will Transform How We Live, Work, and Think*, Houghton Mifflin Harcourt, 2013.

〔英〕西蒙·罗杰斯:《数据新闻大趋势:释放可视化报道的力量》,岳跃译,中国人民大学出版社2015年版。

第三章　新媒体与游戏

游戏是当下国内移动应用程序（App）中规模最大的新媒体应用。根据工业和信息化部在2022年公布的《2021年互联网和相关服务业运行情况》报告，在现有App中，游戏类App数量居首位（达70.9万款，占全部App的28.2%），游戏类App的下载量也居首位（已经达到3314亿次）。① 可见，新媒体游戏是新媒体应用中不容忽视的方面，因而也是新媒体教学和研究无法回避的领域。

在新媒体时代，新媒体与游戏之间是相互促进、相互结合、相互融合的关系。新媒体拓展了游戏的概念，使其超越了传统意义上的玩乐。游戏又反过来强化了新媒体的特性，使新媒体普遍具有游戏性。新媒体与游戏相结合，以游戏化的方式发挥社会功能，影响了游戏领域外的广大社会领域。当下新媒体与游戏出现了融合发展的新趋向——元游戏。顺应这一新趋向，推动数字游戏发展正成为上海、浙江、河南、武汉、成都、济南等各级地方政府政策引导的重要内容。元游戏让玩家在游戏过程中改变数字孪生系统以指导社会实践，从而被寄予超出玩乐的厚望。"文明是在游戏中并作为游戏兴起并展开的。"② 时下，新媒体游戏正以独特的方式建构数字媒介文明。

---

① 《2021年互联网和相关服务业运行情况》，https://www.miit.gov.cn/gxsj/tjfx/hlw/art/2022/art_b0299e5b207946f9b7206e752e727e66.html，2024年7月20日访问。

② 〔荷〕约翰·赫伊津哈：《游戏的人》，多人译，中国美术学院出版社1996年版，第1页。

第一节　超越玩乐：新媒体对游戏概念的拓展

人们最初是从玩乐的角度去理解游戏概念的，无论是从负面将游戏理解为不值得加以严肃考虑的玩乐活动，还是从正面将游戏理解为促进人性解放的玩乐活动，都没有改变"游戏即玩乐"的基本含义。直到新媒体时代，丰富的新媒体游戏内容与复杂的新媒体游戏机制在经验上拓展了游戏的内涵与外延，使人们重新界定新媒体时代的游戏概念，从而超越了"游戏即玩乐"的传统理解。

一、传统的游戏概念：游戏即玩乐

"游戏即玩乐"这种理解已有 2000 多年的历史。早在古希腊时期，柏拉图就将"游戏"定义为"以快乐为我们判断的唯一标准"的"一种完全着眼于其伴随性的魅力而实施的活动"。① 也就是说，游戏作为"玩"的活动会引起快乐，快乐是游戏的内在目的和衡量标准，从而形成了长期占据主导地位的"游戏即玩乐"的传统。在这一概念中，柏拉图根据游戏的玩乐本质对其施以价值判断，强调游戏只有"伴随性的魅力"，因为它"既不能给我们提供有用性，又不是真理，又不具有相同的性质，当然，它也一定不能给我们带来什么坏处"，所以，它"既无害又无益，不值得加以严肃考虑"。② 在游戏形态上，柏拉图针对古典时期的玩乐活动展开分析，认为"跳舞被我们当作一种游戏"，然而，这仅仅指玩乐性质的跳舞，因为"当这个过程达到身体之善的时候，让我们把带有这种目的的身体训练称为体育"③，跳舞也就不再是游戏了。可见，在柏拉图那里，游戏的概念是且仅是玩乐，他也因此并不推崇游戏。他之所以在《法篇》中阐释游戏，是强调游戏要接受法律和制度的控制，称"若这种实施仅仅被当作游戏，允许所有人随意喝酒，想跟谁一起喝酒就跟谁一起喝，在喝酒时为所欲为，那么我就不会再允

---

① 〔古希腊〕柏拉图：《柏拉图全集》第三卷，王晓朝译，人民出版社 2003 年版，第 418 页。
② 同上。
③ 同上书，第 425 页。

许这样的城邦或个人嗜酒"①。这种"禁游"的想法使"游戏即玩乐"的游戏概念一诞生就遭遇了一定的"负面评价"②。

随着人类社会的发展,最初带有负面性的游戏概念,开始被人们赋予更多正面的意涵。尤其是当人类社会开始工业化发展后,人们拥有了越来越多的规范化闲暇时间,可以用来开展作为玩乐活动的游戏。这一方面强化了"游戏即玩乐"的游戏概念;另一方面,工作之余自主开展的游戏活动,让人们体会到了自由的愉悦感,潜移默化地改变了人们对游戏的态度,从而迎来了一场关于"游戏"的思想解放。德国启蒙美学家席勒将"游戏"的外延拓展至"一切在主观和客观上都非偶然的,但又既不从内在方面也不从外在方面进行强制的东西"③,并在注释中进一步阐释了游戏的内涵,称"这里所说的'游戏',就是同时摆脱来自感性的物质强制和理性的道德强制的人的自由活动"④。也就是说,游戏是摆脱强制、通往自由的媒介,其玩乐本质具有促进人性解放的传播意义。这种人性解放,并不意味着让人们彻底沉沦于玩乐而不思进取。席勒特别强调了"游戏"与完善人格的紧密联系,称:"在游戏中通过美来净化他们……使他们在闲暇时得到娱乐,不知不觉地从他们的娱乐中排除任性、轻浮和粗野,再慢慢地从他们的行动乃至意向中逐步清除这些毛病,最后达到性格高尚化的目的。"⑤也就是说,完善人格未必只能通过教育活动实现,也可以通过游戏这种特殊的传播活动,通过寓教于乐来实现。在此,游戏既是玩乐活动,又是审美活动,还具有完善人格的正面意义。

启蒙运动之后的一段时期,人们从宏观的社会进步视角继续深化对"游戏即玩乐"概念的认识。在被公认为历史上第一本游戏专著的《游戏的人》里,作者赫伊津哈将"游戏"界定为"在某一固定时空中进行的自愿活动或事业,依照自觉接受并完全遵从的规则,有其自身的目标,并伴以紧张、愉悦的感受和'有

---

① 〔古希腊〕柏拉图:《柏拉图全集》第三卷,王晓朝译,人民出版社2003年版,第426页。
② 北京大学互联网发展研究中心:《游戏学》,中国人民大学出版社2019年版,第35页。
③ 〔德〕弗里德里希·席勒:《审美教育书简》,冯至、范大灿译,北京大学出版社1985年版,第78页。
④ 同上书,第82页。
⑤ 同上书,第44页。

别于''平常生活'的意识"①。赫伊津哈之所以对"游戏"做出这种"大而化之"的概念界定,是因为他试图从人类文明的高度升华"游戏即玩乐"的基本概念,他认为"文明是在游戏中并作为游戏兴起并展开的"②。对于赫伊津哈而言,游戏作为玩乐是文明进步的方式,所以,"对于真正的游戏,人们应该像孩子那样来玩(play)。……如果不是,那么游戏就已失其德(virtue)"③。

步入大众媒介时代,"游戏即玩乐"被引入大众传播学。在提出"大众传播游戏论"这一理论的同名专著中,作者斯蒂芬森直接引介赫伊津哈对游戏的理解,称"我对大众传播研究的任何新颖之处都源于这种文化观点,借鉴自荷兰学者约翰·赫伊津哈的原始著作"④。斯蒂芬森在赫伊津哈理论的基础上,直接建立了游戏与大众传播的联系,将大众传播分为工作性传播与游戏性传播,并强调游戏性传播最好的情况是能"让人们沉浸在自觉玩乐中"⑤。他将大众传播视为游戏的延伸,提出"传播乐趣"(communication-pleasure)的新概念。⑥ 不过,让斯蒂芬森本人始料未及的是,由于"书中给出了诸如'游戏'与'工作'、'传播快乐'与'传播痛苦'、'社会控制'与'选择聚神'、'信息理论'与'游戏理论'等一系列的对立概念……包括施拉姆在内的一批读者都陷入了'游戏'与'工作'的二元形式争论的泥潭中"⑦,这使得传播学界在理解以大众媒介为基础的游戏概念时,又以二元对立的方式将游戏推到了主流的工作性传播的对立面,对游戏形成了一定的偏见。

二、新媒体游戏的发展为"超越玩乐"提供了经验基础

当大众传播时代转向新媒体时代,游戏开始出现电子游戏等新的形态,但

---

① 〔荷〕约翰·赫伊津哈:《游戏的人》,多人译,中国美术学院出版社 1996 年版,第 30 页。
② 同上书,第 1 页。
③ 同上书,第 222 页。
④ William Stephenson, *The Play Theory of Mass Communication*, University of Chicago Press, 1968, p. 3.
⑤ Ibid., p. 1.
⑥ Ibid., p. 3.
⑦ 宗益祥:《威廉·斯蒂芬森〈大众传播的游戏理论〉述评》,《全球传媒学刊》2017 年第 6 期。

人们对游戏概念的认识仍停留在"游戏即玩乐"上,社会上流行着"电子可卡因"①"电竞不是游戏"等说法。其中,电子游戏背负"电子可卡因"之名已有30年。这是因为其中有些内容有暴力等不良倾向,对于未成年人的成长是有害的,且游戏机制容易使人"上瘾",像被注入"兴奋剂"一样。为了改变这种状况,一些游戏尽可能在内容上彰显民族文化、传统文化,在报道中频频使用"民族网络游戏"等概念,试图融入"文化自信"等话语,但其玩乐机制仍让人们根深蒂固地认为"游戏即玩乐"。而"电竞不是游戏"的说法是基于"游戏是放纵,电竞是自律"②,"电子竞技体育化、职业化,采取和网络游戏不同的管理和规制方式"③等认识。这类似于上文提及的柏拉图对舞蹈所做的优劣之分——作为游戏的舞蹈为劣,作为体育的舞蹈为优。所以,游戏为劣,电竞为优。这种看法不仅承继了"游戏即玩乐"的传统观念,还在新媒体时代对电子游戏的地位进行了贬低。

然而,随着新媒体技术的不断发展,丰富的新媒体游戏内容与复杂的新媒体游戏机制在经验上拓展了游戏的内涵与外延,从而为人们改变"游戏即玩乐"的观念,进而"超越玩乐"奠定了基础。

严肃游戏(Serious Game)是典型的在游戏内容上力图超越"游戏即玩乐"的游戏样态。它以教授知识技巧、提供专业训练和模拟为主要内容,有别于传统游戏的玩乐内容,从而在教育、规划等领域被广泛应用。值得注意的是,它并非简单意义上的"寓教于乐",而是试图突破"将游戏当作工具"的功能主义,以游戏融通严肃与玩乐,打破"大众传播游戏论"的二元对立,形成一种融合式的"严肃游戏"新样态。基于此,各种新媒体游戏都有可能转化成"严肃游戏"。以2022年9月占据全球移动游戏收入榜单第一位的"王者荣耀"为例。它就在2021年上海"世界人工智能大会"上展现了其"严肃游戏"的新面貌。"王者荣耀"的布展方将游戏内容设定为5人一组对"王者荣耀"人工智能"绝悟"的共

---

① 陈祖甲:《扫除"电子可卡因"》,《人民日报》1994年2月17日,第1版。
② 《关彦斌的电竞追梦启示录:游戏是放纵,电竞是自律》,https://www.163.com/dy/article/HLT50HBM0553QI8P.html,2022年12月5日访问。
③ 《全球电竞之都评价报告:洛杉矶、上海、巴黎分列前三》,http://www.chinanews.com.cn/cj/2021/12-22/9635750.shtml,2022年12月5日访问。

同挑战,并在展会上公开招募玩家,试图通过玩家与机器的交互游戏,既训练人,又给机器积累样本,从而让"绝悟"进行模仿学习,使其成长为策略水平更高的人工智能,以便将来更好地参与到现实空间调度等决策规划场景中。基于此,游戏显然不再是传统概念中"以快乐为我们判断的唯一标准"的玩乐活动,而是一种严肃的、驱动新媒体技术进步的训练活动。"没有比游戏更严肃的事。"列斐伏尔的这句名言有助于我们理解"严肃游戏"这种特殊的游戏样态。列斐伏尔本人写下这句话是在1965年,所指涉的当然不是新媒体游戏,更不可能是"严肃游戏"这种新的游戏样态。但是,列斐伏尔所强调的——游戏作为社会运作方式的严肃性,可以投射在新媒体游戏之上,因为新媒体游戏是随着新媒介技术的发展才有可能与严肃领域紧密连接的,就像上文中"王者荣耀"作为"严肃游戏"出现必须有智能技术作前提。也就是说,新媒体打破了人们对游戏只能是玩乐的刻板印象,在严肃与玩乐之间打开了一个关于游戏的新维度,从而使"严肃游戏"能够更为切实地影响社会运作,改变人类的存在方式。

随境游戏(Pervasive Game)是典型的在游戏机制上试图超越"游戏即玩乐"的游戏样态。它是一种以现实环境为游戏场景、一般通过新媒介技术辅助进行的游戏活动。其游戏机制的重要突破点在于,新媒介技术的连接与切断能使玩家在现实物理环境与虚拟游戏环境之间随心切换,从而实现虚实互通的"随境"。早期将电子游戏移植到现实环境的随境游戏 ARQuake 的原型是第一人称射击游戏"雷神之锤"。该游戏通过用户自身的位移和一些简单的界面输入代替"雷神之锤"通过键盘和鼠标操控的游戏方式,以实现在户外进行真人对战游戏,帮助玩家进行射击训练并锻炼身体。近几年,新媒体技术不断发展,虚拟现实技术和增强现实技术使虚拟环境和虚拟角色更易于转化到现实物理环境中,各种传感器、头戴式设备、可穿戴设备以及无线和蓝牙等新媒体技术则更易于随境游戏的实施。这使随境游戏的游戏方式变得越来越多样,如在真实场景中进行真人角色扮演,在街头广场进行体育运动,在公共空间进行文化表演等。随境游戏也受到城市规划领域的重视,因为通过游戏可对城市中各种可用的基础设施进行设计和体验。通过游戏可以获得的不仅有地理信息、交通信息、街道设施信息,还有能源和水的分布信息、城市发展计划信息,以及城市新闻等实时信息。可以说,小到让个别居民、游客熟悉城市环境、历史、文化,大到让玩家在游戏中探索各种城市问题的解决方式,都可以通过"随境游戏"来实现。基于此,城市研究者特别强调"随境游戏"玩家的自主性,称"会要求玩家完成一个特定的目标,并且可能会有某些限制(如地点、设备使用等),但通常情况下,游戏中并没有关于如何移动或行为的详细说明"①,以期激发玩家自身的创造力,以超越玩乐的方式介入城市运行。

可见,严肃游戏和随境游戏分别在内容和机制上为超越"游戏即玩乐"提供了新的经验支持,同时也为理性分析新媒体游戏在玩乐之外的新含义奠定了基础。

三、新媒体语境下重新界定游戏:玩乐之外的含义

新媒体游戏在经验上拓展了游戏。基于此,人们试图重新界定新媒体语境下的游戏概念,以超越"游戏即玩乐"的传统理解,进而开辟游戏作为新媒体时代新型社会文化形式的实践路径。

其一,人们考虑到新媒体游戏中的人机互动问题,将游戏视作人机之间的兼容性测试活动,以拓展游戏概念在人类玩乐活动之外的含义。这一观点以电子游戏领域的知名学者皮亚斯为代表。皮亚斯考虑到"电子游戏都会确定情况并定义计算机社会中'玩'的含义"②,分析了电子游戏中人与机器的全新关系,并以此反思席勒的游戏观,称"电脑游戏改变了席勒的范式。在席勒的设想中,人类处于中心地位,而'玩'是人天性所在……在电脑中,类似于界面的一些事物被放到了中心,调停着机器与人、软件与硬件之间的矛盾,因而创作和格式化了作为用户的人类"③。他从反对人类中心主义出发来反思"游戏即玩乐"这种传统的游戏定义,并在自己的陈述中强调游戏机器的驱动作用,称"随着计算机的出现,一种全新的游戏机器出现了,它将我们的生活、语言、战争和经济等方

---

① Anton Nijholt, ed., *Playable Cities: The City as a Digital Playground*, Springer, 2017, p. 10.
② 〔德〕克劳斯·皮亚斯:《电子游戏世界》,熊硕译,复旦大学出版社2021年版,第327页。
③ 〔美〕埃尔基·胡塔莫、〔芬〕尤西·帕里卡编:《媒介考古学:方法、路径与意涵》,唐海江主译,复旦大学出版社2018年版,第161页。

面荒谬地组织了起来"①。基于此,皮亚斯从计算机技术出发重新界定了"游戏"的概念,将其理解成人机之间"兼容性的测试",不仅要使机器"人性化",也要让"人类成为'机器性状'的必要条件"②。可见,在皮亚斯这里,游戏概念超越了人类玩乐活动的内涵,而成为人机之间的双向测试活动。

其二,考虑到新媒体游戏有影响现实的积极意义,人们将游戏视作联系虚拟世界与物质世界的实践,以拓展游戏概念在特定空间玩乐之外的含义。这集中体现在克劳福德等人对"在线游戏"的研究中。克劳福德等人首先陈述了新媒体游戏的"在线",即"连接到计算机或某种准备就绪的状态",强调了多元新媒体技术带来的在线方式多样化。"此处的重点在于,我们谈论的是一种通常由互联网介导的游戏状态,但也可由其他形式的连接(如移动电话网或临时无线连接)介导。"在此基础上,他们强调新媒体技术有可能使游戏"远远不只在线发生的事情",从而将"游戏"视作"虚拟世界与物质世界的相互联系"。③ 这种在虚实互嵌意义上对"游戏即玩乐"的超越是非常可贵的。因为在赫伊津哈等人的游戏传统概念中,游戏是"在某一固定时空中进行的自愿活动或事业"。赫伊津哈甚至将"隔离性"视作游戏的主要特征,以示游戏在特定游戏场所进行的时空限制。④ 所以,只有在新媒体时代,我们才能发现游戏具有跨越时空、连接虚实、超越玩乐的能力。

其三,人们还将新媒体游戏的文化形式纳入对游戏概念的讨论,将游戏视作一种由玩家算法行为构成的文化形式,以拓展游戏在玩乐之外的文化含义。这一概念来自马诺维奇的总结。他将游戏升华到文化世界的高度加以理解,十分赞同游戏《神秘岛》代码设计师的说法,称"我们只创造一个环境,供人们在里面闲逛。人们称其为游戏,因为没有别的更好的叫法,而我们也时不时地把它

---

① 〔德〕克劳斯·皮亚斯:《电子游戏世界》,熊硕译,复旦大学出版社 2021 年版,第 327 页。
② 〔美〕埃尔基·胡塔莫、〔芬〕尤西·帕里卡编:《媒介考古学:方法、路径与意涵》,唐海江主译,复旦大学出版社 2018 年版,第 175 页。
③ 〔英〕加里·克劳福德、维多利亚·K. 戈斯林、本·莱特编:《在线游戏的社会与文化意义》,余曼筠译,江苏凤凰教育出版社 2020 年版,第 369 页。
④ 〔荷〕约翰·赫伊津哈:《游戏的人》,多人译,中国美术学院出版社 1996 年版,第 11 页。

称为游戏。但是,它实际上并不是游戏;它是一个世界"①。这一游戏文化世界的核心是"算法"。马诺维奇称:"在叙述和游戏中,用户都需要在阅读或玩游戏的过程中揭示其中隐含的逻辑——其中的算法。"②基于此,马诺维奇重新定义了游戏:"游戏是一种文化形式,需要玩家进行类似算法的行为。"③此处之所以是"类似算法的行为",是因为马诺维奇考虑到运动、国际象棋、扑克牌等传统游戏中也有类似算法的行为,这些游戏都与新媒体游戏共享文化形式。区别在于新媒体游戏的算法依靠机器系统来创造解决各种问题的策略。所以,新媒体游戏通过机器系统的"算法"融合了传统游戏,创造出超越玩乐的文化形式。

综上所述,在超越玩乐的意义上,可以将新媒体游戏的概念界定为一种人机互动、虚实互嵌的新型算法文化形式。

第二节　游戏性:游戏对新媒体特性的强化

从新媒体与游戏的关系来看,不仅是新媒体拓展了游戏的概念,游戏还反过来强化了新媒体的特性,使新媒体普遍具有游戏性。游戏性(gameplay)是游戏能够作为游戏运作的本质属性,也是让某项活动能够被视作游戏的不可或缺的特性。新媒体普遍具有游戏性。近年来,国内外研究者在研究新媒体新闻、网络教育、在线文化展览等多种多样的新媒体传播活动时,往往会强调这一点。游戏性的提出,在很大程度上是基于对新媒体特性认知偏向的反思。游戏性意涵在多重维度上强化了新媒体特性。在个体层面,游戏性强化了新媒体的感官重塑特性;在系统层面,游戏性强化了新媒体的程序重构特性。

一、游戏性的提出:对新媒体特性认知偏向的反思

人们对新媒体特性的认知往往存在两种倾向:一是从计算机技术出发,强

---

① 〔俄〕列夫·马诺维奇:《新媒体的语言》,车琳译,贵州人民出版社 2020 年版,第 251 页。
② 同上书,第 230 页。
③ 同上书,第 228 页。

调新媒体的数字性,聚焦于0和1基础上的大数据、代码、算法等数字要素,将新媒体视作数理逻辑意义上的运算机器;二是从网络技术出发,强调新媒体的虚拟性,将新媒体视作虚拟空间。这两者本是无可厚非的,因为计算机技术和网络技术本就是新媒体的基础性技术,其特性也是新媒体的应有之义。但若仅偏重于此,容易导致两种片面的认知:一是"数字性即科学性",将数字运算作为分析一切社会问题的科学性来源;二是"虚拟性即虚假性",警惕网络虚拟空间,认为其与真实对立。这两种认知偏向之所以出现,是因为人们仅依据抽象的新媒体技术逻辑考虑新媒体的特性问题,脱离了实际的新媒体传播实践。其实,新媒体不是悬浮空中的,而是在新媒体传播实践中彰显其特性的;新媒体的特性不仅是其技术特性,更重要的是其传播特性。笔者所强调的"游戏性"就是从新媒体传播实践中提炼的传播特性。

游戏性,从"gameplay"这一英文表述中就可以看出,是在游戏媒介(game)的运作过程(play)中呈现的特性,是游戏区别于其他活动的本质属性,也是让一项活动成为游戏的必要条件。新媒体普遍具有游戏性,这是因为时下的新媒体传播实践重视受众的参与体验,让其获得愉悦感,又借助数字技术将线下体验与线上活动融为一体,像一场虚实穿梭的"穿越游戏"。游戏性冲击了上述对新媒体特性的认知偏向:它以感性冲击理性,并激发新的理性;强调线下的实操和实感,促使信息和实体完成深度互嵌。有研究者指出,游戏性"强调了媒介物质性与运作过程之间的关联,游戏性是玩家与游戏机制所共同创造的物质过程"[1]。这对人们重新理解新媒体的特性具有重要的启示意义:

一方面,游戏性不仅包括新媒体在传统意义上科学的数字性,还凸显了新媒体在数字传播实践意义上的感官体验性。新媒体中泛在的、共通的、可算的数字,仅仅包含0和1的二元基础结构,是给机器读取的,但机器能理解并不代表普通人能理解,这就需要新媒体对数字进行转译。游戏就是一种重要的转译方式,因而,皮亚斯才将游戏理解成人机之间的兼容性测试活动。而新媒体其

---

[1] J. Janik, "Negotiating Textures of Digital Play: Gameplay and the Production of Space," *Game Studies*, Vol. 20, No. 4, 2020.

他转译数字的方式也是游戏性的。比如,我们熟知的"数据新闻",几乎总与"信息可视化"这种转译数字的方式绑定在一起,而"信息可视化"绝非仅限于传统图表式"再现"数字,更多的是让人沉浸式、交互式地"体验"数字,这显然是带有游戏性的。在传统的传播观念中,媒介是在柏拉图"洞穴"隐喻基础上对真实的"反映"与"再现",无须"建构"一场游戏让受众参与。大众媒体的精英主义逻辑制约着新媒体,才有今天人们放下身段支持新媒体的游戏性。①

另一方面,游戏性不仅包括新媒体在传统意义上的虚拟性,还凸显了新媒体在传播实践中虚实互嵌的物质性。正如上文引述的克劳福德等人的观点,新媒体游戏"远远不只在线发生的事情",其连接的线下媒介物质基础,将在很大程度上带来传播实践的多元、多样、多义。这在传统的传播观念中被视作信息的载具,只有形式上的意义,并没有引起应有的重视。借鉴麦克卢汉的说法,"任何游戏的形式都是它的第一要素,而博弈论和信息论一样,都忽略了游戏和信息运动的这一侧面"②。在某种意义上说,凸显新媒体的虚拟性,遮蔽了新媒体的物质性。例如,人们一般都认为,数码摄影不同于机械摄影,因为数字成像原理不同于机械的光学成像原理。然而,很少有人意识到手机数码摄影也不同于数码相机摄影。在他们看来,这两者只有形式上而没有实质上的区别。其实,手机的前后摄像头设置、机身的便携性以及竖屏的屏幕设置,是天然适合人像自拍的;而数码相机的物质性继承于传统相机,主要用于人对环境的拍摄。所以,新媒体的物质性同样制约了新媒体,也规约了传播实践的游戏规则。新媒体,除了有"网络",还有"媒介物"。这种新的媒介物以打通虚实的能力见长。如上文提及的自拍,肯定不限于字面意义上人在实体场景中的自我反映,而往往"高于生活"——诸如"磨个皮""美个白""加张贴纸""换个背景"等虚拟生产方式,不一而足。虚与实不再泾渭分明,"混沌互渗"的游戏性才是常态。③

---

① 周海晏:《以游戏化推动数字媒介的方法论转型》,《中国社会科学报》2021年11月11日,第7版。
② 〔加拿大〕马歇尔·麦克卢汉:《理解媒介:论人的延伸》,何道宽译,商务印书馆2000年版,第300页。
③ 周海晏:《以游戏化推动数字媒介的方法论转型》,《中国社会科学报》2021年11月11日,第7版。

可见,游戏性有助于人们纠正对新媒体过于强调数字性或虚拟性的认知偏向,以更全面、辩证地理解和把握新媒体的特性。

二、游戏性的多重维度:新媒体特性的强化

在对新媒体特性的认知偏向进行反思的基础上,我们试图分析游戏性的多重意涵,探索其在哪些维度上强化了新媒体特性。

(一)以操作性强化交互性

操作性指玩家通过身体运动或体现头脑决策的运作来参与游戏的特性。它是游戏性多重意涵的基础,广泛应用于不同类型的新媒体游戏中,且在不同游戏中有不同的表现形式:在动作游戏中,操作性表现为玩家运用身体反应和手眼协调来完成游戏动作;在冒险游戏中,操作性表现为玩家根据游戏险境的情况做出有效的判断操作;在策略游戏中,操作性表现为玩家根据游戏提供的策略条件进行合适的决策操作;等等。操作性意味着玩家能积极参与、介入游戏,玩家主导的传播实践能够"促进我们将交互性这一概念发展至一个更为全面的版本,并利用它来掌握正在变迁中的 Web 2.0 世界"①。这种凸显玩家参与和创造能力的交互性,被马诺维奇称为"'开放式'交互性",是取代传统"'封闭式'交互性"的重要趋势。②

(二)以愉悦性强化体验性

愉悦性指游戏带给玩家的轻松愉快的体验。它是游戏性指向玩家感受的重要意涵。麦克卢汉称,游戏是群体知觉的延伸,它们容许人从惯常的模式中得到休整③,故而能带来逃离现实中传统社会关系束缚的愉悦感。不少游戏都

---

① 〔英〕尼古拉斯·盖恩、戴维·比尔:《新媒介:关键概念》,刘君、周竞男译,复旦大学出版社 2015 年版,第 96 页。
② 〔俄〕列夫·马诺维奇:《新媒体的语言》,车琳译,贵州人民出版社 2020 年版,第 40 页。
③ 〔加拿大〕马歇尔·麦克卢汉:《理解媒介:论人的延伸》,何道宽译,商务印书馆 2000 年版,第 301 页。

提供第一人称扮演其他角色的特殊体验,让玩家设身处地地感受这种平时无法体验的特殊角色及其交往方式带来的愉悦。这在某种意义上强化了新媒体的生命力。正如伽达默尔所说:"在这种随心所欲的、挑剔的和自由选择的活动中,为过剩精力打上自己的烙印,人类客观存在的有限经验就以特殊的方式在这些活动中积淀下来"①,所以,愉悦性强化体验的重要落脚点就在于,游戏为新媒体带来了精神上的内在超越。

（三）以同步性强化动态性

同步性指游戏运作过程中不同玩家能同时执行自己的操作,体现了游戏在时间上的协调要求。同步性对于游戏的运作特别重要,若在不同玩家之间存在不同的延迟,那么游戏结果往往会直接受影响。尤其对动作游戏而言,时间本就是重要的竞争要素。它"需要玩家集中注意力,从标准化的活动中产生时间优化的选择链"②。所以,同步性是游戏正常运作的前提,对玩家的操作至关重要。同步性能够强化新媒体的动态性,为新媒体在动态时间调节上的技术完善提供着力点。维利里奥就曾专门论述这一点,称远程技术要带来时间上的平等——"一种时间和跨政治的优惠:也就是等时(isochronie)"③。由此,人们在分析新媒体实时动态性时,应增加同步性这一重要维度。

（四）以空间性强化跨域性

空间性是指游戏运作过程中向玩家敞开可导航场景的延展性质。冒险游戏中有大量空间性要素,要求玩家在游戏空间中直接移动并进行导航。其他类型的游戏也离不开空间性。异地玩家往往通过接入游戏空间才能跨越地域交往。甚至电脑世界本身已经是一个游戏空间,与连接起来的诸多电脑世界共同构成了一个世界性的媒介化游戏。这是通过参与新媒体游戏才能最终完成的

---

① 〔德〕H. G. 伽达默尔:《美的现实性——作为游戏、象征、节日的艺术》,张志扬等译,生活·读书·新知三联书店1991年版,第78页。
② 〔德〕克劳斯·皮亚斯:《电子游戏世界》,熊硕译,复旦大学出版社2021年版,第5页。
③ 〔法〕保罗·维利里奥:《解放的速度》,陆元昶译,江苏人民出版社2004年版,第186页。

跨域进程。空间性,作为游戏化新媒体的重要特性,拓展了跨域的意义,使游戏不仅能跨越实体空间,而且能跨越不同关卡等虚拟空间。马诺维奇就曾指出:"一个计算机游戏并不是具有连续性的空间,而是一个个关卡的集合。此外,每个关卡内部也不具有连续性,是游戏设计师设计的一个个房间、通道或者竞技场的集合。"①这些不同地点能组成集合,恰恰是因为游戏。新媒体游戏开辟了体验各种虚拟空间的可能,大大延伸了新媒体的跨域性。

在初步分析了游戏性的多重意涵后,我们将在之后的两个部分中换一种逻辑,从人、机这两个重要游戏主体的视角来审视游戏性。

三、人类视角的游戏性:强化新媒体的感官改造特性

以人类主体或者说游戏玩家的视角来审视游戏性会发现:操作性、愉悦性、同步性、空间性这些新媒体时代的游戏性意涵,都在从不同方面改造人类感官,以形成个体化的感知体验,消解大众媒介机械复制技术带来的文化统一性。

(一)游戏性强化新媒体对感官的协调

游戏性涉及感官系统的协调性。一般新媒体运作需调动多个感官,新媒体游戏所调动的感官则更多,且协调性要求更高。以虚拟现实游戏为例,玩家的声音、眼动和动作都会通过 VR 设备采集至游戏系统,从而在游戏系统中以游戏玩法机制重新协调视觉、听觉、触觉等感官之间的关系,形成新的感官系统。这里要指出的是,新媒体时代游戏性中的感官协调其实转变了人类感官系统的意义。因为新媒体使"视觉、听觉、触觉这些媒介形式……与自己所调节的实际物质材料——暂存的数据流——之间不再具有同源性"②,所以,所谓感官系统是机器协调、组合、处理、分析的结果。在这一意义上,感官协调就是感官重塑。

---

① 〔俄〕列夫·马诺维奇:《新媒体的语言》,车琳译,贵州人民出版社 2020 年版,第 260 页。
② 〔美〕W. J. T. 米歇尔、马克·B. N. 汉森主编:《媒介研究批评术语集》,肖腊梅、胡晓华译,南京大学出版社 2019 年版,第 143 页。

（二）游戏性强化新媒体对感官的训练

游戏性体现了新媒体对人类感官训练的特性。这类协调感官的游戏训练，不只是一种玩乐活动，还具有促进感知发展的进化论意义。如人类视觉系统中原本存在的"无意识视盲"（Inattentional Blindness），即在专注于某项任务时不能感知外部信息的视觉缺失现象，容易被新媒体游戏的玩家克服。米尔佐夫曾通过"看不见的大猩猩"实验证明了这一点：在大众媒介时代，受试者因专注于数传球的次数，有半数人没有注意到一只大猩猩在传球视频中穿过；而在新媒体媒介时代，"几乎每个人都看得到大猩猩。伴随电子游戏、触屏成长起来的这代人，他们观看事物的方式是不同的"①。可以说，新媒体游戏通过对身体实践的反复操练赋予人们协调新感官的生物能力，让人类在基于感觉系统的决策中表现得既快又准。

（三）游戏性强化新媒体对感官的重塑

游戏性还体现为新媒体能将人类感官重塑为虚拟游戏角色感官的特性。不少新媒体游戏都设置有游戏玩家控制游戏中其他"模拟生命"的游戏环节。这些"模拟生命"拥有不同于人类的感官组织关系，并能让玩家进行体感交互，以实现改造。比如，游戏玩家若要伪装成一颗"魔法水晶球"飞到某个游戏空间去"寻宝"，那就需要在3D鱼眼镜头下，感受隔着玻璃的听觉，并飘在空中操纵微风。这段情境的计算机代码要考虑到动态视角、模拟感官的实现，要创造出区别于人类日常体验的感官体验，并需要在游戏的故事性上让人类从其他物种的角度去重新思考问题，以此产生更强的环保意识、平等意识或沟通意识等。

四、机器视角的游戏性：强化新媒体的程序建构特性

游戏性不仅是人的游戏性，也是机器的游戏性。以游戏机器为主体来审视游戏性就会发现：游戏程序是其展现操作性、愉悦性、同步性、空间性这些游戏

---

① 〔英〕尼古拉斯·米尔佐夫：《如何观看世界》，徐达艳译，上海文艺出版社2017年版，第55页。

性意涵的中介。数字程序的运行和再编程就是机器的游戏,因此,机器的游戏性强化了新媒体的程序建构特性。

(一)游戏性强化新媒体机器对传播系统的介入

作为与人平等的新媒体传播系统主体,新媒体机器通过游戏介入传播系统,对人是否适配机器进行兼容性测试。由此,新媒体机器对传播系统的介入被游戏性强化了。这意味着,新媒体的游戏性或将改变长期以来人与媒介关系中的人类中心主义,建立以游戏程序为中心的数字秩序。"游戏根本不能理解为一种人的活动。……游戏的真正主体显然不等同于那个除其他活动外也进行游戏的个人的主体性,而是游戏本身。……一切游戏活动都是一种被游戏过程。"①伽达默尔这种看似极端的说法,提示我们游戏的玩法、规则、机制相对于人类意识的优先性。这一点体现在新媒体游戏上,则意味着游戏程序相对于玩家的优先性。而具有优先性的游戏程序运作,其背后是新媒体机器的运行,通过程序转译与人沟通并形成传播系统。因此,新媒体机器的游戏性,意味着脱离"人是万物的尺度"的惯习。机器在游戏中可以幻化成一个个"模拟生命",人不是将"模拟生命"作为工具来使用,而是扮演"模拟生命",对抗"模拟生命",陪伴"模拟生命"等。这里的关键是:玩家很自然地接受了"模拟生命"与自身的平等关系,接受了新媒体机器对传播系统的介入。

(二)游戏性强化新媒体用户对传播系统的编程

游戏性包含可编程性,可编程、可再开发是游戏系统的重要属性。可编程性被视作时下新媒体的"最基本的属性","因为这一属性无法在之前的旧媒体中找到先例"②。这一属性对新媒体游戏而言更为重要,因为它往往需要玩家发挥自主性来参与游戏。玩家不仅会运用游戏中丰富的插件、资源包、皮肤等进行个性化生产,而且会借助自研发游戏模组、第三方程序以修改游戏系统,从而

---

① 〔德〕汉斯-格奥尔格·加达默尔:《真理与方法:哲学诠释学的基本特征》上卷,洪汉鼎译,上海译文出版社 2004 年版,第 135、138 页。
② 〔俄〕列夫·马诺维奇:《新媒体的语言》,车琳译,贵州人民出版社 2020 年版,第 47 页。

对游戏系统进行再次编程和再次开发。在这一过程中,隐匿于机器中的复杂多元的媒介技术集成于游戏程序,通过游戏与玩家建立联系。这其实改变了"游戏"的含义,使其成为皮亚斯所说的玩家与技术机器同步展开的"思考"——"机器访问了它的用户,用户是机器的延伸;用户的程序被写出来,而机器则送回一些东西作为回应;用户访问机器,用户无法读取机器的程序,但机器也通过可见性和缓慢性让自身得以测量,以此给出某些反馈"①。也就是说,编程使游戏系统成为一种人机同步思考的系统,这也是游戏性的重要意义。

机器的游戏性既强化了新媒体机器对传播系统的介入,又强化了新媒体用户对传播系统的编程,从而实现了新媒体对人机交互系统的整体建构。

第三节 游戏化：新媒体与游戏相结合发挥社会功能

新媒体与游戏不仅可以相互促进,更重要的是,它们还可以相互结合,以游戏化的方式发挥社会功能。游戏化,意指"将游戏对人的影响力拓展到游戏之外的社会领域"②,其提出就意味着人们对游戏与非游戏领域的二分关系进行了反思,试图让游戏影响游戏领域外的广大社会领域,产生积极的作用。目前,在许多社会领域已存在游戏化的运作,它在横向和纵向两个方向上积极发挥社会功能,产生巨大的社会影响。

一、游戏化概念的提出：对游戏与非游戏二分关系的反思

游戏化概念的提出,意味着研究者在游戏的应用机制与文化观念上都看到了突破游戏与非游戏领域之间二分关系的可能。

---

① 〔美〕埃尔基·胡塔莫、〔芬〕尤西·帕里卡编：《媒介考古学：方法、路径与意涵》,唐海江主译,复旦大学出版社2018年版,第174页。
② 何威、刘梦霏主编：《游戏研究读本》,华东师范大学出版社2020年版,第346页。

(一) 应用机制上的游戏化

应用机制上的游戏化,英语表述为 gamification,意味着在非游戏领域应用游戏机制,通过在"系统性、目标与挑战、规则与互动等"[1]方面使用游戏元素、采用游戏功能、设计游戏形态等,展现游戏机制对非游戏领域的积极作用。常被应用的游戏机制有:奖励机制(一种活动意图激励机制,通过游戏奖励的形式引导玩家实现活动意图)、组队机制(邀请不同人一同参与同一活动的机制,包括游戏中按活动积分匹配组队、按角色职能匹配组队、由队长邀请组队等不同组队机制)、导航机制(在实指的空间导引和虚指的用户指引等不同方面,把玩家引向正确方向的游戏机制),等等。这些机制都是游戏性特别鲜明的运作机制,同时又是各类新媒体实践广泛应用且行之有效的机制。它们体现了新媒体与游戏的结合,共同突破了游戏与非游戏领域之间的二分关系。

应用机制上游戏化概念的提出,针对的是人类实际开展非游戏领域的实践活动时同样具备游戏化思维的情况。[2] 游戏化思维,以人的心理状态、行为动机与参与感为基础[3],让人主动思考如何运用游戏机制来解决问题,从而对社会系统的运作进行更优化的设计,对现实产生积极影响。游戏化思维影响了多元的非游戏领域,催生了游戏化学习、游戏化教育、游戏化出版等多种多样的游戏化应用。如游戏化出版,其游戏化思维的基础不仅包括对出版物形式的游戏化创新,即认为可以拓展出新媒体游戏书等新媒体出版物形式,还包括让游戏机制内嵌于出版机制、运作理念、集资方式的新思维方式。时下的游戏化出版形式,常常将游戏、出版、众筹互嵌。在此过程中,人们运用游戏化思维,实现了对众筹(crowdfunding)的转义,不仅让其表现出"众人共同筹资"的本意,还让其表现出游戏中"氪金"(在游戏中充值,购买道具、皮肤、角色等游戏要素的行为)的另一重意义,即设置众筹专属任务,并设置特定的奖励机制,让参与众筹者获得

---

[1] 李雨谏:《"影游融合"与"游戏化"的问题再思考:从概念辨析、理论视角到个案分析》,《当代电影》2022年第10期。

[2] 〔美〕凯文·韦巴赫、丹·亨特:《游戏化思维:改变未来商业的新力量》,周逵、王晓丹译,浙江人民出版社2014年版,第35页。

[3] 〔美〕周郁凯:《游戏化实战》,杨国庆译,华中科技大学出版社2017年版,第6页。

出版物时也能获得相对独特的游戏体验。这种做法与图书促销活动中送作者签名、送海报、送其他书等做法并不相同,因为后者是与出版物的相加关系,而前者是与出版物的相融关系。这种相融的做法其实非常有游戏精神。许多玩家都在游戏中打过稀有 BOSS(特指游戏中首领级别的守关怪物),做过隐藏任务,养过特殊宠物,等等。游戏精神在此体现为以特殊的游戏体验打破惯常的冒险感,而愉悦感也来源于此。所以,这样的激励机制让参与众筹者,也就是游戏玩家,更有获得感。①

思维方式的改变最终要指向社会现实的改变。借用游戏机制改变具体应用领域的现实是游戏化的真实使命。有研究者认为,应用机制上的游戏化已经改变了当下的日常生活。它"已然成为社会管理或情境反应的潜在结构,无论是通过奖金、虚拟代币等额外奖励来激励人们去完成任务或参与竞争,抑或是借助公告栏展示与排行榜评估来公示各类社会行为结果,积分、奖章、排行榜、数字画像、化身等诸多游戏要素早已遍布从虚拟到现实的各个生活层面中"②。基于此,应用机制的游戏化能够推动一种可持续的参与式经济发展,并最终成为社会中不可或缺的结构性力量。③

当然,也有研究者认为,应用机制上的游戏化不足以涵盖游戏化的全部意涵。其应用导向使游戏化在此相对偏向功能主义,却缺乏文化观念上应有的意涵。应用机制上的游戏化无法解释"游戏是如何推动人类的内在精神生活成长,并成为社会意识形态中不可或缺的重要文化构成"④。对此,文化观念上游戏化概念的提出变得尤为重要,因为它能够弥补应用机制上游戏化缺失的面向,从新的维度突破游戏与非游戏领域之间的二分关系。

---

① 周海晏:《从游戏出版物到游戏化媒介:数字出版的范式转换》,《现代出版》2021 年第 6 期。
② 李雨谦:《"影游融合"与"游戏化"的问题再思考:从概念辨析、理论视角到个案分析》,《当代电影》2022 年第 10 期。
③ 〔美〕简·麦戈尼格尔:《游戏改变世界:游戏化如何让现实变得更美好》,闾佳译,浙江人民出版社 2012 年版,第 211 页。
④ 李雨谦:《"影游融合"与"游戏化"的问题再思考:从概念辨析、理论视角到个案分析》,《当代电影》2022 年第 10 期。

(二) 文化观念上的游戏化

文化观念上的游戏化,英语表述为"Ludification",词根为 luden,也就是拉丁语的"游戏"。历史上第一本游戏专著《游戏的人》原名 *Homo Ludens*,这里就用了这个词。根据赫伊津哈在《游戏的人》里对"游戏"的界定,我们能从中理解文化观念上的游戏化,就是将游戏对非游戏领域的影响视作文化观念的进步,将游戏化的社会运作与人类文明建设联系起来。在此,赫伊津哈"游戏"定义中的"玩乐"也具有相当重要的意义,因为它能在非游戏领域将游戏化"作为人的自由活动和内在体验生成来源,又将游戏机制化所提供的结构形式内化为社会文化的本质形态"①。由此,游戏化具有了宏观的影响力,也具有了抽象的理论活力,其概念能够突破将游戏应用化的工具主义思维,弥补功能主义的缺陷,以实现马诺维奇所说的"它实际上并不是游戏,它是一个世界"的新媒体文化。

文化观念上游戏化的提出,将极大地拓展游戏的意义,使游戏化成为一种泛在的存在方式。购物可以给种树游戏攒能量,运动可以给跑图游戏画轨迹,学习可以通过答题游戏得奖励……游戏化成为日常生活的一部分。随之,整个数字时代都在以游戏化的方式存在,游戏化成为数字时代的基本环境,而游戏化又使人类沉浸于这一环境。"游戏是一种可持续的生活方式"②,我们将在可持续的日常中完成"一个'游戏观'的转换,即从有限的游戏转向无限的游戏。有限的游戏是画地为牢的游戏,旨在以一位参与者的胜利来终结比赛"③,而无限的游戏使人持续保持游戏精神。当游戏化使游戏精神成为可持续的存在,游戏、机器、人类、社会都将统合起来,推动新媒体与社会生活融合成混沌互渗的游戏化存在。④

---

① 李雨谏:《"影游融合"与"游戏化"的问题再思考:从概念辨析、理论视角到个案分析》,《当代电影》2022 年第 10 期。

② 〔美〕简·麦戈尼格尔:《游戏改变世界:游戏化如何让现实变得更美好》,闾佳译,浙江人民出版社 2012 年版,第 326 页。

③ 〔美〕詹姆斯·卡斯:《有限与无限的游戏:一个哲学家眼中的竞技世界》,马小悟、余倩译,电子工业出版社 2013 年版,第 189 页。

④ 周海晏:《从游戏出版物到游戏化媒介:数字出版的范式转换》,《现代出版》2021 年第 6 期。

所以,一旦人们将应用机制与文化观念的游戏化结合起来并将其引入日常生活实践,用一种更为综合性的"游戏化"来介入当今媒介文化及其生态结构,如有机网络、模块/定制/参与、复杂系统等,就能够更容易地突破游戏与非游戏领域之间的二分关系,使非游戏领域充斥参与、共享、成就等游戏文化要素,从而更好地发挥社会功能。

二、游戏化的运作:纵向与横向的社会功能

目前在许多社会领域已形成游戏化的运作,它从横向和纵向两个方向上积极发挥社会功能,产生巨大的社会影响。

(一)横向:辐射多元社会领域的游戏化运作

游戏化的本义就是将游戏的影响力拓展到游戏之外的社会领域。所以,其发挥社会功能的一种基本方式,就是向多元社会领域进行横向拓展。作为一种新媒体驱动的重要传播现象,游戏化直接辐射其他传播领域,进而拓展到其他社会领域以产生间接影响。

我们先考察对其他传播领域产生直接辐射作用的游戏化运作。游戏化影响了当下中国的主流媒体转型。游戏化在主流媒体的内容生产过程中,尤其是主流新媒体作品的内容生产过程中,产生了巨大影响。我们以第 28 届中国新闻奖媒体融合奖项的一等奖作品人民日报客户端的互动 H5《快看呐!这是我的军装照》为例。这是中国新闻奖首次设立的媒体融合奖项的获奖作品,具有重要的历史意义。这是一个展现游戏化的意义的新媒体作品。作品的运作机制非常简单:由用户上传照片,后台程序借助人脸识别技术识别人像,再通过融合成像技术生成用户上传照片中人像穿着军装的照片。用户需要进行选择和操作,与类似游戏的程序产生互动,并在互动中生成自己的数字画像,最后通过晒图获得成就感和愉悦感。这一系列操作体现出游戏化运作的特征。该游戏化运作产生了巨大的社会影响。截至 2017 年 8 月 7 日,H5 的累计浏览次数突

破10亿,独立访客累计1.55亿,真正成为一款"现象级融媒体产品"①。由于这是在建军节这一严肃的时刻发表的作品,因此游戏化的做法也引发了一些争议。但是,获奖团队在自述时专门提到了这一点,"让用户'穿上军装'英姿飒爽,不但不是'娱乐化',反而是让大家抒发对解放军的崇敬、热爱之情"②。可见,游戏化并不等于玩乐化、娱乐化,它能对其他传播领域产生积极的社会影响。

我们再来考察对其他社会领域产生间接影响的游戏化运作。游戏化能够间接影响"规建管用"等各项城市治理工作。《中华人民共和国国民经济和社会发展第十四个五年规划和2035年远景目标纲要》(简称"十四五"规划)中的"数字孪生城市"就是一种游戏化运作。其基本逻辑在于,以"数字孪生城市"模拟城市实体,形成一个类似游戏的程序,在程序中可预演城市实体运作的可能性,形成类似游戏结果的预判。其间接影响价值在于"数字孪生城市"中产生的预判是实体城市运作的"地图""沙盘"或"说明书",能够指导和影响实体城市的"规建管用",产生积极的意义。当下,城市治理的各个领域都有涉及"数字孪生"这一游戏化运作的中央文件出台。其中,住建部在2021年公布的《城市市政基础设施普查和综合管理信息平台建设工作指导手册》、交通运输部在2022年公布的《公路"十四五"发展规划》、国务院在2022年公布的《"十四五"国家应急体系规划》,分别涉及"数字孪生+城市地下基础设施""数字孪生+交通""数字孪生+应急"等技术系统的应用。中国各大城市也都在探索"数字孪生城市"的应用:如《北京市"十四五"时期智慧城市发展行动纲要》中强调,积极探索建设虚实交互的城市数字孪生体;《关于全面推进上海城市数字化转型的意见》将其作为推进数字化转型的一个建设重点;杭州市将数字孪生和"杭州城市大脑"结合起来,通过类似游戏的程序对城市各个面向的数据进行搜集、汇聚和分析,并对公共服务和治理中的各种问题进行模拟和预判,从而产生更高效和精准的治理举措。可见,游戏化的横向拓展,有利于推动城市治理手段和模式的创新,提升政府的治理水平。

---

① 《军装情节与裂变传播——人民日报客户端揭秘"军装照"H5为何"刷屏"》,http://www.cac.gov.cn/2018-12/25/c_1123902380.htm,2024年7月20日访问。

② 同上。

(二) 纵向：推动社会变化发展的游戏化运作

游戏化运作不仅在横向上拓展到多元社会领域，还在纵向即时间的维度上产生影响，推动社会变化发展。

游戏化缩短了对社会变化的监测和反应时间，可以做到实时性调节，有效应对不断加速的社会变化。游戏是新媒体在实时技术上有较好基础、较高水平、较多应用的领域，其拓展到非游戏领域的一项重要价值就是发挥其实时性调节功能，从时间角度介入社会运作。以"杭州城市大脑"为例，其类似游戏的程序能够实时接入交通数据进行测算，从而及时进行交通调度和干预，大大改善了交通拥堵状况。2014 年，杭州在交通拥堵榜上排名全国第二位。后来由于应用"杭州城市大脑"，杭州在这个榜单上的名次逐年下降，并成为"全国第一个实施'无杆停车场'的城市和第一个利用'延误指数'作为治堵目标的城市"[1]。"杭州城市大脑"的实时交通调度还影响了应急治理等其他领域，能够让救护车在不闯红灯、不影响社会车辆的前提下打通全自动绿色通道，为应对突发公共卫生事件抢出宝贵的时间。习近平总书记曾专门至浙江杭州城市大脑运营指挥中心考察，强调"让城市更聪明一些、更智慧一些"[2]，这也是游戏化实时性调节的价值所在。杭州市公布了《杭州城市大脑赋能城市治理促进条例》，这是国内针对城市大脑的首部地方性法规，将游戏化的实时性调节作用拓展到了基层治理、卫生医疗、社会保障等多元社会领域，促进社会发展。

游戏化积累了类似游戏攻略、数据库等历史性资料，通过历史传承促进社会发展。游戏化的历史资料不同于新媒体上的普通资料，其凸显的空间叙事使资料的体验性非常强。同时，因游戏时间是能打破线性历史叙事的，游戏过程中对于资料的检索、整理、调动等操作也便于重新理解历史。"威尼斯时光机"（Venice Time Machine）就是典型的历史档案游戏化案例。[3] 它根据威尼斯国家

---

[1] 时畅：《【大国小鲜@基层之治】解锁杭州幸福"密码"——"城市大脑"为基层治理聚力》，https://china.zjol.com.cn/202009/t20200930_12332267.shtml，2024 年 7 月 20 日访问。

[2] 同上。

[3] "Venice Time Machine," https://www.epfl.ch/research/domains/venice-time-machine/ https://www.epfl.ch/research/domains/venice-time-machine/，2024 年 8 月 14 日访问。

档案馆保存的历史资料(如建筑草图、地图和城市规划图、施工及修缮账单等)形成信息网络,通过3D建模,模拟出威尼斯在一千年间呈现出的不同形态。通过交叉比较各时期的绘画作品、文字描写记录等,作品复原出威尼斯最为真实的历史细节,形成一个游戏化的时光机资料库。这一游戏化运作,使用户从大量关于当地商贸往来与资金流动的资料中看到了威尼斯这座以发达商贸闻名的城市的经济发展路径,也从瘟疫时期城市居民的死亡记录中了解了城市流行病的影响与防治。"威尼斯时光机"已于2018年威尼斯建筑双年展(Venice Biennale of Architecture)期间面向公众进行展示,其运作范式催生了一些类似的"时光机"项目,如阿姆斯特丹大学主持研发的"阿姆斯特丹时光机"等。这对我们国家也有借鉴意义。

第四节　元游戏:新媒体与游戏融合的新趋向

当下新媒体与游戏融合发展,呈现出"元游戏"的新趋向。元游戏(Metagame)深化了"元博弈",超越了"亚游戏",集中反映了新媒体的元宇宙发展趋向。元游戏也可称为"元宇宙游戏",以元宇宙技术为基础,较之普通游戏更强调虚实交互的游戏样态,通过将玩家五感接入系统,创造沉浸式体验,让玩家在游戏过程中通过改变游戏系统,以虚实高度融合的方式更好地指导生活实践。上海市发布的《上海市培育"元宇宙"新赛道行动方案(2022—2025年)》明确提出要"发展元游戏"。元游戏的发展将建构出元宇宙语境下的数字媒介文明新样态。

一、如何理解"元游戏":媒体技术的视角

与新媒体融合的元游戏受到了新媒体技术发展状况的影响。我们可以从新媒体技术的视角来理解"元游戏",分析其对"元博弈"的深化,对"亚游戏"的超越,以及对元宇宙发展趋向的集中反映。

（一）元游戏是对"元博弈"的深化

从历史演进的过程来看，"元博弈"是元游戏的一个重要来源。目前能找到的最早使用"元博弈"表述的文献，是 1971 年出版的《理性悖论：元博弈理论与政治行为》。[①] 这与 20 世纪 70 年代计算机作为当时新媒体技术的发展状况紧密相关。"元博弈"的提出可以理解为一种计算机思维对传统理性思维的反思，其相关论述是从反思"囚徒困境"开始的。所谓"囚徒困境"是指，两个共谋犯罪的囚徒，在监狱这一不能互相沟通的环境下，由于互相无法信任对方，倾向于互相揭发，而不是同守沉默，导致结果落在非共赢点上的博弈模型。"囚徒困境"背后的传统理性思维是简单化的，并没有考虑到计算机等新媒体技术介入后囚徒的思维方式会发生很大变化。一个囚徒会在脑中导入大量判断要素，如另一个囚徒的个性、个人条件、两人之间的关系等，并基于这些要素去预判另一个囚徒的潜在行动，从而形成自己的决策判断。"元博弈"是在预判他人的博弈结果后进行决策的博弈模型，不同于传统思维只是简单化的人为博弈选择。这种大规模的、复杂的博弈思维类似于计算机程序运作的复杂思维，"每条信息都是对某种思想的模拟……虽然数字计算机最初被设计用来计算，但是由于能够模拟任何描述模型的细节……它可以是其他所有的媒介"[②]。所以，作为元游戏重要来源的"元博弈"受到了当时计算机技术发展状况的影响。

随着计算机技术的发展，数字时代的计算机技术的互动性、计算能力、智能性更强，导致新技术基础上的元游戏实现了对"元博弈"的深化。其一，元游戏是基于互动性更强的计算机技术的。玩家与玩家、玩家与机器之间的关系都非常密切，这使得玩家在预判他人博弈的结果后所做的决策具有多样性，也使得"元博弈"的博弈思维更复杂。其二，元游戏是建立在大数据计算机技术基础上的。其决策需要基于超大规模、复杂的数据资料做出，这使人的思维方式比早期的"元博弈"时期更注重大数据及其处理能力的作用。其三，元游戏是在智能

[①] Nigel Howard, *Paradoxes of Rationality: Theory of Metagames and Political Behavior*, MIT Press, 1971, p. 1.

[②] 〔德〕克劳斯·皮亚斯：《电子游戏世界》，熊硕译，复旦大学出版社 2021 年版，第 320 页。

计算机技术的基础上建立的。计算机作为智能机器本来就是博弈主体,与玩家之间存在复杂的博弈关系,而机器的决策也是在预判他人博弈的结果后做出的,智能机器介入的博弈深化了原先的"元博弈"思维。

(二) 元游戏是对"亚游戏"的超越

元游戏的另一个历史来源是"亚游戏"。亚游戏指"游戏和玩家态度、游戏风格、社会声誉以及游戏所处的社会环境等外部元素之间的关联"[①]。由于它不直接是游戏本身,而指向游戏与游戏外的关联,所以被视作次一等的,故称为"亚游戏"。亚游戏这一概念是在 20 世纪 90 年代提出的,与当时的新媒体技术——互联网技术的发展状况紧密相关。亚游戏的两个重要前提都与互联网技术有关:一方面,游戏外存在大量可彼此互联的游戏元素是亚游戏出现的一个前提。这就需要互联网技术帮助玩家接触到游戏攻略、网络社群、数据平台等游戏的外部元素。另一方面,游戏内外存在紧密关联是亚游戏的另一个前提。这也需要互联网技术提供超链接、可搜索、可共享等功能以实现连接。可以说,只有在互联网技术的支撑下,游戏才有可能被嵌入物理规则、社会结构与文化系统。如此,游戏不再是唯一的目的,亚游戏也成为游戏的目的,两者产生紧密的联系。事实上,"没有亚游戏的游戏就像物理学中的理想化对象。它可能是一个有用的结构,但它并不真正存在"[②]。任何游戏玩家都会本能地运用游戏外的知识进行游戏,也许游戏外的知识才是玩家的根本。所以,"根据 Meta 词根原意翻译的'亚游戏'或'亚策略'并不妥当,无论是介于游戏与游戏之间、游戏与玩家之间、游戏与社会之间,还是游戏体验之后的范畴,都不能就因此而认为比游戏低一级、次一级,或弱一级"[③]。也是基于此,后来融合数字媒介新技术的"元游戏"用的是"元",而不是"亚"。

时下社交媒体平台与移动互联网等新媒体技术的发展,为元游戏超越"亚

[①] Katie Salen Tekinbaş and Eric Zimmerman, *Rules of Play: Game Design Fundamentals*, MIT Press, 2003, p. 481.

[②] Henry Lowood and Raiford Guins, eds., *Debugging Game History: A Critical Lexicon*, MIT Press, 2016, p. 318.

[③] 桂宇晖:《元游戏:增强的游戏体验及其设计》,《设计学研究·2014》2015 年 6 月。

游戏"奠定了技术基础。一方面,社交媒体等互联网技术的广泛应用,使游戏社区等外部因素的形成越来越便捷,相关知识的积累越来越多。所以,元游戏包含更多的游戏外因素,提高了游戏外因素在游戏中的地位,超越"亚",成为"元"。另一方面,移动互联网技术依托手机终端自带的 GPS 等地理定位技术,使"元游戏"本身有位置敏感和虚实互嵌的优势。"亚游戏"与游戏融为一体,超越了原来"亚游戏"与游戏的二分关系。

(三) 元游戏集中反映了新媒体元宇宙发展趋向

当下,新媒体技术集中展现了元宇宙的发展趋向,而融合了最新媒体技术的元游戏也集中反映出元宇宙的特征和趋势,故元游戏也可称为"元宇宙游戏"。这可以从两个方面来分析:

一方面,元宇宙游戏是一种将玩家五感接入游戏系统,以展开沉浸式感官体验的游戏。依托 VR 技术,元宇宙游戏玩家的声音、眼动和动作都会通过 VR 设备采集进入游戏系统,再通过系统内自定义的虚拟角色开展游戏活动。玩家在游戏过程中能够以虚拟角色的身份,获得特殊场景中特有的沉浸式感官体验。这是传统游戏无法企及的。元宇宙游戏甚至会改变一些传统游戏在感官组合上的惯常关系:由于玩家在物理空间的动作与虚拟角色的动作常常同步,玩家需要通过身体动作完成游戏中虚拟角色的动作,所以,玩家很难像在传统游戏中一样在游戏的同时打字聊天。因此,元宇宙游戏会索性设置缺乏打字接口的交流模式,让玩家多动用麦克风进行口语表达。这种做法使元宇宙游戏玩家的日常说话方式与游戏对话方式保持一致,很难区分游戏内外,形成虚实互嵌的效果。

另一方面,元宇宙游戏是一种可编程、可再开发的游戏系统。它汇聚了更为多元的数字技术,除了上文提及的 VR 技术等基础技术,还包括"支持运用云渲染、人工智能、区块链等技术"[1]。其中,云渲染意味着将制造 3D 视觉效果的渲染技术移到远程服务器中,以解放用户终端的压力,间接地让玩家有余力进

---

[1] 《上海市培育"元宇宙"新赛道行动方案(2022—2025 年)》,https://www.shanghai.gov.cn/nw12344/20220708/ab632a9b29b04ed2adce2dbcb789412c.html,2024 年 7 月 20 日访问。

行编程开发。人工智能是模拟演练编程方案、由机器生成预测结果的技术基础。区块链则是可编程和写入数据的公共数据库,分散在不同区块储存信息,使信息更加真实可靠并方便传承。这些更为复杂多元的技术集成于元宇宙游戏程序,隐匿于机器中,并通过游戏与玩家建立联系。所以,元宇宙游戏的玩家要与游戏系统互动,需要比"元博弈"更复杂的思考过程,也需要发挥更多自主性来探索、改造游戏系统。玩家为了与机器博弈,不仅需要运用游戏中丰富的插件、资源包、皮肤进行个性化生产,还需要借助自行研发的游戏模组、第三方程序以修改游戏系统,对游戏系统进行再次编程和再次开发,将游戏系统转义为实验场。也就是说,编程使元宇宙游戏系统成为一种人机互动思考的元博弈系统。

二、发展元游戏:建构数字媒介文明新样态

《上海市培育"元宇宙"新赛道行动方案(2022—2025年)》明确提出要"发展元游戏"。《方案》将元游戏视作培育元宇宙的重要落点,以发展元游戏推动元宇宙领域的发展,从而建构元宇宙语境下的数字媒介文明新样态。

(一)以元游戏为"元媒介",联通数字媒介文明主体

建构文明必须依靠文明建设的主体。数字媒介文明建设的主体不限于以往的自然人。数字媒介的高度智能水平使其也拥有主体性,数字媒介甚至通过人机互动改变了人类主体。人机共同构成数字媒介文明建设的新主体。这种主体重塑的互动集中体现在元游戏里。因为"普通计算机用户与人工智能相遇的地方不是人机接口,而是计算机游戏"[1]。游戏智能集中反映出数字媒介的智能水平,并因游戏的高互动性积极地改造人类。所以,发展元游戏,需要重点发展游戏智能,并通过作为"元媒介"的元游戏,连接建设数字媒介文明的各类主体。此处的"元媒介"(Meta-media)借鉴了延森的说法。他认为元媒介"不仅复制了先前所有的表征与交流媒介的特征,而且将它们重新整合于一个统一的软硬件物理

---

[1] 〔俄〕列夫·马诺维奇:《新媒体的语言》,车琳译,贵州人民出版社2020年版,第33页。

平台上"①,元游戏就是这个整合各种交流媒介与传播主体的系统平台。

在元游戏作为"元媒介"的整合过程中,它通过感官接入的方式,重新塑造了人类主体,使其更好地投入文明建设。一方面,元游戏通过让人在游戏中沉浸式地训练自身,可以更好地适应社会参与和文明建设的任务。以元游戏原始形态 VRChat 虚拟现实游戏为例。玩家的声音、眼动和动作都会通过 VR 设备采集入游戏系统,再通过系统内自定义的虚拟角色进行小游戏从而完成训练。游戏通过身体实践的反复练习,赋予人们新的感官协调性。游戏让人在基于感觉系统的决策中表现得既快又准,从而为人们更好地参与文明建设奠定基础。另一方面,由于元游戏能把人类"改造"成游戏中的虚拟角色,因此可以刺激人类从其他物种的角度去重新思考文明建设的方式。如玩家在 VRChat 中的虚拟角色可能是一棵树、一只猫或一辆车。那么在这种情况下能做出游戏动作的就不是人类的手,而是修长的树枝、软萌的爪子或开放的车门。以其他物种的身份进入,也许能产生更强的环保意识、平等意识或沟通意识等。所以,元游戏使介入游戏系统的真实主体由生物人转变为"元游戏的人",以促进现实中的人通过模拟现实场景更好地参与到城市文明建设中去。

(二) 元游戏作为数字城市媒介文明的存续

文明建设的主体需要投入文明建设的系统,通过实践使文明存续。数字媒介文明的存续方式,从某种意义上看,就是元游戏系统的运作。"把游戏看作活生生的宇宙戏剧模式……部落或城市是这种宇宙模糊的摹本。"②也就是说,元游戏可以被视为建构虚实互嵌的元宇宙文明的建设系统,游戏可以被看作建设文明的"宇宙戏剧"。这意味着玩家可以远程在线,演绎由其主导的文明发展进程。这有点类似于维利里奥设想的"远程元城市",即通过远程技术建设一座能容纳众人共同参与的"众城之城","实现了已经被雅典城的发明所开创的这种

---

① 〔丹〕克劳斯·布鲁恩·延森:《媒介融合:网络传播、大众传播和人际传播的三重维度》,刘君译,复旦大学出版社 2012 年版,第 73 页。

② 〔加拿大〕马歇尔·麦克卢汉:《理解媒介:论人的延伸》,何道宽译,商务印书馆 2000 年版,第 293 页。

'同居'(喻指'共同生活')的完善"①。元游戏完善共同生活且使数字媒介文明存续的方式指向两个重要的方面：

一方面，元游戏编程实践能改善共同生活的硬件建设。元游戏之为游戏，超越一般 VR 沉浸式体验的特点，就在于其强调操作、交互、编程，以及对元游戏系统进行再开发。我们以元游戏的一种原始形态"我的世界"3D 第一人称沙盒游戏为例。2022 年，"我的世界"登上上海市政府官方平台"上海发布"，就是因为它将上海的百禧公园搬进了游戏，使之成为虚拟世界的场景。人们在"我的世界"这类"元游戏的城"里改变甚至创造百禧公园，就能提供城市更新思路，有助于在现实中更好地进行城市设施的硬件建设。

另一方面，以元游戏形式创造共同生活，强化公共参与的软件建设。元游戏普遍采用语音对话技术，改善了共同生活的数字媒介文明和交流空间。VRChat 虚拟现实游戏就缺乏打字接口，有意让玩家动用麦克风进行便利的口语表达。所以，一进入 VRChat，就似乎穿越到了古代雅典嘈嘈切切的市民广场。也是基于此，这一款游戏以"Chat"（闲谈）为名，而不直接叫"Game"（游戏）。元游戏可以凭借数字媒介技术容纳更多"同居"的公共参与人群。由于地理空间的限制，古希腊城邦能够充分参与交流的人数是有限的。按照柏拉图的说法，理想城邦的人数是 5040 人。这一限定被微信移植为好友上限，以示建立起古希腊式理想城邦的意涵。然而，在微信的实际使用中，这一上限的设定却被频频诟病，因为有不少人的好友人数超过了上限但又不想删除好友。可见，古希腊理想城邦的容量并不能适应数字技术条件下人们公共参与的需要。元游戏提供更多人参与公共协商的接口是有必要和有意义的。它促进人们通过更广泛的意见交流，让公共生活变得更美好。

随着元游戏逐渐深入日常生活，它终将从一种游戏应用转变为其他社会领域普遍的运作方式。如 2022 年高考填报志愿，有部分省市以类似元游戏的方式动态展示全员排名，方便考生在系统中精准定位与修改志愿。② 其他如买房

---

① 〔法〕保罗·维利里奥：《解放的速度》，陆元昶译，江苏人民出版社 2004 年版，第 185 页。
② 《心惊肉跳！这可能是全国最刺激的填报志愿现场……》，https://www.thepaper.cn/newsDetail_forward_18758834，2024 年 7 月 20 日访问。

摇号、网购等日常生活的具体实践也或多或少有类似元游戏之处。概言之，我们正迈入一个以"元游戏"为重要文化隐喻的文明新样态。①

> **案例：国内首个游戏版 ChatGPT 运作情况**
>
> 　　2023年2月，国内首个游戏版ChatGPT在网易《逆水寒》手游实装。它使游戏中的NPC（Non-Player Character的缩写，指"非玩家角色"）有思维、有记忆、有情绪，能够根据其与玩家的交互文字与行为做出自主的行为决策。
>
> 　　在《逆水寒》智能游戏中，实装游戏版ChatGPT的NPC能够记住之前同它保持友好互动的玩家朋友，当玩家朋友在游戏中遇到危险时能挺身而出，对玩家朋友施以援手。它也十分重视它自己在游戏中的家：如果房子着火了，会拒绝与对手玩家对战，急忙赶回家救火。它甚至也有感情，会与其他NPC谈一场"异地恋"，等等。
>
> 　　游戏版ChatGPT支持了游戏中人工生命的活化。一方面，游戏版ChatGPT不同于作为人工智能的原版ChatGPT，而是被赋予直接参与游戏运作的使命。在获得独特游戏经历的同时，游戏版ChatGPT有可能会引发偶然的游戏事件，产生特殊的游戏情绪，表现得像性情中人一样，相对弱化了通常人工智能理智、冷峻、旁观的属性。另一方面，它也不同于克隆羊或机器人等实体的人工生命，它存在于智能游戏的虚拟程序中，以虚拟生物的形态表现出活化的生命力。
>
> 　　资料来源：IT之家：《网易〈逆水寒〉手游推出首个游戏版ChatGPT：NPC可自由生成对话》，https://www.163.com/dy/article/HTKJ61OG0511B8LM.html，2024年7月20日访问；周海晏：《游戏版ChatGPT开启游戏新业态》，《社会科学报》2023年3月23日，第4版。

思考题

1. 新媒体语境下如何重新界定游戏？
2. 为什么说"新媒体普遍具有游戏性"？

---

① 周海晏：《以"元游戏"建构城市文明新样态》，《社会科学报》2022年10月13日，第3版。

3. 举例说明如何通过游戏化方式来积极发挥社会功能。
4. 结合各地政府有关元宇宙游戏的政策,谈谈如何更好地发展元游戏。

 拓展阅读

J. Janik, "Negotiating Textures of Digital Play: Gameplay and the Production of Space," *Game Studies*, Vol. 20, No. 4, 2020.

William Stephenson, *The Play Theory of Mass Communication*, University of Chicago Press, 1968.

北京大学互联网发展研究中心:《游戏学》,中国人民大学出版社 2019 年版。

李雨谏:《"影游融合"与"游戏化"的问题再思考:从概念辨析、理论视角到个案分析》,《当代电影》2022 年第 10 期。

〔俄〕列夫·马诺维奇:《新媒体的语言》,车琳译,贵州人民出版社 2020 年版。

〔荷〕约翰·赫伊津哈:《游戏的人》,多人译,中国美术学院出版社 1996 年版。

周海晏:《元游戏:元宇宙语境下数字社会的调节》,《新闻与写作》2023 年第 6 期。

第四章　新媒体与媒介融合

2014年被称为中国媒介融合元年。当年，中央全面深化改革领导小组第四次会议审议通过了《关于推动传统媒体和新兴媒体融合发展的指导意见》，将媒介融合问题提升为国家战略发展的重要议题。习近平总书记在会议上强调了传统媒体和新兴媒体优势互补、一体发展的重要性。多位学者将这种由国家推动、以传统媒体为起点的媒介融合称为"中国式媒介融合"。

第一节　媒介融合的含义

一、日常生活中的媒介融合

当前，我们生活在一个媒介驱动型社会（media-driven society）。在与媒介研究相关的各个学科中，"媒介融合"（media convergence，又译"媒体融合"或"媒介汇流"）都是一个绕不过去的概念。

从日常生活的角度来看，人们常常对媒介融合有直观的感受。通常与某一种媒体渠道相关联的产品形态出现在另一种媒体上时，就会生发出媒介融合的体验。比如，报纸、广播、电视和网络媒体的融合，或计算机、电视和移动设备的融合都已经成为司空见惯的现象。当你在平板电脑的哔哩哔哩App上观看党的二十大开幕会的电视直播时，使用的是什么媒体呢？网络？电视？社交媒体？我们在这里看到的不是一个单一的媒体，而是一个由不同媒体交织在一起、很难分辨出主导元素的混杂体。又比如，大多数数字媒介和互联网时代的原住民都把在同一个手机界面上打电话、读新闻、看视频和听音乐，并在同一款新闻 App 上同时接收文字、声音、影像、H5 等内容视为理所当然。电话、报纸、电视、CD 机、广播、照相功能乃至计算器等都便捷地集成在智能手机设备中。各种媒介渠道、传播内容和沟通场景的高度混杂构成了日常媒介融合的体验。

大众媒介时代，不同媒介体验在日常生活中相互区隔、分离。媒介融合的体验将熟悉的内容渠道按新的方式重新拼装，对比之下显露出让人既熟悉又陌生的"诡异性"。在大众媒介时代，这种区隔和分离往往发生在不同的媒介渠道或介质之间。例如，报纸通常指每天或每周以油墨印刷在大幅纸张上的新闻报道，其内容往往讲究理性客观，叙事循线性逻辑，清晰明了者为佳。报章内容发表则有报纸特有的时间频率，或晨报或晚报，循特定时序告知读者当下发生之事。读报的场景则多为起居室（或国内公共空间阅报栏，或组织学习时，也有集体读报的场景）。而电视节目则专指在带有玻璃或液晶屏幕的机器上播放的视听节目。内容上虽以一闪而过的声音图像为主，但电视节目的供应却往往让观众觉得随时可以获得。无论何时受众打开电视总有节目"正在播出"。"看电视"之场景也多集中在起居室——各种 LED 大屏幕出现前，人们鲜有去公共场合看电视的实践。以此类推，唱片是指用于留声机播放的塑料光盘；电话则是指可以让不同地点的两个人通话的一种特殊设备。大众媒介时代不同媒介的运作已经形成了稳定的区分，体现出彼此不同的时间和空间属性。

大众媒介环境下，普通用户很难想象可以用手机、Pad、谷歌眼镜等各种便携的终端设备，同时完成上网冲浪、线上购物、交友社交、游戏娱乐等各种任务。受到当时技术、社会和文化等诸方面的限制，不同媒体行业之间泾渭分明，在运作上存在巨大的差异。通常情况下，多数不同的媒介装置只具备单一功能，以特定方式传输某一特定类型的内容。

从用户实践来看，多数媒体使用行为都会独自占用生活中相对完整、清晰的时间段，并且往往固定于某些具体的地点。媒介很多时候与移动体验、公共空间的营造和社会参与等过程相隔离,人们往往只能通过"媒介事件"来想象特定共同利益和共同体的存在和边界。那时普通市民唯一能在体育场外看到足球比赛的地方是在客厅的电视机上,而不像现在这样可以随时随地在手机短视频平台上一边刷世界杯比赛一边点击购买赞助商的产品。那时的用户无法想象,一张上海的都市报会在2020年新冠疫情期间切入直播带货①,做了原本商业零售企业该做的事;那时的普通人更无法预计,微信这样一个起步于一款即时通信软件的新媒体产品会彻底地改变中国人的社交生活和生存方式②。

二、"媒介融合"的概念

从学术研究的层面来看,"媒介融合"是一个内涵非常复杂、牵扯众多方面的概念。多年来,全球学者采用不同的视角和路径来描述媒介融合的过程,界定的含义各不相同。媒介融合常常被用来描述技术、所有权、监管、经济、社会、文化、全球、叙事、战术、结构、静态和演变等形形色色的现象,以至于媒介融合似乎变成了一个什么都能往里装的概念箩筐。人们不禁要问,究竟什么是媒介融合?

事实上,学术层面对媒介融合的概念化之所以言人人殊,究其缘故,或者在于学者们的出发点和对媒介及传播本身的理解不同,或者各自的学科立场和认识媒介融合的理论视角各异。世界范围内,研究媒介融合的主要视角包括大众传播学、媒介史、信息与通信技术、文化研究、政治经济学、管理学等。

挪威学者埃斯彭·伊特瑞伯格(Espen Ytreberg)在遍览媒介融合的著述之后得出结论:"媒介融合"是迄今为止最难把握的概念之一,研究媒介融合的学者似乎生活在不同的世界,每个人仿佛都没有意识到其他人的方法和传统的存在。③ 鉴于此,当前学者们认为"媒介融合"是一个应该谨慎使用的词语。媒介融合也常被称作"一个危险的词""一个含糊不清模棱两可的词""特别难以处

---

① 季颖:《传统主流媒体未来的优势和可为空间》,《青年记者》2020年第27期。
② 孙玮:《微信:中国人的"在世存有"》,《学术月刊》2015年第12期。
③ Espen Ytreberg, "A Change Is Gonna Come: Media Events and the Promise of Transformation," *Media, Culture and Society*, Vol. 40, No. 1, 2017.

理的概念之一"和"一个具有高度模糊性和无形性的伞形概念"。①

根据《Sage 新闻学百科全书》，媒介融合包含不同的维度，如新闻传播的业务整合、技术整合，新闻服务的功能融合，社交媒体的融合，受众分化，地域融合以及让融合成为可能的政府规制的变化等不同方面。②

麦克菲利普斯和梅洛从技术的角度指出，媒介融合就是"通过同一个数字平台提供不同媒体渠道的能力"③。这实则是一种终端的融合或服务的融合，即差异化的模拟数据位（如文本、音频、视频等）都可以被媒介转化并汇聚为统一平台上的无差别的数字数据位。

从产业和经济的角度来看，媒介融合也指在 21 世纪头十年中，报纸、广播、电视、电影等传统媒体公司与专注于互联网和在线市场的新媒体公司之间发生的合并、收购和战略管理联盟的状况。④

在新闻媒体和传播的背景下，媒介融合常指代新闻业的数字化转型。"不同的媒体技术、文化形式和（或）社会实践勾连一起，执行类似的功能，形成新的混合媒体系统的趋势。从这个意义上说，媒介融合是媒体环境中经济、技术和文化变革的关键驱动力。"⑤

各类社交媒体平台的兴起进一步推动了媒介融合的发展，也为一些学者理解媒介融合提供了新的经验。社交媒体平台如 Facebook、Instagram 和 Twitter 提供了一种新的传播方式，使用户可以轻松地分享、讨论、传播，并在此过程中对各种来自自媒体的内容不断进行再生产。此外，用户和人工智能生成的内容也成为媒介融合的重要组成部分。人们可以通过博客、视频分享平台和社交媒体

---

① Gabriele Balbi, "Deconstructing 'Media Convergence': A Cultural History of the Buzzword, 1980s-2010s," in Sergio Sparviero, et al., eds., *Media Convergence and Deconvergence*, Palgrave Macmillan, 2017, p. 32.

② Gregory A. Borchard, eds., *The Sage Encyclopedia of Journalism*, Sage, 2022, p. 404.

③ S. McPhillips and O. Merlo, "Media Convergence and the Evolving Media Business Model: An Overview and Strategic Opportunities," *The Marketing Review*, Vol. 8, No. 3, 2008.

④ A. Albarran, "The Transformation of the Media and Communication Industries," paper presented in New Media and Information: Convergences and Divergences International Conference, Athens, Greece, 2009.

⑤ Laurie Ouellette and Jonathan Gray, eds., *Key Words for Media Studies*, New York University Press, 2017, p. 14.

等渠道创作和共享自己独创的内容。各种机器人和人工智能程序也在不断地生成新的内容。滋滋·帕帕查里斯(Zizi Papacharissi)和艾米莉·伊斯顿(Emily Easton)等学者认为,社交媒体以各自独特的方式,创造了沟通和自我表达之间的新的社会文化融合。这样的融合带来了一系列新的惯习,创造出一种模糊了文化生产和日常生活实践之间原有界限的生活方式。①

有着"21世纪的麦克卢汉"之称的美国学者亨利·詹金斯(Henry Jenkins)2006年出版的《融合文化:新媒体和旧媒体的冲突地带》一书极有力地推广了"媒介融合"这个术语。与只关注媒介技术变革的讨论不同的是,詹金斯认为有必要着重考虑媒介融合的"文化层面"。他对媒介融合所下的"定义"也是目前全球范围内接受度最高的定义之一。在该书导言中,詹金斯指出,"我使用的融合概念,包括横跨多种媒体平台的内容流动、多种媒体产业之间的合作以及那些四处寻求各种娱乐体验的媒体受众的迁移行为等。我通过融合这一概念尝试描述的是技术、产业、文化以及社会领域的变迁,这种变迁取决于是谁在表达以及表达者认为自己在谈论什么"②。詹金斯认为不能把媒介融合仅仅理解为一种既成的技术成果。换句话说,技术变迁了不等于融合就必然完成了。在他看来,融合所指的是一个更为持续、长久的过程,而不是终点,不应该被认为仅是指新的媒体取代了旧有媒体,而是关涉到不同媒体形式和不同平台之间复杂的实时互动。"媒体融合并不只是技术方面的变迁这么简单。融合改变了现有的技术、产业、市场、内容风格以及受众这些因素之间的关系。融合改变了媒体业运营以及媒体消费者对待新闻和娱乐的逻辑。"③在詹金斯这里,以用户为中心成为媒介融合的核心特征。

由于"媒介融合"是大众传播时代提出的概念,一般的学术和业界讨论常常容易从狭义的、单一的、大众媒介的视角出发看待媒介融合。但越来越多的中外学者认为,如果抛开新闻传播学科的系统内视角,站在人类历史长河的高度

---

① 转引自 Laurie Ouellette and Jonathan Gray, eds., *Key Words for Media Studies*, New York University Press, 2017, pp. 47-48.

② 〔美〕亨利·詹金斯:《融合文化:新媒体和旧媒体的冲突地带》,杜永明译,商务印书馆2012年版,第30页。

③ 同上。

来看,伴随工业革命产生的大众媒介固然是人类文明发展中的里程碑,但只是一种短暂、特殊、异类的媒介形式,有其生命周期。① 大众媒介的消亡将是历史发展的必然,其整体衰落也正在发生,而新媒体并非报纸、广播、电视等大众媒介的一种延伸。② 当前,我们对于什么是媒介、什么是传播的基本理解,主要来自大众媒介理论。但既有的大众媒介理论已变得支离破碎,捉襟见肘,不足以解释正在不断涌现的数字媒介现象。

丹麦学者克劳斯·布鲁恩·延森(Klaus Bruhn Jensen)在《媒介融合:网络传播、大众传播和人际传播的三重维度》一书中,以2500多年来的人类文明历史为尺度来谈论传播媒介的重要性。延森将媒介看作整个人类文明生存、发展的基石。在延森这里,媒介是动态的、生产性的,是构成人之存在、社会形态的基础要素。他认为人类思想史正在经历最新的一次转向——交流的转向。由此,延森在该书中的基本观点是:当前数字媒介正在用一种新的方式回到从前,把原本被大众媒介遮蔽掉的媒介过往丰富的含义打捞回来,大众传播和网络传播都被重新整合到人际传播当中。所以延森所指的媒介融合是在这个意义上的重新融合。延森指出,"媒介融合可以被理解为一种交流与传播实践跨越不同的物质技术和社会机构的开放式迁移(open-ended migration)","'元媒介'则是一个针对新的数字媒介的特定概念,它涉及了新兴数字媒介对于旧的模拟媒介技术和机构的整合"。③

关于媒介融合,保罗·莱文森(Paul Levinson)的观点与延森有着相似之处。他在博士论文《人类历程回放:媒介进化理论》中提出了"人性化媒体"理论,认

---

① 例如,在孙玮看来,"大众媒介就是基于对人体感官的分离与肢解,创造出不同的媒介形态,突出了意识主体,遮蔽了表现的身体的感官知觉,消解了身体的整全性"。用英国学者斯丹迪奇的话说则是,"中间插进来的老媒体(即单向大众传播媒体)时代只是暂时现象,并非正常情形。媒体经过了这段短暂的间隔——可称为大众媒体插曲——后,正在回归类似于工业革命之前的形式"。参见孙玮:《赛博人:后人类时代的媒介融合》,《新闻记者》2018年第6期;〔英〕汤姆·斯丹迪奇:《从莎草纸到互联网:社交媒体2000年》,林华译,中信出版社2015年版,第353页。

② 孙玮:《从新媒介通达新传播:基于技术哲学的传播研究思考》,《暨南学报(哲学社会科学版)》2016年第1期。

③ 〔丹〕克劳斯·布鲁恩·延森:《媒介融合:网络传播、大众传播和人际传播的三重维度》,刘君译,复旦大学出版社2012年版,第17、105页。

为媒介并非随意地衍化,而是越来越具有人类传播的形态,而这就是媒介发展的"原型"。未来媒体的发展趋势将越来越构成和呈现出人的特征,而受众的特征将影响媒介融合的方向。[1] 当然,不可否认受众本身,包括受众本身表现出来的特征属性恰恰产生于新媒体技术、新的技术文化和话语,乃至新的社会关系形态的复杂的耦合体基础上。

在讨论媒介融合时,我们必须回到人与技术之间互相催生、彼此形塑的复杂关系,将人与技术在具体历史文化场景中形成的关联形态作为分析媒介融合的逻辑起点,从用户场景的角度来探讨媒介融合的问题,而不仅仅限于单纯地讨论媒体技术本身。

三、"媒介融合"引发的争论

"媒介融合"一经提出,就在学术领域和实践领域引起了一些争议与质疑。了解这些争议和质疑有助于澄清这个概念在不同领域的含义,切实把握其引发热议的关键所在。

在学术领域,一些学者认为媒介融合的概念存在较大的局限性,体现了一种线性史观和二元论的认识论。[2] 概念若被过度使用和炒作,则会成为一种新的意识形态。事实上,有学者提出媒介融合长期以来就一直是人类交流的一部分。[3]

英国学者詹姆斯·海(James Hay)和尼克·库尔德利(Nick Couldry)主编的《文化研究》在2011年9月号特刊《重思融合/文化》中对媒介融合和融合文化的概念进行了反思。他们认为"媒介融合"的概念被过度使用了。在21世纪的头十年,越来越多的人认为我们生活在一个媒介"融合"的时代。"融合"一

---

[1] 付晓光、田维钢:《未来的媒介产品特性:放进口袋里——美国著名媒介理论家保罗·莱文森谈媒介融合》,《视听界》2012年第1期。

[2] 比如,有一种二元论认为模拟是旧的,数字是新的,媒介融合的概念严格地局限于数字媒体。而事实上,数字化之前的模拟时代也有媒介融合,例如报纸已经将不同的媒体形式合并到了印刷媒体中,广播和电话之间也有融合。

[3] Gabriele Balbi, et al., eds., *Digital Roots: Historicizing Media and Communication Concepts of the Digital Age*, De Gruyter, 2021, p. 46.

词,至少有四种使用方式:(1)媒体公司和行业之间新型的协同增效;(2)新闻和信息平台的成倍增加;(3)技术的混合体,使得不同的媒体的使用融合在一起;(4)纪实形式和非纪实形式糅合在一起发展出一种新的媒体美学。该刊承认这些有关媒介融合的叙述具有实用性,但同时对"媒介融合"一词的过度使用以及它有限的概念化持怀疑态度。他们亦质疑,詹金斯过分强调用户的参与潜力,低估了媒介融合固有的商业逻辑,对媒介融合中的民主贡献过于乐观。①"融合"似乎并不能理所当然地被认为是正面的。

澳大利亚学者蒂姆·德怀尔(Tim Dewyer)认为,媒介融合作为一种修辞,与媒体产业同步发展,彼此促进。媒介融合的修辞需要根据媒体行业、受众以及政策和监管背景的实际发展进行更为严格的评估和反思。媒介融合是一种新的媒体意识形态,是一种促进全球市场经济发展的思维方式。②

德怀尔的观点与学者法格约德和斯托苏尔的说法比较相似。③ 他们认为,"媒介融合(的概念和话语)被用作了促进改革的修辞工具。这一概念体现了正在发生重大变化的媒体格局。这有助于说服政治家、监管者、投资者和其他市场参与者,他们的战略需要调整"④。

英国学者汉弗莱斯和辛普森认为,"媒介融合……被认为是不可避免的、不可阻挡的和不可抗拒的"⑤。

学者鲁格迈尔和达尔佐托则提出,媒介融合并非王道,媒介的"融合—分化—共存"才是王道。⑥

瑞士学者巴尔比等人认为,"媒介融合"概念的使用带有盈利、政治等战略

---

① James Hay and Nick Couldry, "Rethinking Convergence/Culture: An Introduction," *Cultural Studies*, Vol. 25, No. 4, 2011.

② Tim Dewyer, *Media Convergence*, McGraw-Hill, 2010, pp. 2–3.

③ Anders Fagerjord and Tanja Storsul, "Questioning Convergence," in Tanja Storsul and Dagny Stuedahl, eds., *Ambivalence towards Convergence: Digitalization and Media Change*, Nordicom, 2007, pp. 19–32.

④ 转引自 Tim Dewyer, *Media Convergence*, McGraw-Hill, 2010, p. 160。

⑤ Peter Humphreys and Seamus Simpson, *Regulation, Governance and Convergence in the Media*, Edward Elgar, 2018, p. 4.

⑥ Artur Lugmayr and Cinzia Dal Zotto, eds., *Media Convergence Handbook (Vol.2): Firms and User Perspectives*, Springer, 2016, p. 429.

目的。媒介融合是一个并非不可避免而且完全可能以失败告终的过程。过往的媒介融合观点假设,一个又一个惊人的突破以合乎逻辑的、理性的线性顺序出现。而巴尔比等人认为,在媒介融合中起作用的并不是数字技术对原有时空边界的简单打破,某种更本质的东西才是媒体传播的持久特征。正因如此,他们认为"中介性"(intermediality)概念或者更加准确。相比于"媒介融合","中介性"为近年来数字媒体的发展提供了一种不那么线性的解释。[1] 与媒介融合概念相比,中介性概念更好地体现出中介化过程的曲折和复杂。

与此同时,媒介融合也因其对新闻业的潜在负面影响而在实践领域遭到一些学者和从业者的批评和抵制。2006 年,美国印第安纳大学的埃德加·黄(Edgar Huang)等人发表了《面对融合的挑战:媒体从业者对跨平台工作的担忧》一文。基于一项针对美国媒体从业者的全国性在线调查,作者指出,当时大多数关于媒介融合的讨论都集中在商业利益方面。[2] 批评者主要认为媒介融合导致媒体内容的过度供应、商品化和碎片化,对新闻、信息、娱乐和广告等之间原有清晰的界限构成了挑战,而广大公众却未能从媒介融合的过程中受益。

此外,支撑高质量新闻的媒介商业模式正面临来自新技术的巨大破坏。作为一种罕见的商业类型,新闻业提供的是一种公共产品或公共服务。当广告收入的大幅下降危及新闻业的财务可行性时,媒体提供公共产品或服务的角色就受到了威胁。

网络媒体 24 小时在线,新闻实时更新,要求新闻从业者能够在多平台上工作。媒介内容需要 24 小时不间断的更新。数字媒介的实时性要求减少了从业者研究、报道甚至思考的时间。记者受数字技术驱动,必须以前所未有的速度制作内容。这就导致,记者与消息来源交谈和核查事实的时间显著减少,信息在格式上变得标准化,不同媒体上的内容变得越发统一,因此,媒体公司很难将自己与其他媒体区分开来并获得竞争优势。

---

[1] Gabriele Balbi and Paolo Magaudda, *A History of Digital Media: An Intermedia and Global Perspective*, Routledge, 2018, p. 156.

[2] E. Huang, et al., "Facing the Challenges of Convergence: Media Professionals' Concerns of Working across Media Platforms," *Convergence: The International Journal of Research into New Media Technologies*, Vol. 12, No. 1, 2006.

在美国,受到媒介融合挑战冲击最大的群体是地方新闻媒体,其中地方性报纸受到的打击尤其严重,因为它们缺乏大型新闻机构的资源。地方报纸曾是美国报业的主体,但在 2004—2020 年,超过 2000 家美国报纸倒闭,并且这一趋势丝毫没有停止的迹象。[1] 根据美国皮尤研究中心的数据,在 2006—2016 年的十年间,美国报纸的年度广告收入缩水了 63%,导致它们相应地裁减了近 40%的记者和编辑。[2] 截至 2020 年,美国有数百个县根本没有报纸或其他有意义的新闻媒体,形成了人们所知的"新闻沙漠"。[3] 根据皮尤中心的数据,2008—2022年,美国新闻从业者的数量从 11.4 万迅速降至 3.65 万。[4]

第二节 大众传播时代的媒介融合

一、西方媒介融合概念的出现

媒介融合的英文表述一般为 Media Convergence,而 convergence 一词源于拉丁语 convergentia。在英语世界中,convergence 一词于 18 世纪首先运用于射线物理学领域。19 世纪,数学和生物学领域也开始使用这个词。例如,在生物学领域,convergence 是指不同物种因生活环境相同而在特点和构造上不断变得相似的趋向。从 20 世纪初开始,该词被广泛应用于气象学、海洋学乃至人类学、心理学、政治学等人文社会科学中。

尽管媒介融合的实际运作早已有之,其历史至少与电报一样悠久,但"媒介融合"(media convergence)概念的提出则是晚近的事情。一般认为,这个概念最

---

[1] Margaret Sullivan, *Newsroom Confidential: Lessons (and Worries) from an Ink-stained Life*, St. Martin's Press, 2022, p. 34.

[2] 转引自 Peter Humphreys and Seamus Simpson, *Regulation, Governance and Convergence in the Media*, Edward Elgar, 2018, p. 166。

[3] Margaret Sullivan, *Ghosting the News: Local Journalism and the Crisis of American Democracy*, Columbia Global Reports, 2020.

[4] 转引自 Andrew Conte, *Death of the Daily News: How Citizen Gatekeepers Can Save Local Journalism*, University of Pittsburgh Press, 2022, p. 23。

早出现于20世纪60年代,而后在80年代得到蓬勃发展,到90年代和21世纪初日渐普及。这当中最重要的历史节点是媒体与计算机的融合。正如马诺维奇所观察到的,现代媒体和计算机的发展历史几乎同时起步,但长久以来各自平行发展、并无交集,直到20世纪70、80年代,两条历史轨迹终于相遇、融合,随后给两者都带来了翻天覆地的变化。[1]

(一) 技术驱动

1960年,英国期刊《新左派评论》(*New Left Review*)创刊首年就在一篇文章中同时提及了"媒介"与"融合"这两个概念:"通信系统尤其是大众媒介的日益同质化也促进了融合。"[2]

这篇文章所描述的融合现象可以大大往前追溯:事实上,大众媒介与电信在19世纪就开始了融合。例如,电报公司和新闻媒体在当时的立法和行业规定中没有严格的区分,而且它们找到了彼此协同运作的方式。循环电话(circular telephone)是19世纪末在多个国家发展起来的一种新媒体,结合了电话一对一和印刷一对多的特点。这种"收音机之前的收音机"通过一种电话网络将娱乐带入用户家中,实现了新闻内容和电信系统的整合。宽屏电视和家庭影院则代表了一种数字化来临之前电视和电影两种媒介形态的融合。[3]

截至1950年,美国许多报社已拥有电视台,全国97家在营的电视台中有40家掌握在各个报社手中。[4]

20世纪60、70年代,计算机和网络的发展促进了媒介融合。1977年,美国学者法伯和巴冉发表了一篇题为《计算和电信系统的融合》("The Convergence

---

[1] 〔俄〕列夫·马诺维奇:《新媒体的语言》,车琳译,贵州人民出版社2020年版,第21—26页。
[2] Vic Allen, "The Industrial Game," https://newleftreview.org/issues/i1/articles/vic-allen-the-industrial-game, 2024年8月15日访问。
[3] Gabriele Balbi, "Deconstructing 'Media Convergence': A Cultural History of the Buzzword, 1980s–2010s," in Sergio Sparviero, et al., eds., *Media Convergence and Deconvergence*, Palgrave Macmillan, 2017, p. 34.
[4] Victor Pickard, *America's Battle for Media Democracy: The Triumph of Corporate Libertarianism and the Future of Media Reform*, Cambridge University Press, 2014, p. 51.

of Computing and Telecommunications Systems")的论文①,"是目前已知的关于融合技术的最早研究"②。70年代中期,哈佛大学的一个研究项目"信息技术和公共政策"(Information Technologies and Public Policy)发现语音电信网络和数据网络之间正在出现重叠的现象,并在研究中创造性地引入了新的术语"计算传播"(compunications)。西蒙·诺拉(Simon Nora)和阿兰·明克(Alain Minc)在一份提交给法国政府的报告中引入了"远程信息处理"(telematics)一词,用来描述基于计算机技术的信息远程传输过程。1978年,英国计算机科学家詹姆斯·马丁(James Martin)在他的著作《连线社会》(The Wired Society)中设想了移动、无线电话、互联网、小型个人电脑、电子邮件、远程办公和便携式数字设备全部整合到一个技术社会中的新图景,只是他没有直接使用"融合"这个词语罢了。以上这些融合只是部分数字化的,因为当时的电信网络只能传输模拟信号。

"媒介融合"的确是伴随着数字化这一宏观现象进入学术话语的,并成为名噪一时的概念,以至"媒介融合"有时甚至成了数字化的代名词。西蒙·穆雷(Simone Murray)将媒介技术的数字化称作媒介融合的"第二波浪潮"③。众所周知,20世纪80年代媒介技术经历了一个快速数字化的阶段,形塑了当前的媒体景观。数字化最显著的特点就是,文本、图像和声音等不同的媒介形式,都可以使用由0和1组成的简单字符串进行编码、重组和传输。在数字化之前,文本、图像和声音是相互独立的媒体形式,通过不同的设备和传播渠道(如留声机、纸张、电话、收音机)来复制和传送。此外,它们有不同的消费市场,提供不同的公共服务,并在不同的体系内,以不同的方式被实施不同尺度的管制。数字化的到来"夷平"了原有的形式差异。不同媒体之间原有的边界变得模糊:单一的技术形式就可以传播所有之前的媒体内容,新的用户行为、技术设备、管理体制乃至社会交往不断地被创造出来,令人眼花缭乱,目不暇接。

---

① D. Farber and P. Baran, "The Convergence of Computing and Telecommunications Systems," *Science*, Vol. 195, No. 4283, 1977.

② 刘冰:《融合新闻(第二版)》,清华大学出版社2021年版,第5页。

③ Simone Murray, *The Digital Literary Sphere: Reading, Writing, and Selling Books in the Internet Era*, Johns Hopkins University Press, 2018, p. 256.

对此,大多数学者认为,数字化是媒介融合的技术基础。首先,将所有媒体内容转译为一种单一的数据编码是引入一种单一且独特的设备(如当前的智能手机)的自然前提条件。海量的数据、稳定的数字基础设施和更多的手持接收设备成为各种媒介传播共同的前提。其次,数字化加速了网络整合的进程。多网整合的进程肇始于网络数字化之前的20世纪80年代。在那之前,通信网络一直被设计为只能传输单一类型的信息(声音、信号或数据),并且由不同的组织管理。例如,电报和电话信号通常是通过各种电缆网络传输的,一度由电信电话公司管理。从20世纪80年代开始,欧洲不同国家均出现了一个普遍的现象:处于垄断地位的电信行业开始有线化。这些公司重新配置了传输网络,以无差别地传送传统电视或传统电话信号,有线电视网络与电信网络得以自然地融合。当这些网络数字化以后,这个整合的过程达到了顶点——声音、文字和图像可以以字节的形式在不同的网络中流动和传输,没有任何差异。①

新的发展激发了更多关于技术融合的想象。技术融合是人们想象中最持久的融合方式——这不仅仅是因为数字化。媒体的技术融合概念的普及,大概要归功于关于技术融合的几位预言家。他们都曾在20世纪70年代末和80年代初从技术的角度描画过对未来的想象。第一位媒介融合的先知是麻省理工学院政治学学者普尔。他在其著名的《自由的技术》(*Technologies of Freedom*)一书中敏锐地观察到了"(传播)形态的融合"(convergence of modes),即媒体之间的连通性增加,而以前固定的边界被打破:

> 一种被称作"形态的融合"的过程,正在模糊媒体之间的界限,甚至是邮政、电话和电报等点对点的通信之间的界限,以及报纸、广播、电视等大众媒介之间的界限。一种单一的物理手段,无论是电线、电缆,还是电波,都可以承载过去以割裂方式提供的服务。相反,过去由任何一种媒体——广播、报纸或电话——提供的服务,现在可以通过几种不同的物理方式提

---

① Gabriele Balbi, "Deconstructing 'Media Convergence': A Cultural History of the Buzzword, 1980s–2010s," in Sergio Sparviero, et al., eds., *Media Convergence and Deconvergence*, Palgrave Macmillan, 2017, pp. 35–36.

供。因此,过去存在于媒体及其使用方式之间的一对一的关系被削弱了。①

另一位预言家是麻省理工学院媒体实验室创始人兼主席、未来学家尼古拉斯·尼葛洛庞帝(Nicolas Negroponte)。他于1978年在麻省理工学院媒体实验室用三个重叠的圆圈来描绘融合现象,声称到2000年,广播与电影行业、计算机行业与印刷出版行业之间将会重合。尼葛洛庞帝在1995年出版的《数字化生存》一书中提到的"跨媒体经营"景象,如今全部变成了现实:

> 你也可能宁愿把它(报纸)下载到膝上型或掌上型电脑(palmtop),或有朝一日,把它下载到你完全可以随心所欲操作的、只有1%英寸厚、全色彩、分辨率极高,而且防水的显示器上(它也许看起来恰似一张纸,并且有纸的味道,如果这样使你感到带劲的话)。②

记者出身的美国未来学家阿尔文·托夫勒在其1990年出版的《大未来》一书中明确提出了媒介融合的设想,他所使用的词语是"MEDIA-FUSION"。在作者的想象中:

> 电视脱口秀制片人从报纸中获取关于话题和嘉宾的灵感。他们都依赖传真、电脑、文字处理器、电子排字机、数字化图像、电子网络、卫星和其他相互关联的技术。正是这种深度渗透,把单个媒介转化成了一个体系。③

尽管尼葛洛庞帝和普尔等人分别忽略了电信和信息学的核心作用,但他们的思考促成了"媒介融合"概念在20世纪80年代和90年代的普及。

到20世纪90年代,随着信息与通信技术(Information and Communication Technology, ICT)的发展,"媒介融合"概念开始在业界实践和学术讨论中占据更为重要的地位。

20世纪90年代初,互联网逐步进入大众视野,并看似即将成为普尔曾预言过的"一个超大系统"。《芝加哥论坛报》(Chicago Tribune)和《圣何塞信使新闻

---

① Ithiel de Sola Pool, *Technologies of Freedom*, Belknap Press, 1984, p. 23.
② 〔美〕尼古拉·尼葛洛庞帝:《数字化生存》,胡泳、范海燕译,海南出版社1997年版,第72—73页。
③ Alvin Toffler, *Powershift: Knowledge, Wealth, and Violence at the Edge of the 21st Century*, Bantam Books, 1991, p. 390.

报》(*San Jose Mercury News*)最早进行了"触网"尝试,并迅速在媒介融合方面引领风潮。1992 年 5 月,《芝加哥论坛报》向美国在线(AOL)提供同日的采编内容,成为美国第一家上网的报纸。次年,该报还依靠自己的记者和内容推出了一个 24 小时本地有线电视频道。1993 年 5 月,《圣何塞信使新闻报》走得更远,将报纸的几乎所有内容都放到了美国在线上,取名"信使中心"(Mercury Center),并得到美国在线的大力推广,成为后者的重要内容提供商,而当时全美国仅有 300 万人上网。① 1994 年,《纽约时报》在报道《圣何塞信使新闻报》在美国在线上开辟的网络版服务时,副标题采用了"一次媒介融合"(A Media Convergence)这样的用语,并称《圣何塞信使新闻报》的高管们"确信技术变革正把所有形式的媒体融合在一起"②。最受国际瞩目的标志性事件发生在佛罗里达州的坦帕市。2000 年 3 月,当地的媒介综合集团(Media General)建造了一座造价 4000 万美元的新闻中心,用于同时容纳《坦帕论坛报》(*Tampa Tribune*)、WFLA-TV 电视台和报纸网站坦帕湾在线(Tampa Bay Online)。在坦帕新闻中心,报纸、电视台和网站被整合在同一平台办公,统一进行报道部署,该中心也被美国学者称为"媒介融合实验"与"未来新闻编辑部的模型"。坦帕新闻中心产生了世界性的影响,前来参观的人络绎不绝,一度有"小联合国"之称。③

从 20 世纪 90 年代末到 21 世纪初,融合进一步成为整个媒体、电信和通信行业发展的关键趋势。在这一阶段,"媒介融合"的概念风靡一时,频频出现于各种媒介著述、有关因特网和数字媒介的报道以及媒介政策圈中。④多数人都把媒介融合理解为"所有形式的媒介化传播以数字传播的形式融合在一起"。这种将媒介融合描述为一种技术现象的叙述,主导了媒介融合话语数十年,为推动媒介产业在数字时代的发展,为学界考察和把握数字媒介的不断变化,提供了目前最为流行且便利的理解角度。

---

① Michael B. Salwen, et al., eds., *Online News and the Public*, Routledge, 2004, p. 5.
② Kevin Kawamoto, ed., *Digital Journalism: Emerging Media and the Changing Horizons of Journalism*, Rowman & Littlefield, 2003, pp. 59-60.
③ 覃信刚:《一场关于媒介融合的中美广播媒体人的对话》,《中国广播》2018 年第 8 期。
④ Laurie Ouellette and Jonathan Gray, eds., *Key Words for Media Studies*, New York University Press, 2017, p. 14.

(二) 政策规制与行业兼并

在美国,媒介融合既指技术层面的整合,也指不同业务部门和行业之间发生的产业整合。对部分学者来说,媒体整合(media consolidation)就是媒介融合的同义词。① 在全球自由化和市场化浪潮中,媒介融合一直是促进媒体行业放松管制的前提。放松管制也反过来对媒介融合起到了积极的推动作用。

1993年,克林顿政府首次提出积极建设信息高速公路,应对互联网浪潮的兴起,促进产业结构调整,使美国在互联网和数字时代获得领先优势。

20世纪90年代中期以来,美国和欧洲都引入了开放电信部门的措施。1996年,美国对媒介产业政策做出巨大调整,《电信法案》(Telecommunications Act)的出台实际上是对已经出现融合迹象的产业环境做出了政策规制上的回应,被看作电信业放松管制的先驱、推进美国媒介融合的基石,影响遍及全美的通信和媒体等产业。《电信法案》完全取消了电视台的所有权上限,只要这些电视台的受众人数不超过全国受众的35%;2004年,这一比例提高到全国受众的39%。②

《电信法案》引发了企业合并、收购和合资的激增。1995—2002年间,包括四大电视网(ABC、CBS、NBC和Fox)在内的十大地方电视公司的收入翻了一番,拥有的电视台数量增加了两倍。

受美国《电信法案》的影响,1997年,欧盟发布了《关于电信、媒体和信息科技部门融合以及对监管的影响的绿皮书》,深入讨论了媒介融合的影响、障碍、监管和未来选择,旨在增加电信市场的竞争力,并推动互联网产业发展。③

媒体所有权集中,即媒体控制权集中在少数私人所有者手中,是研究媒介融合的积极影响和消极后果时主要关注的问题之一。20世纪90年代开始,主

---

① Dal Yong Jin, *De-Convergence of Global Media Industries*, Routledge, 2013, p. 5.
② Peter Humphreys and Seamus Simpson, *Regulation, Governance and Convergence in the Media*, Edward Elgar, 2018, p. 137.
③ Gabriele Balbi, "Deconstructing 'Media Convergence': A Cultural History of the Buzzword, 1980s-2010s," in Sergio Sparviero, et al., eds., *Media Convergence and Deconvergence*, Palgrave Macmillan, 2017, p. 40.

流媒体所有权日益集中,主要通过直接收购和大规模合并实现。媒体公司追求融合,很大程度上是想通过集中来实现利润最大化,因为纵向和横向的整合有望带来协同效应。其中最大规模的几起兼并分别是维亚康姆-派拉蒙(1994年)、迪士尼-ABC(1995年)、维亚康姆-CBS(2000年)、NBC-环球(2004年)和美国在线-时代华纳(2000年)。还有一些新兴媒体创业公司被老牌媒体公司收购,比如新闻集团(News Corporation)在2005年收购了MySpace的母公司英特玛(Intermix Media)。

2012年,Business Insider网站的一篇文章揭示,六家公司控制了美国90%的媒体,分别是:通用电气、新闻集团、迪士尼、维亚康姆、时代华纳和哥伦比亚广播公司。

2000年美国在线和时代华纳的合并,是所有权交易史上一次具有里程碑意义的事件,自此以后,"融合"一词变得更加流行。

在很多情况下,这种意义上的媒介融合并没有产生预期的协同效应。20世纪90年代涉及媒体公司的合并,实际上大多以失败告终。一开始,这些合并看似都合乎整体大于部分之和的逻辑。然而,随着科技泡沫在2000年的破裂,合并的实体之间的文化差异比最初想象的更难克服。比如,美国在线与时代华纳的合并就是一个最明显的失败案例:这次合并创造了一个价值为3500亿美元的实体,但最终的实践证明,这两个截然不同的公司实体之间曾被大肆吹嘘的内容协同几乎是不可能实现的。到2009年美国在线被悄悄剥离出来成为一家独立上市公司时,它的价值只是合并实体3500亿美元估值的一小部分。同样,新闻集团在2011年以3500万美元的价格贱卖了2005年以5.8亿美元高价收购的MySpace。

二、媒介融合概念引入中国

与很多学术概念和理论相似,"媒介融合"这个概念对于中国来说是一个舶来品,其在引进过程中发生了诸多本土化转变,折射出中国媒介融合状况的独特之处。

国内围绕媒介融合展开的讨论在相当长一段时间内都局限于新闻传播学

科,往往是从媒介生产的角度来讨论媒介融合现象。① 媒介融合概念起初在中国的普及,与偏重新闻业务技能的"密苏里模式"密切相关。21世纪初,以过硬的新闻业务水准著称的美国密苏里大学新闻学院敏锐地抓住了媒介融合的发展趋势和时代契机,在2003年就出版了媒介融合方面的教材②,在2005年率先增设了媒介融合系,并且通过与中国的长期合作,不断输出对媒介融合的理解。③ 2004年夏天,密苏里大学新闻学院新闻业务教学团队受邀来我国复旦大学新闻学院开办突发新闻报道与传播培训班时,多位美国教授就屡次提及"媒介融合"的概念。

事实上,从20世纪80年代末开始,中国的出版物中就零星出现了不少与媒介融合相关的用语:1988年,《信息产业的前景》一书中就提及"由于以电子技术为基础的新信息媒介的出现,报纸、广播、出版、电影等行业的界限逐渐变得模糊不清。这就是信息媒介的融合"④;1992年,张国良在介绍日本大众传播史时提到"原有媒介在技术方面的泾渭分明的界线,竟变得模糊了。这也是新媒介的重要特征之一,即所谓'媒介融合化'现象"⑤;1999年,崔保国在《新闻与传播研究》上刊文专门介绍媒介融合现象,提出"媒介变革的本质是几种强大的信息技术正在把各种媒介推向融合,又因为这种融合而裂变出很多新媒介。美国马萨诸塞州理工大学教授浦尔认为'媒介融合'(convergence of media)就是各种媒介呈现出一体化多功能的发展趋势"⑥。

1994年4月20日,中国全面接入国际互联网。互联网技术的引入促使报纸、电视等传统媒体开始转型,向线上平台发展,推出各自的数字产品,逐渐实

---

① 相比国内,国外媒介融合学术场域中的学科分布更为均衡,视野更加多元,不是新闻与传播"一家独大",而是多学科"众人拾柴"。见丁汉青、杨嘉仪:《内卷与开放:中外媒介融合学术场域对比研究》,《传媒经济与管理研究》2022年第2期。
② Missouri Group, *Telling the Story: The Convergence of Print, Broadcast, and Online Media*, Bedford/St.Martin's Press, 2003, pp.23-33.
③ "School Creates New 'Media Convergence' Sequence," https://journalism.missouri.edu/2004/02/school-creates-new-media-convergence-sequence/,2024年7月20日访问。
④ 〔日〕科学技术与经济协会编:《信息产业的前景》,蔡振扬、蔡林海译,上海人民出版社1988年版,第225—226页。
⑤ 张国良:《现代日本大众传播史(1945—1990年)》,学林出版社1992年版,第181页。
⑥ 崔保国:《媒介变革的冲击》,《新闻与传播研究》1999年第4期。

现了线上线下的融合。

2000年,龙耘和官希明翻译出版了美国学者托马斯·F.鲍德温(Thomas F. Baldwin)等人的《大汇流:整合媒介信息与传播》,将书名中的"convergence"译为"大汇流"。① 该书展示了电信、传媒、计算机等不同产业如何走上了汇流整合之路。同年,明安香翻译的美国学者罗杰·菲德勒(Roger Fidler)的《媒介形态变化:认识新媒介》中将"convergence"译为"汇聚"。

但一般认为,"媒介融合"作为一种正式的学理性概念是由中国人民大学学者蔡雯引入国内,此后相关研究迅速增多。② 蔡雯于2004—2005年在密苏里新闻学院访学期间,在中国学术期刊发表系列文章介绍媒介融合。她称"这一年在我走访到的(美国)所有地方,从新闻媒体到新闻学院,总能听到两个使用频率极高的词:'融合媒介'(convergence media)和'融合新闻'(convergence journalism)"③。她在美国观察发现,由于有多家美国媒体公司在世纪之交进行了各种各样的融合实验,这些实验对传媒业经营模式以及新闻传播活动、新闻人才需求等方面产生了重大影响,因此才有越来越多的新闻与传播学者开始关注和研究这些个案,并力争在理论层面上进行总结、提炼和阐述。④ 2005年,蔡雯与密苏里新闻学院多位教授就新闻编辑方式的创新、新技术所引发的人才培养方式的变化和媒介融合带来的新闻从业者技能的提升等问题展开了学术对话。⑤

2004年前后至今,密苏里新闻学院与中国各级新闻媒体、新闻院系展开了频繁的业务培训合作和学术交流,当中不少是以媒介融合为主题。⑥ 美国经验

---

① 将"convergence"译为"汇流"可能是受到我国台湾地区的影响。至今,在台湾,"convergence"仍被译为"汇流",例如,"digital convergence"被译为"数位汇流"。
② 郑保卫、樊亚平、彭艳萍:《我国媒介融合研究的回顾与前瞻》,《新闻传播》2008年第2期。
③ 蔡雯:《新闻传播的变化融合了什么——从美国新闻传播的变化谈起》,《中国记者》2005年第9期。
④ 蔡雯、王学文:《角度·视野·轨迹——试析有关"媒介融合"的研究》,《国际新闻界》2009年第11期。
⑤ 蔡雯:《培养具有媒体融合技能的新闻人才——与美国密苏里学院教授的对话》,《新闻战线》2005年第8期。
⑥ 例如,2006年4月10—15日,密苏里新闻学院时任副院长布莱恩·布鲁克斯(Brian Brooks)教授在中国人民大学做了一系列学术前沿讲座,首要话题是"媒介融合",见王岚岚、淡凤:《聚焦媒介融合和公共新闻——密苏里新闻学院副院长Brian Brooks教授系列讲座》,《国际新闻界》2006年第5期。

中被举例、援引最多的坦帕模式(新闻信息的集中采集与分发)大体上框定了这一阶段媒介融合的新闻业务范畴。由上文不难发现,中国对媒介融合概念的介绍和普及一开始就打上了新闻业务的烙印。正如有些学者后来所总结的,"关于'媒介融合',大多是站在媒介组织边界内来理解:从最初的内容生产环节和资源的整合,逐渐延伸到媒介产业层面。媒介融合就是人如何利用媒介传输(或使用)不同内容。其思考路向,是以大众媒介机构为依据,是从媒介机构的门往外看"[①]。

2005年是研究中国媒介融合的关键一年。这一年"中国人真正统治了中国互联网"[②],"在几乎所有的细分领域里,如 C2C(Customer to Customer)、B2C(Business to Customer)、网上书店、搜索、邮箱、游戏、新闻门户等,中国公司几乎完胜所有的美国竞争对手"[③]。与此同时,2005年对于中国报业来说也是一个转折点,被业界称为"报业寒冬年"。网络媒体的发展、多元信息来源的涌现对报业构成了巨大威胁。这一年上半年全国报刊广告收入平均增长仅有7.08%,首次低于GDP增速。全国报业集团上半年营业额大幅下滑,实际收入大都下跌了10%—30%,多家原本经营状态良好的报业集团和报社出现了亏损。[④]与之相对,门户网站的广告收入却呈迅猛的增长态势。随后几年,报纸"消亡论"在业界泛起,2007年达到一个高峰。彼时,媒介融合被不少学者视为挽救互联网冲击下报业颓势的一场及时雨,受到业界和学界的热烈讨论。

当时的媒介融合尚处于初级的"报网互动"阶段。2006年,"报网互动"的概念被提出和热议,成为业界的流行语。报网互动主要指"报纸与网络之间相互借力,网络吸取报纸的内容和资源,报纸借助网络的渠道和平台,两者相互协作,以扩展传播覆盖地域、扩大受众群体、提高报网用户的效益"[⑤]。"报网互动"经历了报纸自建网站到报纸与门户网站分享内容的过程。事后证明,分享

[①] 黄旦、李暄:《从业态转向社会形态:媒介融合再理解》,《现代传播(中国传媒大学学报)》2016年第1期。
[②] 刘冰:《融合新闻(第二版)》,清华大学出版社2021年版,第2页。
[③] 吴晓波:《腾讯传(1998—2016):中国互联网公司进化论》,浙江大学出版社2017年版,第153页。
[④] 《河南新闻年鉴》编辑委员会编纂:《河南新闻年鉴(2007)》,河南大学出版社2009年版,第420页。
[⑤] 范志忠:《论"报网互动"的发展态势与传播特征》,《新闻与传播研究》2008年第1期。

模式并不顺利。当时,新浪、网易、搜狐等众多商业门户网站免费使用传统媒体的内容,瓜分了传统媒体的大量广告来源和受众群体,而默默提供原创信息的传统媒体则处于产业链的弱势一方。

在这一背景下,政府主导的文化体制改革不断深入,为中国媒介融合提供了体制上新的驱动力。2006年《关于深化文化体制改革的若干意见》的出台,彰显了中央推进文化体制改革的决心和信心。在世界各国致力于三网融合开发和建设的大背景下,2010年国务院常务会议正式提出,加快推进电信网、广播电视网、互联网"三网融合"的阶段性目标,标志着中国正式启动"三网融合"。当年7月1日,国务院对外正式公布了第一批三网融合试点城市名单,包括北京、上海、杭州在内的12个城市入围。三网融合的推动让原本独立发展的媒体产业开始打破行业壁垒,走向跨媒体融合。2019年6月,工信部向中国电信、中国移动、中国联通和中国广电发放5G牌照,标志着三网融合在业务资质层面已经完成。

2014年,中央全面深化改革领导小组第四次会议审议通过了《关于推动传统媒体和新兴媒体融合发展的指导意见》,将媒介融合问题上升到国家战略发展的高度。这表明,中国的媒介融合不再局限于学术界的研究和媒体的自发实践,开始接受国家行政部门的直接管理。

第三节 移动网络时代的媒介融合

一、媒介融合实践

媒介融合以技术融合为出发点,涵盖了宏观、中观和微观层面等一系列不同的变化层次和过程,包括产品形态的融合、跨媒体叙事、媒介生产流程的融合、产业的融合和人与技术的融合。中国移动网络时代异常丰富的媒介实践,在世界上独一无二,为媒介融合的概念和研究贡献了独特的经验材料和发展范式。

(一) 产品形态的融合

基于数字技术的应用,文字、图片、音频、视频等所有信息都可转换为由 0 和 1 两个二进制代码组成的数字信息,原本不可调和的各种模拟信号被编码为一种"通货"。这意味着存储和处理数字资源更为便捷、统一。这正是基特勒所说的"信道和信息的数字一体化抹杀了各种媒介的个体差别。图像、声音和文本都被简化为表面效果,也就是用户所熟知的界面"①。产品形态的融合往往也被称作"融合媒介"和"融合新闻"。

互联网多媒介形态共存的属性某种程度上使得原本条线分割、功能分明的大众媒介不得不重新界定各自"专攻的术业"。不同的媒介机构面对不断涌现、不断更新的数字技术,都需要重新明确自己的定位和运营模式。数字移动技术与具体历史文化和经济场景的融合,为媒介产品形态和内容创新提供了可能性。媒体进行生产时,不是制作文字、图片、音频、视频等某类单一形态的产品,而是必须将文字、图片、音频、视频等多种媒介形式融通汇聚于同一界面,推出媒介融合的新闻资讯类产品。

为了满足多元产品研发的需要,越来越多的计算机软件和算法领域的技术人员成为媒介融合过程中比媒体机构更加重要的存在。譬如,近年来美联社高度重视人工智能产品的开发,为此雇用了数百名软件工程师。②

当前中国多数主流媒体已搭建"两微一端一抖一快"及头条号、百家号、B 站等多渠道传播矩阵。媒体的产品形态实现了文字、图片、数据、音频、视频、直播、交互等新媒体形式全覆盖。

例如,新华社早已突破一个传统通讯社的格局。2016 年和 2017 年新华社先后启动具有里程碑意义的"新华全媒工程""新华智媒工程"③,将通讯社、报

---

① 〔德〕弗里德里希·基特勒:《留声机 电影 打字机》,邢春丽译,复旦大学出版社 2017 年版,第 2 页。
② 林晓华:《重塑新闻:美国平台新闻业发展现状、趋势及批判》,《浙江传媒学院学报》2021 年第 3 期。
③ 成鹏、王熠、苏宇:《从"变"与"不变"看国社媒体融合十年技术发展历程》,《中国传媒科技》2022 年第 11 期。

刊、电视、经济信息、互联网和新媒体业务等融为一体,向世界范围内各类用户提供文字、图片、图表、音频、视频等各种形态和类型的新闻和信息产品,日均播发稿件数量达到约8000条。2017年12月26日,新华社自主研发的国内首个人工智能媒体平台"媒体大脑"生产出第一条MGC(机器生产内容)视频新闻,引起海内外广泛关注。

正如纽约时报早已不是一家纯粹的报社而成长为"一家顶尖的全球性多媒体新闻资讯传媒集团",上海报业集团虽然保留了"报业"的名称,但其产品形态也远远超越了"报"与"纸"。截至2022年底,集团各类新媒体形态的端口总计332个,其中自有客户端视频频道11个,日均生产视频940分钟,新媒体业务收入占集团媒体主业收入比重上升到67.47%。① 集团旗下《新民晚报》2021年与上海市政府新闻办联合推出的《百年大党——老外讲故事》系列短视频,获得巨大成功,短短四个月内在今日头条、抖音等平台点击量达11.38亿次。若放到十几年前,在视频还是电视媒体专属领域的时代,一份报纸能够投身于短视频生产并获得良好的传播效果是不可想象的。②

(二) 跨媒体叙事

跨媒体叙事是文化转型意义上的媒介融合形态,是意义生产和文化传播的一种新机制。跨媒体叙事可以成为媒体品牌延伸的来源,使得媒体通过接触新的受众群体、增强受众黏性和销售更多的产品,获得更多的收入和利润。在移动互联网时代,这种融合互动变得更为复杂:以《哈利·波特》、漫威超级英雄等为代表的叙事文本在日益多元的媒体平台不断地扩散和演绎,生成大量新的文化叙事和意义结构。近年来,文化传播领域IP(Intellectual Property,知识产权)概念的流行正是跨媒体叙事发展、演变的产物。

2006年,詹金斯在其《融合文化》一书中对"跨媒体叙事"进行了理论阐释:

---

① 《李芸:在创新发展中彰显价值 | 上报集团召开2023年度工作会议》,https://mp.weixin.qq.com/s/qDYB-slVTiBtYvAkipAPcw,2023年2月17日访问。

② 朱春阳、邓又溪:《迈向无边界市场:全媒体技术环境下中国传媒集团成长路径创新研究——以上海报业集团为例》,《山西大学学报(哲学社会科学版)》2021年第6期。

"一个跨媒体故事横跨多种媒体平台展现出来,其中每一个新文本都对整个故事做出了独特而有价值的贡献。跨媒体叙事最理想的形式,就是每一种媒体出色地各司其职,各尽其责——只有这样,一个故事才能够以电影作为开头,进而通过电视、小说以及连环漫画展开进一步的详述;故事世界可以通过游戏来探索,或者作为一个娱乐公园景点来体验。"[1]詹金斯以《黑客帝国》作为例子,展示了电影、漫画、小说以及游戏等媒介形式之间如何协同共作,以不同的形式讲述了既独立又能够彼此形成互文关系的故事网络,形成更为庞大的叙事规模和更为繁复的叙事结构。

跨媒体叙事并非数字媒介时代的新生事物。在美国,报纸、电视、电影等多种媒体围绕同一话题"同频共振",至少可以追溯到电视尚未普及的20世纪40年代。1949年4月8日,美国一名三岁的女孩凯西·菲斯克斯(Kathy Fiscus)不慎跌入加州洛杉矶郊区的一口废井中,最终未能获救,窒息而亡。从4月9日开始,洛杉矶KTLA等电视台首次尝试28小时不间断直播新闻,成千上万的观众守在电视机前关注事件的进展;洛杉矶、纽约、华盛顿、芝加哥等城市的报纸在头版及时、详细地报道了菲斯克斯的故事;1951年,美国剧作家拉塞尔·劳斯(Russell Rouse)和导演莱奥·波普金(Leo Popkin)以此事为蓝本,制作了电影《井》(The Well)。电影故事、电视新闻和报纸报道以不同的形式叠加,增加了该事件的跨媒体叙事厚度。

虽然跨媒体叙事早在互联网之前就已出现,但媒介融合的趋势和技术的发展极大地拓展了它的可能性。举例来说,早在20世纪60年代,英国电视剧《神秘博士》(Doctor Who)就已经成为各种松散的、非官方的品牌延伸形式(包括漫画、小说、唱片)的主题。粉丝们长期以来围绕这部电视剧创作出各种各样的"虚构世界",通过彼此分享、重新创作来"抱团取暖"。到了2005年,当BBC在停播16年后重新启用《神秘博士》时,这部剧集有了明确的跨媒体形式,包括专门定制的在线短剧、《神秘博士》世界的专属网站,以及对电视剧集的播客评论平台等。

---

[1] 〔美〕亨利·詹金斯:《融合文化:新媒体和旧媒体的冲突地带》,杜永明译,商务印书馆2012年版,第157页。

湖南卫视的《爸爸去哪儿》是中国媒体跨媒体叙事的一个典型范本。湖南卫视以电视亲子真人秀节目《爸爸去哪儿》为核心 IP,开展了全媒体、全产业链的开发、合作。通过跨媒体叙事,湖南卫视推出了《爸爸去哪儿》相关的电影、手游、动画片、图书、玩具、嘉年华、舞台剧等附属衍生产品,与 IP、金融、通信(智能手表、亲子宝典 App 等)等领域跨界融合。最终,《爸爸去哪儿》成为一个横跨手机屏、电视屏、电脑屏和电影屏,融合文化、IT、通信、电子的多屏跨界的品牌。①

(三)生产流程融合

除了叙事方式的变化,媒体行业在生产流程上也发生了深刻的转型。在媒介融合的趋势下,以往传统媒体单一渠道的信息采集方式、偏封闭式的生产过程、点对面单向传播的编辑部生产和传播模式遭遇到前所未有的挑战。

2017 年 1 月 5 日,中宣部召开推进媒体深度融合工作座谈会,时任中宣部部长刘奇葆提出了"中央厨房就是融媒体中心。推进媒体深度融合,'中央厨房'是标配、是龙头工程,一定要建好用好"。将"中央厨房"置于媒介融合的中心位置,旨在强化传统媒体在新闻生产中的中心和主导地位。

近年来,人民日报社、浙江日报报业集团等各大媒体相继推出统一指挥调度的"中央厨房"(也被称作"融媒体中心""全媒体新闻平台"等)。其运行机制可以概括为"三跨两化",即组织跨部门、产品跨终端、技术跨学科、资本集约化及渠道开放化。② 这种生产环节和生产流程的融合也可称为"融合式新闻生产"。

"中央厨房"模式的前身大体上可以追溯到上文提及的美国坦帕新闻中心。《人民日报》是"中央厨房"建设和应用的典范之一。在这里,技术部门、设计部门与报社的编辑部、新媒体中心等各个部门和条线,统筹到一起,彼此协作,打破了不同部门之间的无形壁垒。汇集视频剪辑师、图像设计师、电脑程序员和

---

① 吴俊:《"大媒体"融合 全链条开发——〈爸爸去哪儿〉IP 产业链独家盘点》,《新闻传播》2015 年第 13 期。

② 王君超、张焱:《中央厨房的创新模式与传播生态重构》,《中国报业》2019 年第 15 期。

数据库专家等众多技术人员的技术团队和数据与可视化团队，与传统的编辑、记者等人员在同一空间内同时进行内容的写作、编辑、视觉设计、视频制作、H5产品制作等，对新闻的原始素材进行深度、全面、多样化的加工制作。①

从 2015 年两会报道开始，人民日报社开始着力在一些重大时政活动的报道中尝试采用新的新闻作品生产流程，其中最明显者即"人民日报全媒体平台"（"中央厨房"）的广泛应用。全媒体平台运作的主要特点被总结为"一、多、全"，即"一次策划，一次采集""多种生成，多元传播""全天滚动，全球覆盖"。② 2015 年，人民日报社启动"中央厨房"全媒体平台机制 12 次。随后这种为重大时政报道服务的实体平台逐渐转化为更灵活机动的虚体工作室，发挥着新媒体端口、创新产品孵化器的作用。③

《新京报》在生产流程的再造上也有突出表现。2018 年《新京报》开始全面实施从以报纸为中心转向以 App 为中心的生产流程改革。这次改革按照"App 第一、PC 端第二、报纸第三"的原则对内容生产进行全流程再造，构建起符合新媒体技术要求的内容采编、审核把关、分发推广、互动管理体系。在编辑发表的时效性上，改革后的流程做到了即采即审、即审即发。④

当然，在媒介融合中，生产流程的改革过程也并非全都是一帆风顺的。当前生产流程的融合在实际运作过程中遭遇了不同程度的体制问题和阵痛。融合式新闻生产所依托的新型平台常常被质疑为媒体式的"面子工程"，而尚未形成常态化运行机制。⑤ 尽管表面上采用了媒介融合的生产方式，但大部分主流媒体的实际运作还没有跳脱传统媒体事业单位的框架，没有探索出适应移动互联网时代的新体制和新机制。一些媒体将"中央厨房"建设成为拥有炫目的数据大屏、多功能办公区的物理空间，其展示意义多于实用价值。有些"中央厨

---

① 蔡雯、李忻蔚：《新闻业务改革中的技术困局——对近几年新闻传播中技术应用的观察与思考》，《中国编辑》2019 年第 12 期。

② 叶蓁蓁：《重新定义媒体——站在全面融合的时代 人民日报"中央厨房"如何炒出新美味》，《传媒评论》2016 年第 1 期。

③ 蔡雯：《主流媒体引领中国式新闻传播现代化的实践探索》，《编辑之友》2023 年第 1 期。

④ 胡杰：《新京报编辑部之变》，《青年记者》2020 年第 4 期。

⑤ 张寅：《融合式新闻生产：一个媒体式的"面子工程"？——基于组织社会学视角的考察》，《新闻大学》2022 年第 4 期。

房"甚至沦为"节庆厨房",只在节庆、重大场合、重大主题报道中展示使用,平时则空无一人,门庭冷落。① 一些媒体机构,内部各部门之间的"貌合神离"以及新闻生产方式的陈旧导致内部不同部门、不同条线之间难以建立有效的沟通机制。新旧媒体之间的利益矛盾、价值竞争和文化差异必然存在。负责采写编评的内容生产人员往往将传统媒体的惯性思维带入新媒体生产。不少数字技术人员对新闻传播的基本思路和价值观念理解有限。由于长期实行事业单位运行体制,媒体内不同身份不同职级的人员在工作任务、福利待遇等方面存在差异。② 一线人员的工作量大大增加,但在绩效分配上没有获得相应的薪酬回报,这不利于调动工作人员的积极性。

有学者将"中央厨房"机制存在的矛盾和困境概括为:传统媒体组织的科层制结构与"中央厨房"所要求的扁平化组织结构之间的矛盾;追求"独家新闻"的传统媒体与以信息共享为基础的"中央厨房"之间的矛盾;传统媒体时代的专业劳动分工与"中央厨房"时代对员工团队"全能"要求之间的矛盾。有学者提出三项针对性建议:打造更符合网络传播要求的扁平状传播结构;积极共享新闻原始素材,提升新媒体中心创作的想象力与创造力;设计与媒介融合现状相适应的绩效考核制度,激活创新力。③

(四)不同产业的融合

新闻媒体行业与其他相关产业的融合贯通、彼此借力、深度协作,成为互联网和数字技术带来的另一个深刻的变化。数字经济的发展松动了行业之间原有的诸多壁垒和平台限制,让越来越多的产业间既有边界变得液态化。随着产业界限的模糊和企业间竞争的加剧,不同产业各自不同的生态系统不断地发生

---

① 曾祥敏、刘日亮:《"生态构建":媒体深度融合发展的纵深进路》,《青年记者》2022年第7期。
② 黄楚新、李一凡、许悦:《坚守与突围:西南地区地市级广电媒体融合发展研究》,《中国记者》2022年第7期。
③ 吴鼎铭:《新媒体时代提升中国主流媒体"四力"的对策分析——以"中央厨房"为切入点》,《东南传播》2019年第11期。

交叉重叠,相互进入彼此的领域。① 当今各行各业处在前所未有的开放结构当中,融合发展是互联网公司和平台的核心特征。互联网平台进入任何一个领域都将对该领域进行改写、颠覆或重塑。产业意义上的媒介融合能够通过媒介技术驱动全球的产业创新。

成立于1998年的谷歌,最初只是一个搜索引擎公司。企业当时大部分收入来自广告。之后,谷歌不断拓展业务领域。谷歌今天的业务范围已扩展到硬件、操作系统、人工智能、自动驾驶等数字前沿技术领域,形成了庞大的生态系统。成立于1997年的奈飞公司(Netflix)是从DVD租赁业务起步的,2007年转型为流媒体公司,2013年基于大数据测算的方式推出现象级剧集《纸牌屋》,成功开创了基于用户需求、由大数据分析主导内容生产的C2B模式(用户需求决定生产)。由DVD租赁商到渠道平台商再到内容制作商,奈飞已成长为全球最大流媒体平台,成为美国五大互联网巨头之一。

以谷歌、苹果、亚马逊、脸书、推特、腾讯、阿里、字节跳动、百度等为代表的中外互联网巨头,无不在持续地平台化和基础设施化。平台的扩展涉足许多传统意义上的新闻媒体的专属领域。数字技术的影响迅速渗透到从信息采集、内容创作到产品包装和分销的整个价值链,重塑了新闻传播业,甚至成为普通人日常生活中关键的数字基础设施:生产海量资讯、占据大量用户时间、增强了用户对各种数字媒介的黏性。随之,如微信等社交媒体平台逐渐成为人们的首要消息来源。

阿里巴巴集团曾被英国《经济学人》杂志誉为"世界上最伟大的集市"。但除了做电子商务的"集市"之外,阿里集团如今在金融、科技、物流、娱乐和云计算等众多产业均深度涉足,且一直在巩固其在全球媒体内容业务中的地位。阿里巴巴通过投资与合作等多种方式,已经勾画出一张涵盖报纸、杂志、网站、视频、电视、社交媒体的庞大传媒版图,甚至有"媒体帝国"之称。②

在曼纽尔·卡斯特(Manuel Castells)所描述的节点化网络社会中,传统的

---

① 张梅芳、朱春阳:《由支配主宰者到网络核心者——腾讯商业生态系统的角色演进》,《编辑之友》2018年第8期。

② 叶正茂:《阿里的媒体帝国》,《中国经济报告》2016年第1期。

大众媒体已经不再是整个社会信息传播结构的核心,而只是社会传播网络的众多节点之一。① 杨保军等学者认为,"互联网的诞生,建构了一个容纳人类整体新闻传播活动的全新平台,其他类型的新闻活动在技术的赋能赋权作用下得以与职业新闻传播活动处于同一平面。互联网并不掌握在新闻业手中,新闻业仅仅是互联网众多利用者之一"②。这就意味着,新闻业作为主要"中介"的地位在根本上被动摇。与此同时,面对新的传播生态,大众传播媒介缺乏与之相应的新商业模式,其经济、文化和社会影响力都迅速下降。换言之,大众传播媒介不再处于信息采集和传播的垄断地位。大规模的信息传播已无法从其他子系统中切割出来,由大众媒介专管。相反,信息的高速流动弥漫在社会的各个领域中。新涌现出来的内容生产者能够轻松地绕过传统的主流媒体,独立分发自己的内容。通过数字技术的赋权,互联网媒体使得民众个人能够成为大众传播资源的使用者,人人都能成为大规模传播的活跃节点。

原本企业做企业的事情、媒体做媒体业务的区分被打破。企业、政府机构和受众个体都可以不必依赖大众媒介来触达大量的其他用户。例如,在中国,微信将企业带入了自媒体时代,微信公众号或各种小程序成为企业与用户直接沟通的桥梁,影响力完全不亚于报纸、广播、电视。在美国,前总统特朗普的"推特治国"省去了美国主流媒体的繁文缛节,每日的推特信息能直达数千万粉丝。

数字媒体冲击传统媒体原本就是一个全球性现象,但在中国的媒体领域,数字媒体的强势介入创造出许多本地的特殊性。

"事业单位企业化管理"的体制红利正在逐渐消失。大众媒介时代,广播、电视、报纸等媒体所有权多数归国家,但其日常的管理和商业运作可以采用企业化管理的方式。现在,传统媒体中具有党的喉舌性质的党报机关报、广播、电视等仍为国家所有,属于体制内的事业单位,依然具有不同的行政级别。互联网上大部分新媒体的所有权构成则更为复杂、多元。③

---

① 〔美〕曼纽尔·卡斯特:《网络社会的崛起》,夏铸九等译,社会科学文献出版社 2001 年版,第 44 页。
② 杨保军、李泓江:《新闻学的范式转换:从职业性到社会性》,《新闻与传播研究》2020 年第 8 期。
③ 李良荣、袁鸣徽:《中国新闻传媒业的新生态、新业态》,《新闻大学》2017 年第 3 期。

在这种背景下,媒介融合绝不仅仅是指媒体内部不同功能的部门之间的深度融合,还包括媒体产业向其他不同产业(如政务、电商、旅游、娱乐和信息服务等)拓展,从而丰富媒体机构的产品类型,创新盈利模式。面对这样的新局面,媒体从内容生产者和传播者的角色发展成为公共传播的巨型节点和各种资源信息汇聚的枢纽。通过增加产业元素,调动和创造更多的资源,实现更广泛的社会连结,势在必行。如果媒体仍然只固守信息的采集和发布功能,很可能失去在媒介融合信息传播格局中的位置。

在产业融合方面,浙江长兴传媒集团可谓近年来出现的一个"楷模"。2020年其旗下科技公司收入几乎占了整个集团每年营收的半壁江山。在这个意义上,长兴传媒已经不是一家纯粹的媒体公司,而已转型为一家综合性的互联网公司。①

(五) 人与技术的融合

《人与机器共同进化》一书曾断言:"技术与技术以及人与技术融合的新的社会技术时代正逐渐降临。"② 新的时代深刻地改变了人与技术的融合方式。

自2012年之后,中国进入一个史无前例的媒体巨变时代。根据市场研究公司高德纳(Gartner)的数据,中国在2012年以2.08亿部手机出货量取代美国成为全球最大的智能手机市场。2012年,智能手机超过台式电脑成为中国网民上网冲浪的第一选择。2013年,中国互联网媒体行业的产值首次超过了传统媒体产业同期的产值。2014年,互联网首次超过电视成为第一大广告媒体。2018年,网络视听行业的市场规模达到2016.8亿元,第一次超过广播电视广告收入(1538.5亿元)。

当前,中国已成为名副其实的互联网大国,无论网民绝对数量、手机上网比例,还是网络规模均居于世界前列。截至2022年6月,中国的网民规模达到了10.51亿,其中使用手机上网者的比例达到了99.6%。③ 十多年来,移动互联网

---

① 窦锋昌:《"长兴"不是一个"模板",而是一个"楷模"》,《青年记者》2020年第36期。
② 李婷主编:《人与机器共同进化》,电子工业出版社2013年版,第12页。
③ 叶子:《帮老年人一起拥抱数字生活》,《人民日报·海外版》2023年2月10日,第8版。

在中国蓬勃发展，无论其活跃度还是信息体量都领先全球。万物均需互联、一切皆可编程是这个时代的基本特征。① 数字媒介在中国实践的丰富性，可谓在世界独一无二。

媒介是人类赖以生存的基本要素，一种新媒介的诞生，不仅仅是原有旧媒介的线性延展，它还会生成一种新的社会关系、生存状态和文化形态。② 正如Kindle 电子书不只是书籍的数字印刷版本而已，电子书还改变了我们每个人的阅读体验。如果说电视是模拟技术时代媒体的代表，那么在移动互联网时代，手机等电子媒介并不简单地是电视或电话的延展版。数字媒介装置与个人使用者如影随形、相融相生，成为类似于人类电子器官的存在。"永久在线，永久连接"成为人们最为基本的生活样态。③ 人们的"血肉之躯出现在电脑屏幕的一侧"④，在线的身体则分身有术，在各种程序和界面（腾讯会议、电子游戏、百度地图……）中穿梭不息。相应地，数字媒介时代的人也已经不是传统意义上的"人"，而更多地成为人机混合体、半机器人、"技术嵌入身体的赛博人"⑤。人与手机须臾不可分离，正体现了人与数字技术的难以分割。技术侵入、塑造、生成人的主体，从根本上改变了人的存在方式。媒介不断内在化，不断变得或者巨大无比或者微缩具身，最终人本身被转化成为媒介化的复合体。国际上一个名为 ITU-T 的 2030 网络技术焦点小组正在研究的新应用就包括全息媒体（holographic media）和多感官（multi-sense）通信服务。这种服务，除了涉及我们今天已经享受的视觉和听觉的数字化传输外，还包括触觉、嗅觉和味觉的数字化传输。⑥

《连线》杂志创始主编凯文·凯利（Kevin Kelly）预言技术与生命的重叠将

---

① 梅宏：《操作系统变迁的 20 年周期律与泛在计算》，《中国工业和信息化》2021 年第 1 期。
② 黄旦：《理解媒介的威力——重识媒介与历史》，《探索与争鸣》2022 年第 1 期。
③ 周葆华：《永久在线、永久连接：移动互联网时代的生活方式及其影响因素》，《新闻大学》2020 年第 3 期。
④ 〔美〕凯瑟琳·海勒：《我们何以成为后人类：文学、信息科学和控制论中的虚拟身体》，刘宇清译，北京大学出版社 2017 年版，第 6 页。
⑤ 孙玮：《赛博人：后人类时代的媒介融合》，《新闻记者》2018 年第 6 期。
⑥ Amin Ebrahimzadeh and Martin Maier, *Toward 6G: A New Era of Convergence*, Wiley-IEEE Press, 2021, p. xiii.

不断增加,一种新的生物文明正在出现,也就是人与技术的结合。① 这种融合关系,不再是大众传播时代仅通过信息流动连结起来的关系,也不仅仅是人与人之间的对话和交往关系,人与物、物与物、人与人之间各种新型的关系涌现出来。原有的社会政治、文化与生活的分工架构需要用新的逻辑来重新构建。② 未来绝大多数移动数字通信流将不再只是发生在人与人之间,而是在机器之间发生:联网家庭把洗衣机、冰箱和家用电脑与智能手机连接起来,自动驾驶汽车依赖与卫星网络和 GPS 系统的持续通信。事实上,随着新技术特别是人工智能技术的发展,"媒介融合早已溢出新闻传播行业的边界。当今媒介融合的态势是,将看似没有关联的社会领域汇聚在一起,风马牛要相及"③。

二、作为国家战略的"媒介融合"

媒介融合是一个世界性的潮流和发展趋势。虽然中国的媒介融合与西方媒介的发展在总体上有诸多相似的表现,但在具体的细节上展现了独特的发展轨迹。与西方私有化的媒介体制不同,中国的国情和媒体制度催生了独具中国特色的媒介融合之路。

传统媒体与互联网的竞争本是全世界的大势所趋,但中国有自己的特殊性。在中国,媒体的市场化起步本就较晚,报纸、广播和电视等大众媒体尚未充分发育。④ 大众媒介的发展迎面就遇到了互联网和数字技术带来的冲击,突然从一个"少竞争"进入了"无限竞争"的局面。⑤

20 世纪 90 年代,中国尚未出现美国那种经过多年自由竞争之后形成的"一城一报"格局,以至于互联网兴起时,报纸面临非常窘迫的多线作战:同城报纸

---

① 转引自谢孝国:《非理性媒介(上)》,羊城晚报出版社 2017 年版,第 15 页。
② 张明钟:《5G 赋能》,中国纺织出版社 2020 年版,第 69 页。
③ 孙玮:《赛博人:后人类时代的媒介融合》,《新闻记者》2018 年第 6 期。
④ "尚未充分发育"体现在多处:一是报纸的内容质量、印刷质量和邮递服务水平等尚需提高;二是传统媒体还没有充分竞争,一城多报较为普遍;三是被称为"美国的心跳"的社区报在中国没有得到发展;四是受众细分精细程度有待加深。
⑤ 正如时任东方早报社社长邱兵 2014 年所写的,"我们自我审视一番,发现原来还有那么多不完美的东西,如果报纸要死,我们至少应该把这些不完美都解决了才有资格去死"。见邱兵:《报纸还没有资格死》,《东方早报》2014 年 3 月 17 日,第 1 版。

之间、报纸与门户网站之间以及报纸与一般互联网网站之间同时竞争。① 长期的内容免费,令版权保护变得十分困难。另外,一些行政干预有时候也会影响传统媒体和互联网竞争时展现出来的能力。传统媒体亟须通过转型与融合来保证自己在数字时代的竞争能力。

中国媒介融合的实践始于将互联网或其他新媒介技术与传统大众媒体结合,形成一个复合体或混合体的过程。在官方机构和媒体从业者的主流话语中,媒介融合被看作对互联网时代舆论环境变化的一种回应。这种回应并非完全自发产生,而是受到外部的冲击,特别是自媒体的兴起。因此,追求媒介融合可以被视为传统媒体对这种外部压力的应对之举,本质上是一种"刺激—反应"的产物。

从体制上看,传统大众媒体为国家所有,是中国新闻传播业区别于国外的最大特点。传统媒体作为党和政府的喉舌的属性决定了中国的媒介融合不可能在完全开放的环境中仅仅依靠媒体自身来完成,而是需要从国情出发,探索有中国特色的道路。换言之,中国的媒介融合不单单是业务问题、技术问题或经济问题,更是一个政治问题,具有鲜明的政策导向,受政府的主导。

如果说 2014 年之前中国的媒介融合实践较多依靠媒体自主的转型与探索,那么从 2014 年开始,媒介融合进入国家有序引导的阶段,被赋予了特别的期望和使命。

2014 年被称作中国媒介融合元年。中央全面深化改革领导小组第四次会议审议通过了《关于推动传统媒体和新兴媒体融合发展的指导意见》,将媒介融合问题上升到国家战略的高度。习近平总书记在会上强调,要坚持传统媒体和新兴媒体优势互补、一体发展。多位学者将这种以传统媒体为起点、由国家行政推动的媒介融合称为"中国式媒介融合"。中国特色表现为融合的方式和背后巨大的推动力量。无论美国、欧洲还是日本,几乎没有任何其他国家或地区在媒介融合的过程中借用国家和政府的力量自上而下进行推动,并将媒体融合发展提高到国家战略层面来关注和推动,这种力度在中国历史上也是前所未有

---

① 窦锋昌:《传统媒体的三种竞争与四个走势》,《青年记者》2017 年第 1 期。

的。高钢和陈绚等则将中国这种媒介融合模式称为"国家创业"模式。①

习近平系列讲话发表之后,中共中央出台了一系列文件,大力推动媒介融合。2017年,"移动优先"成为国家战略的重要部署。当年1月5日,时任中宣部部长刘奇葆在出席推进媒体深度融合工作座谈会时提出,媒体融合必须顺应移动化的大趋势,强化移动优先的意识,实施移动优先战略。这一战略,从根本上说,是在技术层面保障了新型主流媒体能够直达当代中国社会变动的第一现场,并在第一时间介入社会变动的沟通与呈现。②

"全媒体传播体系"的概念最早出现于2019年。当年1月25日,习近平总书记在中共十九届中央政治局第十二次集体学习时首次提出"推动媒体融合发展……形成资源集约、结构合理、差异发展、协同高效的全媒体传播体系",并将"全媒体"的概念进一步阐述为"全程媒体、全息媒体、全员媒体、全效媒体",赋予全媒体以新的内涵。对"全媒体"概念的界定实际上回应了行业和区域边界不断模糊甚至消解之后,新闻媒体不能再按照原来分区域、分形态的垄断方式来确定自己的边界的新状况。全媒体概念的提出是对媒体融合的全方位松绑。主流媒体把推进媒体深入融合、构建全媒体传播体系作为转型发展的重要任务,打破了工业社会时期的媒体概念。塑造新型主流媒体成为社会治理的基本抓手,其逻辑迅速融入政治、经济、社会、文化系统。由此,媒体的融合发展被提升到国家治理体系中最重要的神经系统地位上。③

2020年9月,中共中央办公厅、国务院办公厅印发了《关于加快推进媒体深度融合发展的意见》,进一步要求深化主流媒体体制机制改革,明确要求按照资源集约、结构合理、差异发展、协同高效的原则,完善中央级媒体、省级媒体、市级媒体和县级融媒体中心四级融合发展布局。这个文件可看作中国自上而下推动媒介融合政策的2.0版,标志着媒介融合的实践进入深度融合的阶段。

2021年发布的《中华人民共和国国民经济和社会发展第十四个五年规划和

---

① 高钢、陈绚:《关于媒体融合的几点思索》,《国际新闻界》2006年第9期。
② 朱春阳:《全媒体视野下新型主流媒体传播效果评价的创新路径》,《新闻界》2019年第12期。
③ 胡正荣、叶俊:《中国特色新闻学"三大体系"创新路径与自主知识体系建构》,《中国出版》2022年第20期;胡正荣、李荃:《把握历史机遇,擘画融合新图景——从党的二十大精神看我国主流媒体的未来》,《编辑之友》2022年第12期。

2035年远景目标纲要》进一步明确提出"围绕强化数字转型、智能升级、融合创新支撑,布局建设信息基础设施、融合基础设施、创新基础设施等新型基础设施。建设高速泛在、天地一体、集成互联、安全高效的信息基础设施,增强数据感知、传输、存储和运算能力"。根据《中国新媒体发展报告 No.14(2023)》,我国媒体融合格局向全媒体传播体系建设发展,已基本建立起中央级、省级、地市级、区县级四级融媒体中心的纵向发展链条,呈现出媒体"四力"全方位共建态势。① 这一策略并非要回到四级办台的老路,而是基于中国两千多年来的政治治理模式,将县域治理看作国家治理的基石,在每一个县都建立一个基于互联网沟通系统、连接老百姓、上情下达、下情上达的综合治理平台。这一政策的提出,标志着中国媒介融合事业进入建设"最后一公里"的关键和攻坚阶段。

案例:"融合发展"与腾讯

腾讯是中国互联网兴起至今最为"资深"的媒介融合发展样本。② 其中,尤其值得借鉴的包括:将用户体验作为发展的逻辑起点、以社区为基础进行强关系建设,以及开放合作与共赢的理念。

2005年是腾讯业务架构改变最大的一年。这一年,马化腾提出"在线生活"战略,希望未来的腾讯成为中国人在线生活的一个符号,公司的各类数字产品能够像水和电等基础设施资源一样融入人们的日常生活。腾讯要做的正是成为互联网领域不可或缺的水和电,满足用户在沟通交流、娱乐休闲、信息获取、商务交易等各个不同层次不同领域的需求。在这一战略的主导下,腾讯先后进入门户网站、电子商务、在线游戏、网络搜索等多个不同的业务领域,将其通过社区关系串联起来,进一步增强了腾讯和用户之间的关系强度和使用黏性。

---

① 胡正荣、黄楚新主编:《中国新媒体发展报告 No.14(2023)》,社会科学文献出版社 2023 年版,第 14 页。

② 朱春阳、毛天婵:《论互联网平台治理的现代化转型——以腾讯为例的考察》,《现代出版》2021 年第 1 期。

中国互联网在发展过程中与欧美国家最大的区别之一在于社区媒体的丰富和复杂程度。中国社区媒体的成熟度还不令人满意，社区媒介沟通潜力较大。然而，互联网的发展使得中国媒体能够突破社区层面既有的限制。移动互联网的到来宣告传媒业进入了全媒体时代，即移动互联网消除了不同使用场景之间原有的隔断，使媒体的运作能够实现全场景覆盖。

二十多年前腾讯提出的"社区+信息、娱乐、互动、电商"的发展战略，直至今天仍然为中国不少的媒体所效仿，而这一战略领先了中国传统媒体至少十年的时间。[①] 在 2014 年，中国将媒介融合上升到国家战略的高度，媒介融合的布局与腾讯的业务架构较为契合，腾讯成为中国整个融合发展领域重要的象征性"标杆"之一。

以 2010 年的"3Q"大战为分界点，腾讯经历了一个由遵循模仿、垄断、封闭的"丛林法则"到遵循开放、合作、共赢的"天空法则"的转型。2011 年之前，腾讯的发展遵循的是丛林法则，与行业创新者是一种相对紧张和对立的关系，腾讯的用户资源较为封闭，不对行业其他创新者开放。与奇虎 360 的大战，对腾讯是一个极大的教训。2011 年之后，腾讯以微信为平台努力改善与行业创新者之间的合作关系。2014 年，马化腾在致合作伙伴的公开信中提出，做互联网连接器是"腾讯"的使命。微信通过小程序和微信公众号两个端口实现了和行业创新力量共享用户资源。通过这样一种设计，微信被打造成整个行业创新力量的集散地。这种转变也使得腾讯避免被视为行业垄断者。

微信经过十多年的发展，目前已成长为国民第一应用，也是世界范围内使用量最高的社交媒体，是中国人社会关系的放大和复制平台，是互联网世界的一个缩影，创造了中国形态的新媒体实践。

---

① 张梅芳、朱春阳：《由支配主宰者到网络核心者——腾讯商业生态系统的角色演进》，《编辑之友》2018 年第 8 期。

思考题

1. 媒介融合现象在人们的日常生活中无处不在。你能举几个例子来说明你所理解的媒介融合吗?
2. 为何有西方学者称"媒介融合"是迄今为止最难把握的概念之一?人们对"媒介融合"这个学术概念有不同理解的原因是什么?
3. 为何人们把2014年称作"中国媒介融合元年"?
4. 电视可谓模拟时代的一个媒体代表。你认为移动互联网时代的手机是电视的延展版吗?为什么?
5. 移动互联网时代中国的媒介融合实践与西方有何不同?

 拓展阅读

窦锋昌:《全媒体新闻生产:案例与方法》,复旦大学出版社2018年版。

段鹏:《挑战、变革与提升:媒介融合背景下中国广播电视舆论引导能力研究》,中国人民大学出版社2015年版。

刘冰:《融合新闻(第二版)》,清华大学出版社2021年版。

Andrew Conte, *Death of the Daily News: How Citizen Gatekeepers Can Save Local Journalism*, University of Pittsburgh Press, 2022.

Danny Hayes and Jennifer L. Lawless, *News Hole: The Demise of Local Journalism and Political Engagement*, Cambridge University Press, 2021.

Espen Ytreberg, *Media and Events in History*, Policy Press, 2022.

Janet Staiger and Sabine Hake, eds., *Convergence Media History*, Routledge, 2009.

Gabriele Balbi, et al., eds., *Digital Roots: Historicizing Media and Communication Concepts of the Digital Age*, De Gruyter, 2021.

第五章　新媒体与国际传播

第一节　国际传播的起源与互联网的诞生

一、冷战：国际传播的起源

第二次世界大战结束以后,世界格局发生变化,战时的美苏同盟难以为继——美国实现了繁荣,而苏联因承受了欧洲战场的主要压力,经济与民生遭到重创。同时,美国占领西欧,苏联占领东欧,德国一分为二,埋下了领土争端的隐患。根本上,两个大国迥异的历史、价值观与战后目标使得彼此之间产生了猜疑与敌对,尤其是在苏联原子弹成功爆炸以后,美国将其视作"一个试图建立世界帝国的邪恶敌人"。出于对各自国家安全与国家利益的考虑,美国及其代表的资本主义世界与苏联及其代表的共产主义世界开始对立。在美国国内,乔治·凯南的"遏制论"与沃尔特·李普曼的"冷战"思想互补,成为美国针对共产主义世界的政策关键词。由此,世界历史进入冷战时期,自1947年开始,一直持续到1989年东欧剧变。①

---

① 林牧茵:《李普曼政论新闻中的冷战思想探究》,《新闻大学》2010年第2期;〔美〕沃尔特·李普曼:《冷战:美国外交政策的研究》,裘仁达译,商务印书馆1948年版。

冷战的主要内容是军事对峙与信息对抗。军事对峙以 1962 年古巴导弹危机为典型,美苏两国在各自的核按钮旁徘徊,世界空前接近毁灭,达至"人类存亡的最危险时刻"。对峙持续 13 天后双方相互妥协,后于 1968 年签订《不扩散核武器条约》、1972 年签订《限制反弹道导弹系统条约》《关于限制进攻性战略武器的某些措施的临时协定》和一系列补充协定书,统称为第一阶段限制战略武器条约。至此,冷战中的军事对峙告终。然而,两大阵营的信息对抗则长久延续,艾森豪威尔将其称为"一场总体性和普遍性的斗争……一场政治斗争……一场科学斗争……一场智力斗争……一场精神斗争……","这场斗争的关键问题在于,在它最深层的意义上不是土地和食品,也不是权力,而是人的灵魂本身"①。

国际传播理论与实践正是在冷战的信息对抗之中兴起的。"美国和苏联大范围开始意识形态之争,其中的武器是宣传,战场就是国际传播的渠道,代价是全世界所有人的诚实和效忠。无疑,这场战争中最重要的方面是它对人的精神的作用,这些作用牵连着国家稳定和国际和平。"②1952—1953 年冬季号的《舆论季刊》刊登了洛文塔尔的文章和拉扎斯菲尔德的论文,宣告了"国际传播新学科的诞生",洛文塔尔称"国际传播是一个新的研究领域,这一学科的建构和新的政治力量对比是分不开的"③。

二、作为新媒体的广播:冷战的重要"武器"

冷战意识形态战开始以后,心理战是主要内容——"通过传播强化自身的立场并瓦解对方的阵营,几乎是唯一可以采取的行动"④,传播"被用于积极地

---

① 〔法〕阿芒·马特拉:《世界传播与文化霸权:思想与战略的历史》,陈卫星译,中央编译出版社 2001 年版。
② Alex Inkeles, *Public Opinion in Soviet Russia: A Study in Mass Persuasion*, Harvard University Press, 1950, pp. 33-44.
③ Leo Lowenthal, "Introduction," *Public Opinion Quarterly*, Vol. 16, No. 4, 1952; Paul F. Lazarsfeld, "The Prognosis for International Communications Research," *Public Opinion Quarterly*, Vol. 16, No. 4, 1952.
④ 胡翼青:《大众传播学抑或大众心理学:对美国传播学主导范式的再书写》,《国际新闻界》2019 年第 8 期。

同对方境内的受众建立联系"①。"美国主要是通过报刊、广播和电影等大众传播手段来进行心理战的"②,其中有代表性的是,美国之音(Voice of America, VOA)作为美国政府的官方非军事对外广播,充当了"一种宣传"方式(a form of propaganda)。

无线电通信作为一种新的媒介技术,为冷战宣传提供了技术基础设施。1895 年,俄国人波波夫和意大利人马可尼分别独立发明了无线电通信技术;1899 年,马可尼成功地将电报自英国跨越英吉利海峡拍发至法国,1901 年又完成了跨越大西洋的电报发射;1906 年,范斯顿在美国马萨诸塞州的试验电台首次作试验性广播;1920 年,广播从军事严控走向民用标准化,8 月 31 日美国底特律的试验电台广播了密歇根州州长的新闻,被认为是最早的广播新闻,10 月 27 日美国商务部向匹兹堡 KDKA 电台颁发首张营业执照;1933 年至 1944 年,罗斯福通过广播总计发表 21 次"炉边谈话";至 20 世纪 40 年代,广播在美国家庭中的普及率已达 80%。

在当时业已形成的几种大众传播媒介当中,广播脱颖而出,成为最主要的冷战媒介——相较于报纸,广播这种新媒体具有跨越国界实现远距离传输的能力;相较于电影,广播则可实现实时传输。空间与时间上的技术优势使得广播成为美国针对共产主义世界发动心理战的主要手段。

美国之音是典型的冷战广播。该机构于 1942 年建立。二战期间,美国之音与英国广播公司、苏联莫斯科广播电台等一起,在揭露法西斯的罪恶、鼓舞世界人民的反法西斯信心、最终夺取二战胜利上发挥了重要作用。冷战开始以后,1951 年美国总统杜鲁门设立了隶属于美国国家安全委员会的心理战委员会,为国际反共产主义宣传提供建议,美国之音随之转型成为一个反共宣传的阵地;1953 年继任总统的艾森豪威尔任命了心理战私人顾问,美国之音的反共宣传进一步升级。

在奉行传媒自由市场原则的美国,美国之音由美国政府出资,资金由国会

---

① 〔美〕哈罗德·D. 拉斯韦尔:《世界大战中的宣传技巧》,张洁、田青译,中国人民大学出版社 2003 年版,第 6 页。

② Leo Lowenthal, "Introduction," *Public Opinion Quarterly*, Vol. 16, No. 4, 1952, p. 481.

每年拨给驻外使领馆,由政府内的广播理事会(the Broadcasting Board of Governors)监管。美国之音的反苏共宣传在改变苏联受众的思想信念、激发其对苏联政权和社会主义制度的不满与对西方自由民主制度的向往方面起到了重要作用,成为20世纪80年代末东欧剧变与苏联解体的重要促因。冷战结束以后,美国之音仍以数十种语言提供广播与数字音频内容服务并在全球设立站点,影响关于美国的国际舆论。

与美国之音的公开宣传相配合,美国冷战战略体系当中还包含一系列隐蔽的宣传活动,包括暗中建立两个"民间电台"——主要针对东欧国家的自由欧洲电台(RFE)和针对苏联的解放电台(后改名为自由电台RL)。这两个电台名义上分属两个所谓民间组织,即由流亡难民组成的"自由欧洲全国委员会"和"解放俄国人民全国委员会",实则由美国政府控制,其经费主要来自美国中央情报局,安全、政策、人事、会计、技术等都由中情局秘密支持或调节。两家电台使用俄语、乌克兰语、波兰语、匈牙利语等十几种东欧语言攻击苏联、颂扬西方,潜移默化地诱导听众形成"与统治着他们的、受苏联支配的政府的不合作精神,解放铁幕背后被奴役的民族"。1967年,美国左派刊物《壁垒》(*Ramparts*)发表了揭露性文章,迫使中情局停止资助这两家电台,改由美国国会拨款,由新成立的国际广播董事会(the Board for International Broadcasting)提供资助,隐蔽宣传的两家电台转为公开宣传。①

三、斯普特尼克时刻与互联网的诞生

与美国的媒体战略不同,苏联方面的冷战战略核心围绕人造卫星展开并继而反向设置美国的媒体议程。

1957年10月4日,苏联发射了人类历史上第一颗人造地球卫星,命名为"斯普特尼克"(the Sputnik)。11月3日,载有流浪狗Laika的斯普特尼克二号成功发射,Laika成为第一个离开地球进入宇宙轨道的生物体。1958年5月15日,载有12件研究仪器的斯普特尼克3号成功发射。

---

① 白建才:《美国隐蔽宣传行动与苏东剧变》,《国际政治研究》2021年第1期。

苏联的策略是令卫星"听得见""看得见"。斯普特尼克从太空不断传回的信号可以轻易地被地球上任何业余无线电爱好者在20和40兆赫接收到;用普通的望远镜也能在卫星飞过上空时观测到。这造成了美国民众的恐慌,形成了一种"近乎疯狂的氛围":"似乎现在天空中有一双眼睛在随时俯视着美国,也许炸弹最终会从外太空发射下来,攻击这个既没有科学能力又没有技术能力保护自己的国家。"① 美国民众对苏联军事、科学、技术等硬实力的直接且清晰的感知骤然逆转了苏联与苏联政府的形象——依据白宫的一份评估报告,在美国国内"苏联政府的威望急剧提升"②,这使得冷战时期的美国政府承受了来自内部的极大压力。

意识形态战视角下,斯普特尼克的发射与其说是基于科学发展或安全需要,不如说是冷战时期"作为宣传用途的"苏联人造卫星计划,是苏联刻意规划并谨慎布局的外交与国家形象塑造战略。早在1955年,美国便已公开宣布将在国际地球物理年(1957—1958年)发射第一颗人造卫星的计划,1956年美国曾两次尝试发射运载火箭。依据已解密的俄罗斯联邦国家档案,为了抢在美国之前完成发射,1955年8月8日苏共中央主席团下达命令开始研制人造卫星。至1957年,苏联冒险选择了相较于其原计划体积更小(直径58厘米、重83.6千克)、设计更简单的卫星进行发射。可见,对于苏联来讲,确保斯普特尼克作为第一枚人造卫星成功发射的象征意义及可预见的国际舆论影响意义远大于空间科学探索的意义。

苏联对国内媒体报道的部署也印证了这一逻辑:宣传系统做了谨慎的计划,为规避卫星发射失败的风险可能造成的负面传播效果,在卫星发射当日没有安排报道,直到发射成功的第二天才由《真理报》刊登了塔斯社《关于首颗人造卫星的公告》③:

> 早在十九世纪末,俄国杰出的科学家齐奥尔科夫斯基就已经在他的著

---

① 卢周来:《美国迎来与中国的"斯普特尼克时刻"》,《经济导刊》2021年第1期。
② 仪名海、刘凯露:《苏联人造卫星计划(1950—1957):成功且长久的国家标签塑造》,《对外传播》2021年第4期。
③ 卢周来:《美国迎来与中国的"斯普特尼克时刻"》,《经济导刊》2021年第1期。

作中第一次科学地论证了借助火箭实现宇宙飞行的可能性。……(近)几年来苏联一直在进行建造人造地球卫星的科学研究和试验设计工作。……经过各科学研究所和设计局的大量的紧张工作,世界上第一个人造地球卫星已经制成。1957年10月4日苏联成功地发射了第一个人造卫星。……目前,这个卫星正围绕着地球按椭圆形轨道运行,用最简单的光学仪器(双筒望远镜、单筒望远镜等)在日出和日落的时候可以看到这个卫星的飞行。据计算(现在已经可以根据直接观测的结果加以核正),这个卫星将在离地面九百公里的高空运行;它每转一整周的时间将是一小时三十五分钟,它的运行轨道和赤道平面之间所形成的倾斜角是六十五度。这个卫星于1957年10月5日将在莫斯科市区上空经过两次——莫斯科时间夜里一点四十六分和早晨六点四十二分。

在斯普特尼克成功发射的第三天,即1957年10月6日,苏联的盟友中国在中共中央机关报《人民日报》第一版转发了塔斯社的公报:

  第一个人造地球卫星的发射成功,对世界科学文化宝库是一项极重大的贡献。在这样的高空中进行的科学实验,对认识宇宙空间的特性和研究地球作为太阳系的行星的性质,具有巨大的意义。苏联准备在国际地球物理年期间再发射若干个人造地球卫星。以后发射的这些卫星的体积和重量都要加大和加重,这些卫星将被用来实行广泛的科学研究计划。这些人造地球卫星将为实现星际旅行开辟出道路,显然,我们这一代人一定能亲眼看到,社会主义新社会的人们获得解放的和自觉的劳动把人类最大胆的理想变成现实。

  又讯 据塔斯社讯:卫星在10月5日莫斯科时间十七点四十一分(北京时间二十二点四十一分)经过广州上空。①

塔斯社的公报采取一种封闭意义的文本形式来强调这则信息中的特定属性:一是以卫星成功发射这一科学事实说话,语句简短坚定,直接展示硬实力;

---

① 《苏联跨出了星际旅行的第一步 第一个人造卫星发射成功 卫星正在九百公里高空围绕地球运行,昨天经过广州上空》,《人民日报》1957年10月6日,第1版。

二是强调卫星对普通人的可见性,告知明确的时间、地点及观测方式,以"眼见为实"的普通人逻辑背书该事件的真实性;三是将事实向历史纵深延展,表达苏联对太空的探索比美国更早且将更为长远。

事实上,除了塔斯社这篇简短的公报以外,关于斯普特尼克卫星的绝大多数媒体宣传主要是借助其冷战对手美国之力完成的——几乎全部的美国媒体,全国性的或地方的,都参与了关于苏联卫星成功发射的报道,相关消息铺天盖地。《纽约时报》1957 年 10 月 4 日头版头条以《苏联向太空发射地球卫星:它正在以 18 000 英里每小时的速度环绕地球;在美国的四个路口观测到了其轨迹》为标题进行报道;《芝加哥每日先驱报》10 月 5 日头版头条以《红色国家向天空发射"月球"》为标题进行报道;《克利夫兰诚报》10 月 5 日头版头条以《苏联发射的卫星每天绕我们飞行 15 次》为标题进行报道;《纽约先驱报》10 月 7 日头版头条以《美国视卫星为苏联的胜利》为标题进行报道……一位苏联工程师为即将发射的斯普特尼克卫星做最后准备的照片充斥于美国的报纸版面以及刚刚流行开来的电视屏幕。

这构成了冷战时期苏联成功设置美国媒体及公众议程的一个经典案例,且是一种主控式的、"构建对客体主导视角的"属性议程设置。通过抓住"第一颗人造卫星上天"这一必将"会以一种独特的方式与公众形成共鸣,使所涉及的议题、人物或话题变得特别引人注目"①的属性,苏联想要宣传的所有讯息都经由美国表达。苏联的策划跳脱了两大阵营冷战正酣的现实世界,以"技术震惊"的方式制造出"斯普特尼克"的符号,将议程直接指向外太空,同时令全世界都更加关注自己居住的地球②,并就谁具有领先或颠覆性的实力形成构念。

然而,斯普特尼克构念诞生以后,并未像计划的那样持续传递关于苏联强大的国家实力的信息,因为美国发起了反击。为回应国内民众的恐慌,同时为夺回科学技术领域世界第一的地位,美国政府随即展开部署,大力发展科学技术:艾森豪威尔任命了总统科学顾问并成立了多个国家科技政策咨询和协调机

---

① 〔美〕麦克斯韦尔-麦考姆斯:《议程设置理论概览:过去、现在与未来》,郭镇之、邓理峰译,《新闻大学》2007 年第 3 期。
② 龚文庠等:《信息时代的国际传播:国际关系面临的新问题》,《国际政治研究》1998 年第 2 期。

构,同时成立了国家航空航天局(NASA)、国防部高级研究计划局(DARPA)、国家科学基金会(NSF)等机构;美国国会通过了《国家防卫教育法案》,数百个联邦实验室建立起来,政府在科学技术研发与人才培养方面的投入猛增。这些基础设施的迅速铺设造就了美国此后半个世纪的军用与民用技术辉煌——卫星、宇宙飞船、核武器、洲际导弹、喷气式飞机、计算机、互联网等一大批具有重大创新意义的科学技术成果先后诞生,美国作为世界科技霸主的地位得以巩固。① 尤其是以 1969 年诞生的军用阿帕网(ARPANET)、1985 年诞生的研究用美国国家科学基金网(NSFNET)为基础发展起来的民用广域互联网,为美国此后半个多世纪的强劲发展奠定了基础。

这样一来,此前作为苏联国家实力符号的"斯普特尼克"被美国成功转化为自己的"斯普特尼克时刻",这个词组后来被用于指代一个国家认识到自己受到挑战与威胁,继而努力应战并成功反击的逆转过程。

而苏联方面,美国在国际上合纵连横的打击使得苏联被迫据守科学技术领域以谋求发展,而社会整体缺乏全面系统性的创新,尤其是人民生活水平相比美国拉开了差距。在此情况下,美国对"斯普特尼克"这个苏联符号本身进行了一番解构。在 1959 年 7 月 24 日于莫斯科索科尔尼基公园举办的美国国家展览会上,美方向苏联民众展示了美式房屋设施与新型家用电器,宣传美式资产阶级创新与生活方式。在一个典型的美国中产阶级房屋模型内的厨房里,时任美国副总统尼克松与时任苏联部长会议主席赫鲁晓夫在厨房用具展台前通过翻译展开了一场即兴辩论,即"厨房辩论",辩论围绕两种生活方式及意识形态的优劣展开。美方将该房屋模型命名为"Splitnik",是对苏联卫星"Sputnik"的戏谑,"split"含有分裂、断裂的意思,暗指苏联科学技术的发展与改善人民日常生活无关。

概言之,国际传播作为一个专门领域和学科,其诞生的时代背景是冷战,其基础设施与重要产物是基于信息传播技术进步的新媒体及其发展。美国利用当时最为先进的、跨越空间实现远距离传输的广播新媒介,以公开和隐蔽结合

---

① 白建才:《美国隐蔽宣传行动与苏东剧变》,《国际政治研究》2021 年第 1 期。

的方式针对共产主义世界开展"资本主义的劝说"①。苏联则以发射第一颗人造卫星为核心信息并成功反向设置美国国内媒体议程,向美国民众开展关于苏联硬实力的"共产主义的宣传"。而美国又将苏联卫星带来的科技威胁成功转化为自己的"斯普特尼克时刻",大力投入科学技术研发并创造出一大批具有根本性变革意义的科技成果,为此后半个多世纪的强劲发展奠定了基础。特别是互联网的诞生,不仅奠定了美国在科技领域的领先地位,还深刻改变了此后的世界格局与全球发展路径。

第二节　跨国新媒体与全球新平台

冷战结束以后,世界格局进一步发生变化,国际传播从两大阵营之间的信息对峙转向以国家及代表国家的媒体为主体,以维护国家安全,尤其是塑造国家形象、为国家发展创造良好的国际舆论环境为主要目标的理论与实践,国际传播的根本逻辑从斗争转向和平。

西方媒体凭借其先进的技术能力与强大的产业实力实现了跨国运营,占据了世界信息传播秩序中的主导地位;同时,包括今日俄罗斯电视台、半岛电视台、中国国际电视台等在内的媒体也迅速成长,在国际舆论场与老牌西方媒体构成"替代"关系。跨国媒体机构不仅注重自身的新媒体渠道铺设,同时还嫁接了 Facebook、Twitter、TikTok 等全球社交平台进行融合传播。而全球社交平台在本质上是技术与资本的融合,一种新的数字资本主义正在生成。

一、跨国新媒体

在冷战以后的国际传播活动中,民族国家范式依然是主流,媒体总体上依然是国家层面的组织,这首先是因为"一个国家的规模影响媒体的每一个方面,

---

① Daya Kishan Thussu, *International Communication: Continuity and Change*, Bloomsbury Academic, 2018, pp. 23-34.

而人口则或为媒体的国内生产提供经济基础,或为其他国家的出口提供大型目标市场",同时,"语言和文化鼓励那些有共同性的国家之间的某种流动,又和政治及意识形态等一道限定了某些流动的可能性"。[1]

媒体又是跨国的。首先是经济因素驱动了媒体跨国,经济的力量"是整套关系当中决定控制的主要因素"[2]。宏观层面上的贸易与外交关系中殖民主义与帝国主义、地缘政治的不平衡等导致的经济依附,微观层面上的媒体机构作为商业公司逐利的本质,加之传媒产业本身追求规模经济、范围经济的属性,都直接且长久地驱动媒体追求跨越国界的发展。

其次是技术原因,"斯普特尼克时刻"以后美国信息传播技术的迅猛发展为美国及西方媒体跨国运营提供了基础设施层面的可能性。较为典型的是,20世纪70年代卫星电视技术的出现使得跨境电视信号传输与接收成为可能,随之出现了美国有线电视新闻网(CNN)这样的媒体,它们"象征着我们这个世界时间与空间日益不重要"[3],继而,掌握卫星电视技术的西方国家得以介入其播出空间的国家主权,造成一系列问题。80年代以降,随着计算机技术的发展,媒体融合在理论与实践上成为可能,尼葛洛庞蒂预言了媒介融合的发生,即广播电视、印刷与计算机三个领域之间边界的打破与融合,且越是在边界交融之处越可能产生创新[4],普尔提出"模式融合"的过程融合了媒介之间的界限,他称其为"自由的技术"[5]。随后,美国军用阿帕网与研究用国家科学基金网广域化并实现民用,在此基础上1991年英国人蒂姆·博纳斯-李(Tim Berners-Lee)发明了万维网,互联互通的互联网新媒体在真正意义上诞生。互联网新媒体的特点在于其范围全球、速度实时、信息海量且可检索、形态多样、过程交互。同时,它还持续推动世界范围内大众传播整体的转型与媒体融合向纵深发展,即持续地"跨

---

[1] 〔英〕丹尼斯·麦奎尔:《麦奎尔大众传播理论(第六版)》,徐佳、董璐译,清华大学出版社2019年版,第63页。

[2] 林牧茵:《李普曼政论新闻中的冷战思想探究》,《新闻大学》2010年第2期。

[3] S. Hjarvard, "News Media and the Globalization of the Public Sphere," in S. Hjarvard, ed., *News in a Globalized Society*, Nordicom, 2001, pp. 17–39.

[4] 宋昭勋:《新闻传播学中Convergence一词溯源及内涵》,《现代传播(中国传媒大学学报)》2006年第1期。

[5] Ithiel de Sola Pool, *Technologies of Freedom*, Belknap Press, 1984, p. 23.

越多个媒介平台的内容流动,多种媒介产业之间的合作,以及受众行为的转移"①。

由经济驱动、技术促成并伴随媒体融合的媒体跨国过程主要包括三种形式:国家间的、双边的以及多边的。国家间的媒体跨国活动即外国的内容在本国媒体系统当中发行;双边媒介融合指源自某一国家并为本国制作的内容直接被邻近国家接收,这一形式出现在例如墨西哥与美国之间、新西兰与澳大利亚之间、卢森堡与法国之间、葡萄牙与西班牙之间等;多边融合的内容制作与散播则并不存在特定的国家受众目标。

(一) 全球媒体与媒体全球化

在媒体跨国的过程中,出现了全球媒体与媒体全球化。传统上是基于地理特征定义全球媒体的,即全球媒体是那些拥有全球的,至少是跨国的技术与网络的媒体。麦奎尔将早期的全球媒体现象概括为以下类别②:

- 媒体频道的直接传输或发行,或从一个国家向另一个国家受众的完全出版,包括外国报纸和书籍的销售、某些卫星电视频道和官方资助的国际广播服务;
- 一些特定的国际媒体,如欧洲MTV、CNN国际频道、BBC国际频道、法国第五电视台、委内瑞拉国家电视台、阿拉伯半岛电视台等,此外还有国际新闻通讯社;
- 为补充国内媒体产能而进口的诸多种类的内容产品(电影、音乐、电视节目、新闻产品等);
- 外国原创、针对国内受众改编或重新制作的形式和种类;
- 国内媒体上出现的关于外国或在外国制作的国际新闻产品;
- 来自外国的体育赛事、广告和图片等混合内容;
- 万维网,它的多种形式与上述一些形式重叠。

---

① H. Jenkins, *Convergence Culture: Where Old and New Media Collide*, New York University Press, 2006, p. 33.

② 〔英〕丹尼斯·麦奎尔:《麦奎尔大众传播理论(第六版)》,徐佳、董璐译,清华大学出版社2019年版。

最早出现也是迄今最典型的是电视媒体全球化。电视 24 小时持续提供服务，即便在富裕国家，用原创的或本国的材料填满播出时间，其成本都超出了一般媒体机构的承受能力，如果不大量重复或大范围进口，几乎不可能填满所有时段。商业动机刺激了一些国家对进口电视内容的需求，也刺激了另一些国家对新市场的追求，而 80 年代以来新的低成本传输技术又为电视在跨国市场上的扩张提供了可能性。①

CNN 是一家具有代表意义的全球媒体。该机构由泰得·特纳（Ted Turner）创办并于 1980 年开播，1995 年时代华纳收购 CNN 母公司特纳广播公司。目前，CNN 在全球设有 36 个站点并雇用 4000 余人，其内容服务覆盖全球 200 多个国家超过 20 亿人口，旗下的 CNN International 包含欧洲/中东/非洲、亚太、南亚、拉丁美洲、北美等五个地区频道，由 38 颗卫星组成的网络触及全球超过 1.5 亿家庭并进入 200 多个国家的酒店房间。②

作为世界上第一家 24 小时播出新闻的电视机构，CNN 以报道全球突发性事件著称，由此将"新闻"重新定义为"正在发生的事"。在美国国内，CNN 推动社会正义，被认为具有进步意义，然而在国际事务上则强行推广美国意志，受到诸多批评。以海湾战争报道为例，作为唯一一家从巴格达战地持续发出报道的非当地媒体，CNN 被认为过度使用"人情趣味故事"并过度避免对战场上美军暴力行为的描绘。一位 CNN 记者将此描述为"轰炸机从沙特阿拉伯起飞时的甜蜜的美好的景象"③——其结果是"宣传式的媒体呈现"。

可见，在以 CNN 为代表的全球媒体报道中，国家意志依然存在并依然表现为对"他者"负面的、带有刻板印象的描述。这种将世界划分为"我们—他者"的二元对立的想象框架始于古希腊对希腊人与野蛮人的划分，并受到社会达尔文主义推动，到 19 世纪成为帝国主义文化的特征并事实上一直延续至今。这种做法的危害不仅在于刻画了一个不真实的世界，还在于为西方以外的世界以

---

① 林牧茵：《李普曼政论新闻中的冷战思想探究》，《新闻大学》2010 年第 2 期。
② "CNN News Group," http://edition.cnn.com/services/opk/cnn25/cnn_newsgroup.htm, 2024 年 7 月 20 日访问。
③ Jim Naureckas, "Gulf War Coverage, The Worst Censorship Was at Home," https://fair.org/extra/gulf-war-coverage/, 2024 年 7 月 20 日访问。

及西方人本身提供并强调了一种审视与自我审视的错误视角。①

与全球媒体现象相辅相成的是媒体全球化。尽管对于媒体全球化一直存在理想化的想象,尤其是关于保护和促进全球文化多样性的期待始终存在,然而在现实中,其典型现象仍可被大致描述为②:

- 全球媒体机构的所有权日渐扩张;
- 全球媒体系统的相似性日渐加强,相同或非常相似的新闻娱乐产品在全球出现;
- 受众可以选择来自其他国家的媒体。

以广告业为例,诸多广告机构都具有全球化特征,少数几家(约6家)公司控制着全球广告、公关、市场调查、媒体购买等的整体市场(如全球最大的奥姆尼康集团拥有超过1500家广告机构并在100多个国家和地区的市场运营)。反过来,同样的广告信息在不同国家和地区的市场出现,对于播出这些广告信息的媒体的全球化也产生影响乃至起到推动作用。

媒体全球化的中长期效果,尤其是负面效果业已显现,包括媒体经验与本地情境之间越来越割裂,一些国家传播主权的削弱以及最终可能发生的全球范围内文化的同一化与西方化。③

(二) 对媒介帝国主义的批判

批判学派对全球媒体与媒体全球化现象提出了疑问:语言障碍、数字鸿沟等因素将受众分为"拥有者"(the haves)和"不拥有者"(the have nots),目前所谓的全球媒体尚不具备组建一个全球公共空间的能力。④ 更有甚者,一种全球媒体文化的出现必然导致国家的、地区的、地方的文化遭到破坏,以及文化去领土化。如阿伦特早先的警示:当下的现实给我们营造了一个全球当下,这个全

---

① 〔美〕爱德华·W. 萨义德:《东方学》,王宇根译,生活·读书·新知三联书店2019年版,第12页。
② 林牧茵:《李普曼政论新闻中的冷战思想探究》,《新闻大学》2010年第2期。
③ 同上。
④ K. Hafez, *The Myth of Media Globalization*, Polity, 2007, p. 44.

球当下缺乏共同的过去且威胁抹掉所有"不相关的"传统及特定的历史。①

更直接的批评认为，所谓"全球媒体"事实上是"西方媒体"或"美国媒体"，它们只为维护西方统治服务。"市场驱动的美国模式下的电视全球化已经导致拥有同一种新闻价值、同一新闻和新闻来源的'信息娱乐'在世界范围内流转。尤其是 24 小时新闻模式已遍及全球。这样的全球媒体文化可能看起来毫无价值,事实上却体现了西方资本主义诸多的价值,包括个人主义和消费主义、享乐主义和商业主义。它可能为一些人增加文化选择并打开视野,也可能挑战并侵犯早先存在的、地方的、本土的、传统的、少数民族的文化空间。"②

事实上,媒体全球化最大的受益者是拥有流行娱乐大规模顺差的美国,因为美国娱乐产品的文化熟悉性为其进入诸多市场提供了保障。即便在西方国家内部,美国仍然是赢家。以英国为例。在视频点播领域,2019 年英国人均每日观看美国制作并投放国际市场的奈飞、亚马逊 Prime Video、NOW TV 和 Disney Life 等点播商业视频（Subscription Video on Demand，SVod）的时长是观看 BBC iPlayer、ITV Hub、All4 以及 My5 等本土广播公司视频点播（BVod）时长的三倍多。③

传播政治经济学对"美国媒体"从经济形态和发展中国家关系两个方面提出批判。从经济视角研究媒体与文化的赫伯特·席勒对两种主要的趋势提出警示:作为"神话"的个人选择以及媒介帝国主义。一是,信息传播公共空间被私有企业接管,这会限制言论自由表达的可能性,将大众困在逃避主义的娱乐中,并减损批判的想象力。他提出"被打包的意识"（packaged consciousness），意指时代华纳等少数几家大公司"创造、处理、修饰掌控着那些决定我们信仰、态度以及最终行为的图像和信息",个人主义和个人选择只是一个"神话"。④ 美国国内的这一趋势在全球范围内亦产生了影响——通过电子硬件与软件行业

---

① 〔美〕汉娜·阿伦特:《过去与未来间》,王寅丽、张立立译,译林出版社 2011 年版,第 54 页。

② Daya Thussu, *News as Entertainment*: *The Rise of Global Infotainment*, Sage, 2008, pp. 26-44.

③ "Media Nations：UK 2022,"https://www.ofcom.org.uk/__data/assets/pdf_file/0016/242701/media-nations-report-2022.pdf,2024 年 8 月 13 日访问。

④ Herbert Schiller, "The Packaged Consciousness," https://www.greanvillepost.com/2020/03/06/herbert-schiller-the-packaged-consciousness/,2024 年 8 月 13 日访问。

的合并,媒体所有权日益集中到更少数且往往是美国的企业手中,经由电信行业与广播电视行业的合并生成了一个"全球信息经济"。二是美国媒体公司对发展中国家的文化生活实施控制,即媒介帝国主义。麦奎尔将媒介帝国主义现象归纳为①:

- 全球媒体促进的是依附关系而非经济增长;
- 大众媒体内容的不平衡破坏文化自治或阻碍其发展;
- 新闻流中的不平等关系加强了相对大型且富裕的新闻生产国在全球的权力并阻碍了其他国家恰当的民族认同和自我形象的建立;
- 全球媒体流促成了文化同一性或同质性的状态,这导致了与大多数人的实际经验没有特定关联的一种统治性的文化形式的出现。

除此之外,还存在一些较少受到关注的媒体全球化现象。如在媒体全球化程度很高的国家当中,除人口较少的贫困国家以外,还包括那些拥有一个"大型邻居"并与其共享语言的小国家以及欧洲各个富裕的小型国家,它们从不同的来源进口文化产品。这些"特例"较少成为媒介帝国主义批判的样本,然而其意义值得进一步考察。此外,全球实践中还存在另一种"自给自足",即那些不出口媒体内容,同时进口能力也因发展不足而受限的国家,它们采取一种与富裕的核心国家不同的自给自足模式。

总体上,媒体全球化受到媒介帝国主义理论批判,后者揭露了世界传播霸权从军事征服到经济强制再到文化统一的演变,主张质疑西方中心论,反对新自由主义经济逻辑,批判资本逻辑表象下的垄断,主张坚持文化服务的公共性,捍卫大众民族文化的表现权利和开放性质。

(三) 新兴的全球媒体

世纪之交,在地缘政治的作用和互联网信息传播新技术的赋能下,世界范围内出现了一些新的国家媒体,它们立足当地,在国际舆论格局中一定程度上替代了老牌西方媒体,挑战了世界信息传播格局中长期存在的不平衡关系。

---

① 林牧茵:《李普曼政论新闻中的冷战思想探究》,《新闻大学》2010 年第 2 期。

1. 半岛电视台

1996年开播的半岛电视台(Al Jazeera)是一家主要基于电视的多媒体机构,于1999年开始24小时播出新闻,2006年开设英文频道,是阿拉伯地区第一家独立新闻频道。半岛电视台总部设在阿拉伯地区,此外在伦敦、吉隆坡、华盛顿都设有区域总部,其在全球铺设了70余个站点,拥有3000多名员工,建构了全球网络,2003年在北京建立分社。目前,半岛电视台在全球超过150个国家与地区拥有约4300万家庭受众。①

半岛电视台的出现被称为"半岛现象"并被认为是"全球媒体史上的转折点"。在理念上,半岛电视台坚持以人为本,注重与受众之间的关联,同时不断开发新的新闻叙事技术,为年轻一代受众提供数字产品组合。半岛电视台的核心标语是"The Opinion and the Other Opinion",意指为受众提供多角度的新闻叙事。例如,"9·11"事件以后,半岛电视台独家播出本·拉登和基地组织视频,全球媒体"霸主"CNN向其购买提前六小时播出权,半岛电视台成功地实施了对西方媒体的议程设置。再如,2011年美国攻打阿富汗,半岛电视台得益于此前在喀布尔设立的记者站而成为唯一直播战况的媒体。

然而,有批评认为,半岛电视台事实上很少专门提及伊斯兰世界的地区及宗教事务,其节目内容西方化,节目呈现亦高度西方化。自2003年雇用首位英语记者——BBC的阿夫辛·拉坦西(Afshin Rattansi)以来,半岛电视台雇用了大量西方媒体从业人员,其中包括戴维·弗罗斯特(David Frost)、乔什·拉辛(Josh Rushing)等西方名嘴,甚至从ABC Nightline抽调了一个团队。有评论指出,当下的半岛电视台可能扮演了"中东的CNN"的角色,这不仅不利于扭转国际传播格局的不平衡,反而放大了西方中心的声音与话语权。②

2. RT

俄罗斯新闻社旗下的今日俄罗斯(Russia Today,RT)则秉持强硬挑战西方

---

① 数据来自 https:∥network.aljazeera.net/en,2024年8月14日访问。
② Aram Bakshian, Jr., "The Unlikely Rise of Al Jazeera," https://www.theatlantic.com/international/archive/2012/01/the-unlikely-rise-of-al-jazeera/251112/,2012年1月10日访问。

的立场。RT 于 2005 年开播，目前在 16 个国家的 21 个城市设立了记者站，在全球拥有约 6.3 亿观众；其电视信号覆盖俄罗斯、美国、加拿大及（通过 Sky TV）部分欧洲国家，设立英语、阿拉伯语、西班牙语、法语、德语、塞尔维亚语及俄语七个语言频道以及提供流媒体、视频点播等服务的 RUPTLY 通讯社。其中受众覆盖面最广泛的英语频道由 RT International（华盛顿、伦敦、巴黎、德里、特拉维夫分社）和 RT America（华盛顿、纽约、迈阿密、洛杉矶演播室）构成。

俄罗斯开办 RT 的初衷是与 CNN、BBC 等形成竞争，为全球受众提供被西方"主流"媒体忽视的新闻故事并在全球重要事件上提供"俄罗斯观点"，同时为全球媒体提供有关俄罗斯的真实信息和画面，展现"毫无偏见的俄罗斯图景"。RT 的标语是"Question More"——在内容制作上，RT 坚持自采素材，很少转播西方媒体的画面；在观点上则提供与西方媒体不同的视角，特别是在冲突话题、敏感事件中，如在对美军在阿富汗和伊拉克的行动、埃及军事政变、巴以冲突、斯诺登事件等的报道中，RT 皆以强硬姿态与西方媒体交锋。此外，俄罗斯领导人普京的许多言论和举措都是通过 RT 首发的，领导人以此种方式为 RT 进行政治赋能。

正因为其独特的立场与态度，RT 在西方受众当中颇有影响力。2013 年 RT 成为全球第一家在 YouTube 上播放量超过 10 亿的新闻媒体，2020 年又成为第一家 YouTube 用户超过 100 亿的电视新闻网，到 2022 年 3 月其用户规模超过 3000 万，浏览量超过 170 亿。这引起了美西方国家的担忧，认为"美国正在输掉全球信息战"[①]。

3. 俄罗斯卫星通讯社

RT 并不是俄罗斯唯一一家国家对外传播媒体机构。2014 年 10 月，俄罗斯新闻社和俄罗斯之声广播电台重组，成立 Sputnik News，再次以"斯普特尼克"为名，中文译为俄罗斯卫星通讯社（以下简称卫星社）。

俄罗斯独立之初，经历过一段时间的自我否定，怀疑自身历史、盲目崇拜西

---

① "Hillary Clinton Declares International Information War," https://www.rt.com/news/information-war-media-us/，2024 年 7 月 20 日访问。

方。普京执政以后,力图使俄罗斯重新以大国姿态回归世界舞台,然而"强硬"的形象使得俄罗斯树敌甚多,尤其是与格鲁吉亚、乌克兰、白俄罗斯等邻国的冲突爆发以后,对俄罗斯国家形象的重塑成为一个显性且迫在眉睫的课题。2009年5月,时任总统梅德韦杰夫甚至专门成立了"俄罗斯总统办公厅国际形象委员会"这一高级别工作机构来推广美好的而非一味强硬的俄罗斯形象——"如果出现损害俄罗斯公民利益的情况,俄罗斯就会予以强硬的回应。但是在其他情况下,我们应当是可预测的、强大的、令我们的邻居感到舒服的形象"[1]。

卫星社的重组就是要塑造这种"美好的俄罗斯"的构念。区别于业已成熟的俄罗斯标志性外宣媒体RT强势反西方的定位,卫星社定位为一家开放多元的全球媒体以及俄罗斯与他国之间文化交流的平台,是俄罗斯对外传播的一种新探索。作为今日俄罗斯通讯社旗下独立的多语种对外传播平台,卫星社的产品包括新闻专线、新闻网站、社交网站、手机App、广播电台和媒体新闻中心。卫星社沿袭了各大通讯社惯常使用的"总社级编辑总部(莫斯科)—全球地区级编辑中心(华盛顿、开罗、北京、蒙得维的亚等全球核心城市)—国家级编辑中心(伦敦、德里、开罗等30多个国家的首都)"的运作框架[2],在数十个国家和地区设有多媒体信息中心。卫星社编辑部用包括英语、西班牙语、法语、德语、阿拉伯语、汉语等在内的30多种语言工作,下设数十个语种的网站、模拟和数字广播、移动应用程序和社交网页,以及24小时不间断发布的英语、阿拉伯语、西班牙语和中文新闻专线。

在内容上,卫星社的报道议题覆盖全球尽可能多的国家与地区,注重规避全球媒体中普遍存在的过度集中报道某几个国家的问题。同时,除了关于俄罗斯的报道以外,每一个语言版本中都包含大量当地事务报道以及当地与俄罗斯的关联报道。以卫星社中文网站为例,其主要栏目包括《聚焦中国》《俄中关系》《俄罗斯》,内容也与中国、中俄关系密切关联。这些特征在卫星社的广播平台上也同样可见,主要的中文广播栏目包括《非政治新闻》《你好,俄罗斯》《莫

---

[1] 许华:《俄罗斯的软实力外交与国际形象》,《国外社会科学》2009年第5期。
[2] 张子晶:《俄罗斯卫星通讯社品牌传播战略与实践初探》,《传媒》2018年第10期。

斯科—北京双城之声》等。甚至,"卫星社"这个中文名称本身也是基于跨文化关联的考量:在中文世界里,"苏联卫星"比"斯普特尼克卫星"更知名,而在中文世界以外,斯普特尼克是一个更通用的词。此外,在视觉呈现上,卫星社的橙色主基调及简洁明快的页面设计摆脱了冷战意识形态的沉重感,形似页面折角的三角形 logo 构图给人活泼的感觉。

RT 加卫星社的组合构成了当前俄罗斯国际传播的基本格局:RT 是强意识形态的,卫星社是弱意识形态的;RT 是强势反西方的,卫星社是基于全球的;RT 主要表达俄罗斯的主张,卫星社同时注重呈现俄罗斯与其他国家及地区的互动关联。这一格局是在历史进程中各方力量协商的结果,也构成了 21 世纪全球媒体图景中的一个有趣部分。①

4. 中国国际电视台

中国对外传播的事业始于改革开放以后。1986 年,中央电视台二套、四套开设《英语新闻》栏目,这是我国最早的对外电视播出;1997 年香港回归祖国,央视开设 41 小时临时英语频道报道回归活动,同年 CCTV-9 开播;2000 年以后,央视开播西班牙语、法语、阿拉伯语等多个语言频道。2016 年 2 月 19 日,习近平总书记在党的新闻舆论工作座谈会上发表讲话,指出"要加强国际传播能力建设,增强国际话语权,集中讲好中国故事,同时优化战略布局,着力打造具有较强国际影响的外宣旗舰媒体"。同年 12 月 31 日,中国国际电视台(CGTN)开播。

目前,CGTN 是一个"多语种、多平台的媒体集群",包括英语、西班牙语、法语、阿拉伯语、俄语及纪录片频道等六个电视频道,华盛顿、内罗毕、伦敦三个海外制作中心,一个视频发稿通讯社以及若干渠道。世界上 160 多个国家和地区可收视 CGTN 电视频道。

CGTN 从一诞生便具有显著的融媒体特征。新闻中心从全球 25 882 个在线媒体收集新闻故事,从 70 家国际新闻通讯社汇集突发新闻,从 100 余个频道

---

① 徐佳:《作为卫星、通讯社与疫苗的斯普特尼克——以俄罗斯国家形象建构为视角的考察》,《新闻大学》2021 年第 12 期。

及视频数据库收集直播素材。"超级编辑台"(The"super desk")是这些跨平台视频、图片与新闻故事文本汇集并进行共享的地方,流媒体直播台(The live streaming desk)则从多个终端汇集实时播出的信息并分配到多个平台。新媒体集群由官网、移动客户端以及 Facebook、YouTube、Twitter、微博等多个平台上的官方账号组合而成,全球跨平台用户规模约为 1.5 亿。①

在"讲好中国故事、传播好中国声音,展现可信、可爱、可敬的中国形象"的实践中,CGTN 通过技术及形式创新,探索好感传播的新路径新方法,以独特的姿态切入国际信息与舆论空间。

那么,该如何定义全球媒体呢？如何将全球媒体现象概述为一种具有理论规范意义的定义？在传统的基于地理特征的定义之外,诞生了一种新的基于话语特征的定义:全球媒体,即那些为受众提供全球性的解释框架、生产全球性的知识的媒体,它不受地理约束,可以是地方的、国家的或跨国的媒体。② 基于话语的全球媒体定义提示我们:在当下的媒体实践当中,媒体对诸如全球危机等对象和现象的报道可能比对其他本地事件的报道更具有全球性,然而期望媒体总是生产全球内容是不切实际的。受众也是如此,对于气候变化等媒体报道我们倾向于采用全球框架来进行解读,然而我们的民族国家身份同时影响着我们对于其他报道议题的接受。回归到全球媒体现象当中,民族国家与全球化过程之间,相互加强,彼此重构。可见,媒体以话语互动的方式对全球化流动性和民族国家稳定性两个方面起作用。

二、全球新平台

随着社交媒体、短视频分享等新技术的发明以及 Facebook、Twitter、YouTube 等新平台的兴起,广大网民逐渐获得了自主生产、处理并传播信息的可能性。传播不再是机构媒体的垄断性权利,世界信息传播格局当中的行为主体不再仅

---

① "About Us-China Global Television Network," https://www.cgtn.com/about-us,2023 年 6 月 21 日访问。

② Peter Berglez, "What is Global Journalism? Theoretical and Empirical Conceptualisations," *Journalism Studies*, Vol. 9, No. 6, 2008.

仅是国家及代表国家的媒体,全球平台上的广大网民自觉或不自觉地充当起新的主体。全球网民日常生活中碎片化、非建制的传播行为及所生成的海量信息事实上构筑起一个全球数字公共领域。

一方面,一种新的传媒经济形态,即平台经济诞生了。互联网平台技术的发展使得传媒产业内外部边界日渐消融,平台吸引着大量信息消费者与生产者(很多时候这两种身份合为一体)并匹配着各个节点之间的信息流动及商品贸易等,平台通过创建数字渠道建立流动性市场并逐渐成为信息整合与资源配置的新场域,在其中创造商业价值与社会价值。① 另一方面,硅谷的技术网络与华尔街的资本网络紧密交织,数字资本主义诞生。发达国家凭借其强大的数字技术能力与资本能力,开发出全球性的超级互联网平台,创造了资本累积的新方式及文化输出的新路径。数字资本主义成为全球资本主义发展到新的历史阶段的产物。②

(一) 全球数字资本主义

数字资本主义萌芽于 20 世纪 70 年代的美国。在外部为应对来自其他国家的经济关注,在内部为削弱传统产业工会的权利,美国政府、企业以及美国在国际上的政治盟友决定拥抱数字资本主义。③ 最为根本且直接的原因是,苏联斯普特尼克卫星成功发射以后给美国造成技术震惊,美国政府应激反应式地在科学技术研发领域投入大量资源,对信息传播技术的研发与应用的激励是其中的重点。由此,新兴的信息产业逐渐带动乃至取代传统制造业,成为美国经济的支柱。波拉特将这种新的经济形式命名为"信息经济",包括一级部门,即直接用于信息生产、分配或处理的信息商品与服务,以及二级部门,即政府及非信息企业提供的信息服务。波拉特由此提出"信息经济指标",即一、二级部门共

---

① 〔美〕罗伯特·皮卡特、杭敏:《从传媒经济到平台经济:关注产业研究的创新前沿》,《全球传媒学刊》2021 年第 8 期。
② 张志安、潘曼琪:《抖音"出海"与中国互联网平台的逆向扩散》,《现代出版》2020 年第 3 期。
③ 〔美〕爱德华·W. 萨义德:《东方学》,王宇根译,生活·读书·新知三联书店 2019 年版,第 10 页。

同创造的价值占国民生产总值的指标。① 1981 年,OECD 成员开始采用波拉特的理论和方法测算各国的信息经济规模和国民经济结构,提出"在一个信息社会里,国民生产总值的一半以上由信息经济构成且一半以上劳动者在信息经济领域就业"②。90 年代,美国以外各大经济体纷纷转向信息社会,互联网成为资本在全球流动的基础设施。21 世纪,基于互联网的信息技术不再是辅助性的传播系统,而是高度介入国家及全球经济社会发展。

平台的出现则在全球范围内确立了数字资本主义这种新的形态。当我们把平台当成数字资本主义的最终业务模式时,应明确平台不仅是资本主义关系和结构转化的表现,还是技术中介和资本主义商业策略结合的离散模式。在数字资本主义时代,信息是一种有利于新的资本累积的重要生产力。信息聚合平台依赖网络效应,其拥有的信息越多,平台的价值含量越高③,而信息是由用户创造的,因此平台的首要任务是黏聚用户。

(二)中国平台的全球参与

"数字资本主义虽然实现了资本主义矛盾的现代化,但却无法超越资本主义内在的危机倾向"④,这种危机的一个重要体现在于,西方国家,尤其是美国依然主导着全球信息传播格局,发展中国家则主动或被动地选择"搭便车"的方式,依赖大多来自美国的资本发展本国信息业,走上数字化道路。然而,中国对这种延续的依附模式发起了挑战。以腾讯、阿里巴巴、百度、字节跳动等为代表的中国互联网企业采取的发展路径一般是先依托巨大的国内市场积累用户资源、搭建产业结构,在积累领先优势以后再扩展到国际市场,参与国际竞争并融入全球资本体系。因此,中国的数字化道路是自立自主、主权完整的。⑤ 同时,

---

① Marc Porat, *The Information Economy: Definition and Measurement*, PhD Dissertation, Stanford University, 1976. pp. 3-4.
② OECD, "Measuring the Digital Economy: A New Perspective," http://dx.doi.org/10.1787/9789264221796-en,2024 年 8 月 15 日访问。
③ 〔美〕爱德华・W. 萨义德:《东方学》,王宇根译,生活・读书・新知三联书店 2019 年版,第 12 页。
④ 〔美〕丹・席勒:《信息传播业的地缘政治经济学》,翟秀凤等编译,《国际新闻界》2016 年第 12 期。
⑤ 〔美〕爱德华・W. 萨义德:《东方学》,王宇根译,生活・读书・新知三联书店 2019 年版,第 54 页。

以 WeChat、Alipay、TikTok 为代表的中国平台"出海",成为全球信息传播格局中的多元行动者。它们融入全球公众的日常生活,充当连接个人娱乐生活与社会公共议程的基础设施,稀释全球文化美国化的倾向,在推动全球文化多元化过程中以一种弱意识形态的方式展示中国形象。下面,我们以 TikTok 为例展开叙述。

中国互联网企业字节跳动打造的 TikTok 是一款目前全球主流的短视频社交软件。2016 年,音乐视频应用软件抖音在国内上线,在短时间内,抖音凭借低门槛、低成本、便捷分享生活信息等特点①在国内市场实现井喷式发展。在积累国内用户经验的基础上,2017 年 8 月抖音海外版 TikTok 在日本 Google Play 上线并随后登录 App Store,TikTok 正式"出海"。TikTok 实现了飞速发展。根据知名数据机构 Statista 发布的报告,截至 2024 年 4 月,TikTok 全球下载量超过 49.2 亿次,月度活跃用户数超过 15.82 亿,仅次于 Facebook、YouTube、Instagram 和 WhatsApp,在最受欢迎的社交媒体平台中排名第 5。从用户结构来看,TikTok 用户年龄大多在 18 岁至 34 岁之间,占比为 69.3%。②

作为一款全球软件,TikTok 具有两个显著特征。一是地域上追求全球化。其全球总部位于洛杉矶和新加坡,办公地点包括纽约、伦敦、都柏林、巴黎、柏林、迪拜、雅加达、首尔和东京等,其最大市场是美国、印度尼西亚与巴西等,同时在英国、法国、德国、韩国、日本、马来西亚、菲律宾、新加坡、泰国、越南等国家的市场开展业务。二是产品"去政治化"。TikTok 的产品定位规避政治动机,以"激发创造力并为大家带来欢乐"为"使命",通过寻求用户规模与利润的增长参与数字资本主义的全球竞争。

TikTok 的"出海"策略如下。

一是通过资本运作占据全球市场。依托母公司字节跳动,TikTok 持续在海外开展投资、控股、并购等活动。初期以收购和控股的方式为主,如 2017 年以

---

① 匡文波、杨正:《人工智能塑造对外传播新范式——以抖音在海外的现象级传播为例》,《对外传播》2018 年第 10 期。

② 《TikTok 全球下载量近 50 亿次 月度活跃用户达 15.8 亿》,https://finance.sina.com.cn/tech/roll/2024-05-11/doc-inauvksp4455638.shtml,2024 年 8 月 15 日访问。

10亿美元收购北美音乐短视频社交平台musical.ly,之后则主要以自运营的方式扩大海外市场占有率,形成"收购+自营"的资本模式。

二是以强大的算法技术为核心并注重文化适应,与全球用户建立强关联。凭借其母公司字节跳动在人工智能核心技术领域的优势,TikTok深度学习用户状态与兴趣等,开发了数百万个标签及模型,让视频与用户及其所处环境相匹配,从而做出最佳推荐。同时,基于TikTok的海量数据库,用户不会看到重复的内容。此外,TikTok还延续了抖音在人机社交交互领域的技术优势,包括"人脸关键点检测技术""人体关键点检测技术""手势识别和粒子系统技术"等,以极低的门槛方便海外用户在生活中参与短视频的拍摄和上传,由此在用户、数据、算法和内容之间形成完整的反馈闭环。

案例:CGTN系列案例

一、技术及形式创新

(一)建党百年主题大数据交互产品《不负人民》

中国共产党建党百年之际,CGTN践行习近平总书记关于"加强和改进国际传播工作 展示真实立体全面的中国"重要指示精神,特别策划并发布了全球首款以中国共产党组织架构为主线的多媒体双语大数据交互产品《不负人民》,用融媒体创新表达,对外讲好党的百年故事。产品贴近国际传播规律,针对海外受众阅读习惯,以"总—分—总"为叙事逻辑,以9000万分之一的基层党员为例,呈现自下而上的"基层—地方—中央"的组织架构和运行机制,首次从党的组织机能的角度展现中国共产党如何将政策转化为行动,从中央落实到基层,不负人民。

产品以大脑代表党的中央组织、脊髓代表地方组织、神经系统代表基层组织、神经末梢代表党支部、人体细胞代表党员个体,自下而上分级呈现中国共产党的基层—地方—中央的组织架构。按照2019年中组部公布的实际比例,《不负人民》将代表省级、市级以及县级三级地方组织的"脊髓",从视觉上分为三段,分别代表 31 个省(区、市)委、397 个市(州)委和 2774 个县(市、区、旗)委;代表 468.1 万个基层组织的"神经系统"与代表地方组织的"脊髓"相连,也与实际党组织中基层组织与地方组织的关系契合。在可视化上,产品突出基层党组织的部分,使用"神经末梢"表现党员—党支部—党总支—基层党委的结构,并通过与"脊髓"相连,展现出基层党组织与地方组织的关系。

产品在设计阶段便收集了各级党组织的海量数据,将模型各部分与实际数据结合进行高亮标注,设计巧妙,视觉呈现脉络清晰,突出展现了中国共产党百年来保持自身的高效运作是跟党统一、高效的整体组织架构特征分不开的。

(二) 党的二十大期间 Web 3.0 融媒体游戏交互产品《中国故事盒子》

党的二十大期间正式上线的《中国故事盒子》是 CGTN 基于 Web 3.0 技术自主研发的第一款面向海外 Z 世代用户的类元宇宙融媒体游戏交互产品。其在设计理念上创新对外宣传方式,以"思想+艺术+技术"为指导方针,面向海外受众,尤其是海外喜欢游戏、数字藏品的 Z 世代与阿尔法世代受众,融入了 AR/VR、网页 3D 引擎等沉浸式体验技术,打造出一个个沉浸式三维场景,与内容实现完美融合,实现了"技术化"的创新表达,可以归纳为用"未来感"十足的技术讲述中国故事,为"未来"用户定制化打造全新视频观看体验。

产品内容全面聚合了 CGTN 讲述普通中国人、中国美食、中国功夫、中国科技进步,以及中国大美自然风光等带有鲜明中国符号的精心制作的故事系列,如《大美中国·自然》系列、《功夫传奇》系列以及《美食中国》系列的上千条微视频。产品基于区块链技术,在海外平台发布数字藏品(NFT),实现了在游戏中互动,在互动中沉浸观影。用户可以通过"竹林侠士""饕餮小城""探秘新科技""大美自然""走近十四亿"等场景解锁惊喜,使全球用户感受到可信、可爱、可敬的中国形象,推动中华文化更好地走向世界。

(三)北京冬奥会 5G 移动超清节目《一起向未来——开往冬奥的 5G 列车》

2022 北京冬奥会报道周期内,CGTN 和中央电视台总台技术局联手,在 1 月 6 日首发列车上推出直播特别节目《一起向未来——开往冬奥的 5G 列车》,成为第一个在该列车演播室中进行直播的媒体团队,并自 2 月 4 日起每日发起系列直播《全球会客厅:冬奥伴你行》,这也是总台唯一在京张高铁 5G 移动超高清演播室制作播出的日间直播节目。

CGTN 将冬奥版智能型复兴号动车组 8 号车厢改造为配备全球独有的高铁 5G 的移动超高清演播室,集 5G 传输系统、视频系统、音频系统、灯光系统、舞美系统、动力系统等设备于一身,依托 5G 移动技术实现超高清信号的长时间低延时稳定传输,同时为"冬奥伴你行"系列直播提供高铁行进中的景观机位,丰富画面切换。总台高铁 5G 移动超高清演播室采用全 IP 技术构建,可以实现嘉宾访谈、全车厢移动直播报道,为大屏小屏提供虚拟制作、多方连线等服务,实现了长时间、高速移动下节目的稳定传输。CGTN 首次全程使用 AR 虚拟演播室进行直播对接,精心设计 5G 高铁主题虚拟动态,呈现北京冬奥会三大赛区地图、张家口赛区新建场馆雪如意、冰壶场地等赛区景观和赛事内容;此外,通过 5G 移动超高清演播室各机位切换,带领全球观众一览京张高铁沿途景观——清河站到太子城站沿途经过的站台以及车头动态景观。

该直播节目形式新颖,兼具移动化、社交化、互动化属性,多角度对外展示中国民众的冰雪运动热情,同时也向国际社会充分展示了更加团结的奥林匹克精神,是北京冬奥会期间 CGTN 推出的国际传播精品力作。

(四)"五位一体"总体布局战略主题时空数据可视化产品《数字里的现代化之路》

CGTN 推出时空数据交互可视化产品《数字里的现代化之路》(*The Numbers of a Decade: A Journey through China's Modernization*)。该产品以党的十八大以来中国统筹推进经济、政治、社会、文化、生态"五位一体"总体布局为主题,通过产品开发层面的技术创新——三维物理引擎的应用及空间可视化编程,以三维粒子特效为主视觉,打造了一条穿梭时空的"五位一体跑道",以十年的时间跨度,收集了来自中国国家统计局、国务院、最高人民法院、最高人民检察院、公安部、全国人大,以及联合国教科文组织、世界银行等国内外权威机构的超过 1 万条数据,制作出柱状图、树状图、折线图等形式丰富的可视化图表近 70 张,读者可在鼠标滑动时触发动态图表中的自主交互,实现沉浸式体验数字里的中国现代化之路。

二、好感传播

(一)精品真人秀《京剧练习生》

2021 年 8—12 月,CGTN 携手国家京剧院,历经百天,打造精品真人秀《京剧练习生》及梅兰芳大剧院公演直播活动。CGTN 外籍主持人、黎巴嫩小伙儿李龙(Nadim)与国家京剧院优秀青年演员刘大可、朱凌宇、于慧康、白玮琛和逸山等共同演出了经典京剧剧目《三岔口》。CGTN 集结传播优势、资源优势、平台优势,生动对外宣介中华优秀传统文化,营造中西文化水乳交融的温馨氛围,向世界人民传播精品中华文化,增进国际社会对中国文化的了解。

《京剧练习生》真人秀节目是 CGTN 与国家京剧院共同打造的创新真人秀产品,包括 12 集真人秀及一部 45 分钟的纪录片。在 100 天的时间里,在中国学习、工作、生活多年的李龙来到国家京剧院寻师求艺,并选定学习京剧《三岔口》中武生任堂惠这一角色。CGTN 用镜头跟踪拍摄了李龙在国家京剧院寻名师、访同门,在剧院排练厅向青年演员学习京剧艺术"唱念做打"基本功的百天经历。在完成对京剧《三岔口》的学习后,李龙在梅兰芳大剧院进行了直播公演。真人秀节目《京剧练习生》紧紧围绕"中外文化融合""中国精品京剧文化走出去"这两大主题,全方位、真实、近距离地呈现了外国友人学习京剧基本功历程中的苦辣酸甜,并且通过"外眼"观察真实呈现了当今中国青年京剧演员的从业状态与精神面貌,将纪实和娱乐相融合,真实、有趣、深入地记录了西方思维与东方京剧艺术的碰撞和融合,润物细无声地传播了中国思想和价值体系。

(二) 大型融媒体互动报道《天山路书》

为深入阐释新时代党的治疆方略，2021年10月11日至27日，CGTN新媒体编辑部推出大型融媒体互动报道《天山路书》，历时16天，走入天山南北寻常百姓家，以软性故事讲述天山南北安定祥和的社会氛围、奋发进取的强劲脉搏，展现新疆社会稳定、各族儿女意气风发的样貌，书写新时代发展进步的新征程。

一是创新报道内容和形式，呈现充满活力、自由、富裕的新疆经济社会发展现状。《天山路书》项目以南疆、北疆两条线路行进，跨越巴音郭楞、阿克苏、喀什等地，以美景、风物、丰收等多条主线，通过沉浸式短视频、动态声音海报、专题纪录片等多种形式记录了美丽富饶的新疆，展现了新疆百姓的幸福生活，巧妙回击了西方国家的不实指责，呈现出一个生机勃勃、公正与发展并存的新疆。

《天山路书》项目坚持效果优先，移动优先，在16天内完成了14场融媒体直播，直播主题涵盖牧民生活变迁、生态扶贫、经济社会产业发展等多领域。在央视频首页集结的《天山路书》7×24小时不间断直播专题页，连续多日稳居央视频全品类观看量前20名，居央视频非体育类报道观看量前5名。

二是创造新疆首次全球12小时不间断直播纪录，跨越200公里7点位接力直播，居同时段谷歌"新疆"关键词搜索前列。为展现新疆对地方传统游牧文化的保护和扶持，《天山路书》团队发起《与新疆牧民一起奔赴"冬窝子"，为千万草原牲畜觅食牧草》12小时不间断直播，创造新疆首次全球12小时不间断直播纪录。直播团队跟随牧民的羊群从夏季牧场转场迁徙至冬季牧场，跨度近200公里，以七点位接力、六段式铺陈的方式涵盖网红记者探访、新疆牧民采访、政府一线员工叙事、中国非洲跨洋点评、新疆大好河山航拍、迁徙动物第一人称视角等内容设置，将3天的转场故事与风景集中在12个小时中展现，为全球网友呈现出一段精彩生动、团结互助的现代新疆牧民生活。

三是用原创图文、视频内容展现不一样的新疆,用小切口人物的微故事讲述真实的新疆故事。《天山路书》团队深入天山以北哈萨克族聚居的阿勒泰地区,以一手采访与跟踪实拍,记录并探寻新疆哈萨克族人的生活与其世代传承的文化,既有对少数民族个体普通又不凡的生命历程的关注,也有对民族集体记忆和精神财富的聚焦。团队策划推出的《想不到的新疆》系列,通过网红现场探访新疆百姓生活中不为人知、不易察觉的有趣细节,将旅途中的感悟进行深入解读和放大,凸显背后的宏观图景,并采用竖视频打造易于传播、便于观看的独具新媒体特色的网红产品,向全球观众展示一个新鲜的新疆印象。

(三) 携手海外博主制作系列短片《中国印象》

为展现新时代中国发展伟大成就以及人民的幸福生活,CGTN 新媒体编辑部积极联络海外拍客资源,制作系列短片《中国印象》在新媒体平台发布,用不同切面勾勒出中国影响世界的大融合、大方向、大趋势,向世界传递中国发展进步的自信心和正能量。15 位不同国家的外籍网红博主,从亲身经历出发,结合新兴科技、乡村振兴、脱贫致富等主题,生动讲述中国的发展变化,展现新时代中国特色社会主义伟大成就和中国为建设更加美好的世界做出的积极贡献。

例如:哥伦比亚博主讲述了自己走过的"脱贫之路",美国博主瑞恩为大家讲述了一名"无私奉献的爱国青年"的故事,印度导演用精美的画面呈现生活便捷、富裕、美丽的乡村,法国工程师专业解读中国的轨道科技等。系列短片通过外籍网红博主的个人视角,以贴近海外受众的观看习惯和话语体系的表达方式,讲述他们眼中的中国发展故事,细节丰富、感情真挚,能有效感染外国受众。

(四) 线上社交挑战活动"玩转冰雪"

2022 年北京冬奥会开幕前夕,CGTN 抓住好感传播关键时机,创新对外传播方式和渠道,在 TikTok 等海外社交平台发起线上社交挑战活动"玩转冰雪",推出"冬奥舞蹈翻跳挑战""万物皆可冰壶挑战"等一系列原创冬奥创意模仿挑战活动。这一系列活动以海内外Z世代年轻人喜闻乐见的互动形式，为北京冬奥会预热，用生动活泼的方式对外宣介冬奥会成功"带动3亿中国人参与冰雪运动"的积极成果。

针对海外社交平台Z世代受众特点，"玩转冰雪"线上挑战活动动作设计简单、"魔性"，巧妙地将滑冰、滑雪、冰舞及加油等动作融入短视频，配以动感的音乐和冰雪场景，既贴近海内外民众日常生活，又为全球网友发挥独特创意提供了广阔的想象空间。

在"冬奥舞蹈翻跳挑战"活动中，有舞蹈老师Hyper、法国小姐姐Christine和北京姑娘Lucia、熊猫猫一起翻跳的"CGTN'冬奥加油舞挑战'欢乐版"，有新疆DSP舞蹈教室带来的"新疆小哥高难度翻跳冬奥加油舞"……无论是个人参赛还是团体参赛，"冬奥舞蹈翻跳挑战"都极大地激发了海内外网友发挥创意、参与合拍和合跳的热情。活动在轻松、诙谐的互动中潜移默化地宣介了北京冬奥会理念，也成为TikTok海外传播新渠道的一次成功尝试，生动展现了普通中国百姓对冰雪运动的热爱。

思 考 题

1. 请简要阐述（卫星等）科学技术与国家形象之间的关系。
2. 请概述互联网诞生的时代背景及其意义。
3. 如何定义全球媒体？
4. 如何理解全球社交平台？

拓展阅读

程曼丽:《新时代中国价值的国际传播与国家形象建构》,《中国出版》2023年第13期。

方兴东、钟祥铭:《国际传播新格局下的中国战略选择——技术演进趋势下的范式转变和对策研究》,《社会科学辑刊》2022年第1期。

〔美〕李金铨主编:《"国际传播"国际化》,李红涛等译,中国传媒大学出版社2022年版。

张志安、杨洋:《互联网平台对国际舆论博弈的影响:机制与趋势》,《新闻与写作》2023年第2期。

Daya Kishan Thussu, *International Communication: Continuity and Change*, Bloomsbury Academic, 2018.

第六章 新媒体与出版

第一节 新媒体时代出版业面临的挑战和宏观调整

一、从一个市场到两个市场

新媒体技术改变了国民阅读习惯,重塑了出版业态。2015年,《关于推动传统出版和新兴出版融合发展的指导意见》公布,鼓励传统出版单位根据自身情况主动运用新技术优势,推动传统出版与新兴出版的快速融合发展。该指导意见明确当前出版业存在传统出版与数字出版两种市场力量。目前,中国出版业从以前完全依赖线下发行市场,转变为同时存在线下(传统出版市场)和线上(数字出版市场)两个市场,使出版业运营逻辑出现割裂。这种割裂是一种补充,更是一种颠覆和生成。

出版业的两个市场之所以会产生运营逻辑上的割裂,是因为二者的经营主体存在差异。出版业肩负着繁荣文化事业和发展文化产业的双重使命,自改革开放以来便一直坚持"把社会效益放在首位,实现经济效益和社会效益相统一"的原则。作为传统线下市场的经营主体,出版社便是这一逻辑的忠实践行者。进入新媒体时代,多元的市场主体如电商平台、科技公司、在线教育平台等介入出版业线上与线下市场,给两个市场的参与者结构均带来改变。不同的是:在线下，传统出版社具有入场先机和制度优势，占据了较大的市场份额和较高的市场地位。社会效益优先、经济效益与社会效益相统一的原则得以维持。但在线上市场，传统出版社不具备抢占市场份额的技术优势，遵循利益导向、谋求盈利的新兴市场主体占据主导地位。于是，线上市场形成了与线下市场不同的纯商业逻辑。

两个市场遵循不同的逻辑给传统的出版主体带来了威胁与挑战。这是因为，对于线上发行平台来说，图书只是其众多商品中的一种，且并非能产生最大经济效益的品类，但图书所具有的特殊象征价值至关重要。更常见的情形是，图书由于其文化属性成为一种象征资本，并因此成为"当当""京东"等综合电商平台上能够增加整体利润的"流量担当"。图书在电商平台、直播平台上以远远低于其成本的折扣价售出，成为平台增加曝光量和吸引更多消费者的工具。其作为文化产品的独立商业价值被剥夺。这直接导致我国纸质出版业整体利润空间变小，出版从业者待遇水平整体降低，对出版业人才产生了明显的"挤压效应"。此外，资本运作的内在逻辑即为永无止境地扩大自身规模，加速获得资本增值。线上市场参与主体正积极向线下伸出触手，通过开设相关 IP 体验店，开发承载内容的学习机、词典笔等衍生产品，抢占线下市场份额，冲击传统出版产品形态。传统出版社要在严峻的市场环境中实现盈利，需从提升产品与服务质量和挖掘线上市场发展空间两方面入手，全方位提升自身竞争力。

二、新参与主体

新媒体时代的一大典型特征在于，技术赋权使得知识生产的主体发生转变，由政府和传统出版商逐渐转向读者个人、互联网创作者以及平台组织。因此，个人和平台组织等新主体纷纷参与到出版物的内容生产、传播和经营中来，出版产业中的参与主体呈现多样化的特征。

（一）个体参与者

个体参与者的崛起是新媒体时代出版内容生产变革最重要的表征之一。新媒体时代，信息传播由原本的线性模式转变为网状模式，深度参与互联网的每个个体都能成为信息的生产者和传播者,其生产的信息也成为 UGC 平台的内容资源,甚至是数字出版企业的出版内容来源。而伴随大数据和人工智能等技术的勃兴,专业生产内容(PGC)+用户生产内容(UGC)+机器生产内容(MGC)的时代已经到来①,在此过程中,个体用户不再是被动的接收者,而是与专业内容生产者、内容生产组织同为创作的主体。

(二) 电商平台

2005 年,图书业互联网销售平台快速崛起。扁平化的销售方式使得出版商有机会直接面对终端的消费者。② 网络分销渠道使出版商能够更加清晰地了解图书销量、后台库存、读者评论,并实现实销实结,大大提高了图书销售的有效性,提升了出版商的市场感知力和服务质量。继当当、亚马逊、京东三大电商平台之后,以博库书城、新华文轩为代表的天猫店的崛起,象征着基于电商平台的网络销售已经成为新的市场核心渠道。③

值得注意的是,这些电商平台还利用"互联网+"时代数字化、信息化和智能化的特点来优化各自的业务领域,不断进行业务的延伸和下沉,通过拓展产业链实现利益最大化。以京东为例,其推出号称有"60 万册书库"的京东读书 App,致力于打造将阅读、电商、社交相融合的读书终端。京东还上线了音视频服务,以丰富读者的阅读体验。此外,京东打造了众筹出版平台"京东众筹",在吸纳优质作者、打造完整出版产业链方面进行了探索与尝试。在国外,以图书发行起家的亚马逊已经开拓了自出版业务。自 2009 年完成了电子书平台和终端的扩张后,亚马逊开始在大众出版领域发力,推出了电子书自助出版系统——KDP(Kindle Drive Publishing)。该系统可以在几分钟内制作完成一本电子书,并能在两天内上架。除了在自助出版领域频频出手外,亚马逊还将业务延伸到了传统出版领域,收购了一批专注大众出版的出版社,由此形成了完善的内容供应端,实现了作者发掘、加工制作和营销推广的"一体化"发展。

---

① 王莹:《从主体性到主体间性:新传播语境下新闻生产的变革逻辑》,《编辑之友》2021 年第 1 期。
② 高岭、陈浩、林杰:《"互联网+"背景下图书分销平台化建设构想》,《出版广角》2018 年第 10 期。
③ 同上。

（三）直播平台

"互联网+"背景下，直播带货已经成为促进销量增长的重要手段，图书内容提供商、图书经销商等纷纷转向了直播营销。直播营销为读者提供了更加便捷、全面的信息获取渠道，突破了线下营销活动的时空局限性，为读者的购买行为奠定了坚实的基础，顺应了时代发展潮流。[①] 自 2015 年人民文学出版社在一场新书发布会上试水网络直播之后，其他出版社也纷纷开始尝试。当前，淘宝、抖音等直播电商平台上兴起的"网红"直播带货模式已成为继出版社官方平台直播、微信多社群直播之外的又一重要图书营销渠道。抖音电商数据显示，东方甄选直播间在抖音直播"知识带货"，一个月内卖出了约 266 万单书，多款图书登上了平台人气爆款榜。而有了技术的"加持"，直播营销在形式上不断创新。以纸本为载体的图书正通过网络技术重新施展它的魅力，成为秘密缝合文化与利益的最佳手段。

三、新产业形态

通过对出版新业态的历史性考察可以发现，早期的新业态主要依靠分工细化，后期的新业态则主要依靠融合的力量。[②] 新技术融入并赋能出版行业的内容生产、组织和营销环节，使之拥有以下新形态。

（一）数据库

数据库是数字出版领域较早取得成功的商业模式之一。数据库依托内容、平台和用户体验三大要素构建出数字出版的盈利模式。[③] 伴随数据库技术与应用场景的多元化，针对垂直领域的数据库和多功能数据库均实现了跨越式发展。按照数据库所储存的内容，可以将其分为书目数据库、全文数据库、引文数

[①] 孙松茜：《图书直播营销——数字化时代的新常态》，《科技与出版》2021 年第 1 期。
[②] 魏玉山：《关于出版新业态的回顾与思考》，《现代出版》2022 年第 6 期。
[③] 吴双英：《数字出版盈利模式探究》，《中国出版》2016 年第 16 期。

据库、事实数值型数据库、多媒体数据库等。当前,全球知名的大型数据库包括 Web of Science(全球学术信息数据库)、JSTOR(西文过刊全文库)、Wiley(威立出版社)、Springer(斯普林格出版社)、中国知网(中国学术期刊全文数据库)、万方数据库、视觉中国(视觉内容在线交易平台)等。数据库与大学、图书馆、科研机构等密切合作,开发出在线优先出版、在线课程录制等特色服务,为用户提供了更多的工具和个性化的解决方案。近年来,全球数据库逐渐呈现出领域专门化和服务专业化的典型特征。长期以来,数字版权始终是数据库发展的关键难点。近年来,与网络知识产权相关的法律规制不断完善。

(二)在线知识问答平台

知识服务是出版机构围绕目标用户的知识需求,在各种显性和隐性知识资源中有针对性地提炼知识,通过提供信息、知识产品和解决方案,来解决用户问题的高级阶段信息服务过程。[①] 在数字化技术持续渗透的进程中,知识生产模式和传播模式快速变革。最为突出的变化即体系化知识向碎片化知识转变。在线知识问答平台顺势而生。目前国内知名的问答平台包括:覆盖全域知识的百度知道和知乎、专注求职信息领域的薯片问答等;国际上较为成熟的在线知识问答网站则有 Quora、复网问答等。

在线问答平台不像既往的知识服务平台那样必须建立相应的专家团队,而是破除了原有壁垒,充分调动了公众在知识生产和传播中的积极性,吸引了更多垂直领域的专业人士加入知识生产和传播,以满足用户的多样化需求。知识付费机制成为在线问答社区的主要盈利模式:公众可以借助平台与他人分享自己的认知盈余并创造经济收入;平台在此过程中通过收益分成、植入广告等形式实现盈利。[②] 然而,在线知识问答平台的本质在于用户自主生成内容,这对平

[①] 张新新:《知识服务向何处去——新闻出版业五种知识服务模式分析》,《出版与印刷》2019 年第 1 期。

[②] 张家铖、戚桂杰、张磊:《知识付费机制对用户知识贡献的影响研究——以知乎为例》,《南开管理评论》2024 年第 2 期。

台监管和把关提出了较高的要求。对内容生产主体资格审查不严、内容良莠不齐、价格标准不一等问题在一定程度上制约了其良性发展。

（三）传统出版物的数字化

20世纪80年代兴起的数字化浪潮给传统出版业带来了巨大冲击。为适应技术发展的现状，出版企业投入大量人财物以寻求变革。我国政府也加大了对出版业转型升级的政策扶持和资源支持力度，加之第三方技术、商业平台的涌入，传统出版业逐渐实现了数字化转型和与新兴业态的融合发展。传统出版物数字化最主要的产品形态包括电子书、数字期刊、数字报纸等。

1. 电子书（electronic book）

电子书通常以PDF、EPUB、MOBI、TXT或者图片格式储存，并借助电子阅读器、电脑、手机等设备进行读取和传输。[①] 在电子书的发展过程中，最具代表性的是学术类电子书。当前，亚马逊、Z-Library、熊猫搜索、斑鸠搜索等平台发展得较为成熟，为用户提供了丰富的电子书资源。

2. 数字期刊（digital periodicals）

数字期刊经历了软盘期刊、CD-ROM期刊、联机期刊、网络化数字期刊的发展形态。[②] 与传统期刊相比，数字期刊的信息传播与分享速度更快，发行成本更低，作者、编审、读者之间的交互性更强，检索更方便。

3. 数字报纸（online newspaper）

数字报纸是指将图、文、声、像等信息以数字形式存储并提供给读者使用的一种数字出版形态，具有传播和下载速度快、传播范围广、多媒体呈现、导航便捷等特点。按照呈现方式的差异，数字报纸可以划分为HTML网页式、CEB或PDF格式、在线多媒体版、离线多媒体版等类型。

---

① 蔡翔：《传统出版融合发展：进程、规律、模式与路径》，《出版科学》2019年第2期。
② 唐凯芹：《我国数字期刊出版活动的研究进展及未来动向》，《科技与出版》2013年第1期。

第二节 新媒体时代的版权管理制度

一、版权的重要性

未来的国际竞争是高端制造业和文化产业的竞争。以版权为核心的知识产权,是高端制造业和文化产业发展的基础性政策与制度保障,是保障和激发社会创造力的关键机制。从社会视角来看,完善的版权制度是实现社会公共利益、制度利益、群体利益和当事人的具体利益之间的平衡的关键,是促进社会文化资本积累和繁荣的关键;从经济视角来看,完善的版权制度是提升文化产业附加值和竞争力的关键,是国家参与知识经济和国际市场竞争的关键。

在新媒体时代,建立能适应新技术环境、实现更好利益平衡的版权法框架,是保障文创产业(包括出版产业)竞争力的基础。数字技术的社会影响存在两面性:在带来新服务和新产品的同时,也为盗用版权人成果提供了新的便利、创造了新的方法;版权人希望法律规定加强版权保护,而信息社会的潜在服务提供商则将其视为一种障碍;传统上判断合理使用的标准在新媒体时代难以运用;数字识别和数字管理系统有助于版权的监控,但又无法保证合理使用;全媒体产品的授权明显滞后于新媒体产业需求,但强制许可会侵犯版权人的正当利益,阻碍创造力的发挥;过度的保护可能妨碍传播,但不受控制的传播则会使得版权保护变得不可操作,由此损害获取合理报酬的可能性。所有这些问题都要求建立能够实现利益平衡的版权法框架。

二、各国版权管理制度的调整

20世纪90年代以来,世界主要发达国家均认识到未来国际竞争的新趋势。顺应信息技术和通信技术的发展,美国、欧盟、日本、韩国、加拿大、澳大利亚、英国等国家和地区都完善了自己的版权法体系,为经济发展、文化繁荣奠定了法律基础。对我国而言,无论是完成从"文化大国"向"文化强国"的转变,还是继续保持"世界第一贸易大国"的地位,在文化产品贸易中了解和熟知对外贸易国的版权管理现状都是保障贸易公正、避免贸易摩擦、保护自身合法利益的最根本、最有效方式之一。下面我们将以英美法系的英国、美国和大陆法系的欧盟、日本为例,介绍各国在新媒体时代对版权管理制度的调整。

(一) 英国:版权保护向数字化和国际化倾斜

英国现行版权法以 1988 年的《版权、设计和专利法案》为基础。为顺应数字技术发展的需要,英国多次修订该法案,并于 2010 年 4 月 8 日通过《数字经济法》,以顺应数字内容规模化和国际化发展趋势。整体而言,英国的版权管理主要在以下几方面进行了调整。

1. 版权保护客体范围扩大

为了适应数字技术环境下出现的新产品形态需求,为产业发展提供更为完善的立法保障,有必要将版权保护作品的范围扩展至数据库、有艺术创意的广告与翻译引进的国外作品等,并据此对相关规定做出细节上的修改。

譬如在"合理使用"例外规定中,对属于"合理使用"的作品范围以及具体情况做出更为细致的规定,让数据库作品不再被包含在此种例外情况之内。值得注意的是,英国还率先对计算机生成物做出规定,涉及概念界定、权利归属、保护期限等,即"计算机生成物的作者,指操作必要程序,使作品得以产生的人",这说明英国围绕人工智能作品进行了前瞻性立法。

2. 重视版权保护的国际化以及对相关国际公约的回应

文化产业和版权贸易的国际化发展需要以版权制度的国际化为前提。英国版权法在调整过程中不断向相关国际公约靠拢。如在立法精神上,英国对《伯尔尼公约》进行了积极回应,承认源自大陆法系的作者的"精神权利"即作品的作者身份。在立法内容中还积极回应了被《伯尔尼公约》和《巴黎公约》所强调的国民待遇原则。1988 年的《版权、设计和专利法案》第 159 条"非本编适用之国家内的延伸使用"便规定英国必须给予外国版权所有者与本国国民同样的法律保护。

3. 对数字版权保护做出专门法律规定与调整

面对数字经济的快速发展,英国在数字版权保护方面制定了专门的法律规定并对原有法规做了调整。譬如,增加作品类别中数字产品的比重,将对数字版权管理(DRM)软件的承认与保护纳入 1988 年《版权、设计和专利法案》等。1997 年 12 月 18 日,英国起草了《版权和数据库权利条例》,给予数据库版权保护。新的条例将数据库作为文字版权作品加以保护,并创设了新的被称作"数据库权"的独立权利。该条例第 13 条规定,"如对数据库内容的获得、核实、展示进行实质性投资,则可享有其产权"。作为新的权利概念,"数据库权"适应了英国出版市场新的数字出版形态的需要。2010 年 4 月 8 日,英国下议院通过了《数字经济法》,就数字版权保护、域名管理、数字内容管理等,分别对网络服务提供商和英国通信管理局的责任与义务做出了明确规定,以共同应对网络盗版等版权侵权问题。[①]

(二) 美国:版权立法前瞻性与包容性较强

1998 年 10 月 28 日,美国总统克林顿签署了《数字千年版权法案》》(THE DIGITAL MILLENNIUM COPYRIGHT ACT OF 1998),开数字版权立法先河,为互联网行业的发展提供了法律保障。新法在促进美国互联网产业大发展的同时,带动了美国整体的经济发展。这一法案带有明显的利益平衡的痕迹并对保护内容加以扩展,体现了美国在版权保护方面的前瞻性和包容性。

1. 建立反规避技术保护措施的规则

技术保护措施是指控制获取或使用信息产品的措施,通常以软件的形式发挥作用。但这些措施在发挥效力的过程中,也面临着被其他技术手段规避、丧失保护效果的风险。为了保护数字出版者的利益,增强技术保护的有效性,美国国会制定了《数字千年版权法案》(DMCA),其中关于反规避技术保护措施的条款,主要禁止三种行为:一是规避技术的举措;二是交易可用于规避接触控制

[①] 朱喆琳:《论英国〈数字经济法〉的"三振机制"及其启示》,《西北大学学报(哲学社会科学版)》2016 年第 2 期。

的技术;三是交易可用于规避将某一技术措施提供给版权人的技术。法案第1201条禁止下述三类中任意一种设备或服务:一是设计、制造的主要目的在于规避(的技术措施);二是除了规避,它们的目的和用途只有有限的商业重要性;三是因用于规避而在市场中交易。可见该法案一方面将反规避范围扩大至"制造—交易"的全链路,另一方面考虑到规避技术保护措施的产品可能具有的其他正当用途,使用"主要目的在于规避""有限的商业重要性""因用于规避而在市场中交易"等条件加以限定,从而尽量保证了法律的周延性。此外,为了达到利益平衡的目的,美国国会还设计了反规避技术保护措施规则的例外条款。

2. 扩展版权保护客体范围与权利内容

新技术的发展带来了作品传播渠道与传播载体的巨变,因此美国对版权保护的客体范围与权利内容进行了扩展。在经济权利方面,美国的《知识产权与国家信息基础设施》白皮书,建议将包括临时复制在内的所有复制方式纳入复制权范围;在精神权利方面,美国逐步增加了作品署名权和保护作品完整权的相关条款。《数字千年版权法案》规定视觉艺术作品的作者有权在其作品上署名,禁止在任何其未创作的视觉艺术作品上作为作者使用自己的姓名,并且"禁止故意歪曲、篡改作品或者对作品做可能有损于作者声誉的修改,对作品所做之任何故意歪曲、篡改或修改系侵犯该项权利的行为"。此外,《数字千年版权法案》对公开表演权和展览权也做出了更为详细的扩大解释,并将作品的网络传播形式纳入了表演权和展览权的范畴。

3. 重视权利人与网络服务商之间的利益平衡

新技术的发展为出版业带来了新的市场主体。其中,网络服务商作为技术与服务的提供者,与权利人之间存在着无法回避的矛盾:一方面,网络服务商担心承担侵权责任,服务提供的积极性降低;另一方面,出于对盗版和侵权的担忧,权利人对网络服务商充满不信任感。为此,DMCA修订了第5章,新增了第512条,其中的第512(a)、(b)、(c)和(d)规定了在特定情况下,网络服务商可以免除侵权责任。这四条规则被称为"安全港"规则。这四种情况分别是:(a)临时数字网络传播,即"网络服务商通过其控制或运营的系统或网络,传输、发送材料或提供链接,或在此类传输、发送或提供链接的过程中对该材料进行中转或临时存储";(b)系统缓存,即网络服务商"为自身服务发展,在其控制或运营的系统或网络上中转或临时存储材料";(c)依靠系统或网络在用户方向的信息,即"网络服务商在用户方向存储材料,该材料属于服务供应商为自身服务发展而控制或运营的系统或网络";(d)使用信息定位工具,即"网络服务商利用包括目录、索引、引用、指针或超文本链接在内的信息定位工具将用户导向另一个包含侵权材料或侵权行为的链接地址"。

(三)欧盟:推进版权保护一体化

欧盟各成员国充分意识到,在新技术环境下,只有统一法制环境,成员国民众的创造力才能得到最大程度的保护和激发,实现版权保护一体化具有现实中的迫切性。据此,欧盟委员会提出了推进欧盟版权保护一体化的两条原则:第一,对版权和邻接权的保护必须更强;第二,必须在欧盟所有成员国之间采取统一的全面行动。在总原则之下,欧盟理事会提出了如下版权保护一体化的对策。

1. 重视"三种平衡"与"广泛、公开、透明"的原则

欧盟理事会在对版权保护一体化的推进中,十分重视经济、社会、文化的协调发展和平衡,产业链上各利益方的利益平衡,以及各成员国利益的表达与平衡。为了使信息社会充分发挥其潜力,欧盟理事会坚持"广泛征求意见、公开讨论、信息透明"的原则,探讨在新技术环境下如何构建相关利益人(包括版权持有人、制造商、批发商、服务使用者以及网络运营商)之间利益平衡的法律框架。

2. 跟踪技术发展,研判技术影响,适时发布指令

面对新信息技术的挑战,欧盟理事会并没有寻求一劳永逸的和固定的版权框架。相反,欧盟理事会时刻关注技术发展趋势,研讨分析技术对经济、社会、文化带来的积极和消极影响,并以年度为周期发布版权和邻接权相关指令,以此来协调欧盟成员国的行动,以灵活的方式应对技术对版权和技术在单一市场内部自由流动的挑战。自20世纪90年代以来,欧盟共发布涉及版权和邻接权

的指令20多项,这些指令不仅回应了"作者""创作""私人复制""公众传播权""精神权利""广播权"等版权核心概念在新信息技术环境下的变革,也对新产品和新服务的版权和邻接权进行了界定,比如计算机程序、数据库、电子商务、视听媒体服务等。

3. 调整和强化版税征收协会的功能

在新服务和新产品中,音频、视频、文本、图表、计算机程序和数据都将越来越紧密地彼此互联,所以需要调整原有版税的定价结构与授权范围。为了更好地处理信息社会出现的新权利,欧盟理事会重新考虑了版税征收协会的作用,对版税征收协会的角色、功能、组织和运行做出了适应性调整,扩大了版税征收协会的管理范围。调整后的版税征收协会以数字识别技术为核心,在自愿的基础上建立版权管理中心。欧盟委员会认为新技术的出现将改变权利管理的形式,以自愿为基础的中心化方案将是更适合信息社会的权利管理方案。

4. 探讨"一站式授权服务体系"的可行性

新兴产业的发展由于获取权利的时间成本和经济成本而受到阻碍。多媒体作品的产生意味着要实现版权管理合理化、便捷化。以"一站式服务"为形式结盟,将为作者、表演者和制作者提供一种可以识别多样性作品来源的方法,其实质就是将所有对新技术有价值的内容整合起来,使用者可以获得多媒体产品所需求的所有版权信息,比如价格和权利持有人等。身份识别技术使版权集中化成为可能,但"一站式授权服务体系"并不意味着权利管理应该脱离个人而被集体化,只表明通过建立身份识别文件之间的相互联系,可以简化获得授权的步骤,减少费用管理的成本,而且"一站式"的中介也不会取代版税征收协会。

(四)日本:重视立法的前沿性和公共性

日本文化产业繁荣,漫画、游戏等产业的发展均处于世界前列,这与其著作权保护的严苛是分不开的。日本著作权法在近几年经历了多次修订,其较为显著的两个特征为:对市场发展现状的准确把握和向社会公众利益保护的倾斜。

1. 对盗版行为精准打击

2020年新修订的日本《著作权法》在原有的被视为侵权行为的"未经著作

权人许可,擅自上传受著作权保护的作品"及"明知是违法上传的音乐或视频而下载"的基础上,增加了集中提供盗版著作物下载链接的 Reach Site(运营者为了引导用户获取侵权内容而创建的网站或应用程序,有代表性的有各类"资源聚合"类网站和 App)和 Reach App(各类被用于发布和交换"侵权源识别码"的论坛等平台类网站和应用程序)等条款,规定在 Reach Site 和 Reach App 中提供链接以及放任提供链接的行为将受到制裁。而据《著作权法》第113条第2项,"提供链接行为"是以行为人知道或有合理理由认为其知道所诱导的作品是侵权作品为法律的主观要件,通过提供侵权作品的链接(也包括用符号代替链接的部分内容),或者设置按钮等便于公众获取侵权作品的方式,为他人在 Reach Site 和 Reach App 上获取侵权作品提供便利的行为。《著作权法》第113条第3项将"放任提供链接行为"的要件定义为:Reach Site 和 Reach App 的运营者,知道或有合理理由相信链接提供者诱导获取的作品是侵权作品为主观要件,有能力对网站或应用上的链接提供行为采取删除等措施但放任的行为。规制范围包含所有作品类型。可见,日本《著作权法》尝试通过法律概念的创设,使法律覆盖更广泛的盗版侵权行为,提升法律的指导意义和适用价值。

2. 增加对权利的限制条款以更好地保障社会公众利益

日本于2014年通过的《著作权法修正案》增加了数字版权的内容,在提升保护力度的同时增加了社会公众利用作品的难度。为平衡社会公众利益与权利人利益,更好地鼓励文化产业的创新,不让严苛的著作权法成为科技、文化产业发展道路上的限制性因素,日本参议院分别于2018年和2020年对《著作权法》进行了修改,适当向社会公众放权。2018年对权利限制规定的调整包括:一是扩大了新兴产业如人工智能、知识服务等对作品的合理使用范围;二是扩大了教育工作中的作品合理使用范围;三是允许对视障人士的书籍音译可以在未经权利人同意的情况下进行;四是允许美术馆将美术作品或摄影作品的信息载入电子设备进行介绍和解释。在2020年的修订中,考虑到手机截屏、网络直播等新兴传播方式的出现,日本认定在正当范围内,使用此类"复制传达行为"中牵涉的产品,属于合法行为。

三、中国版权制度的调整

与发达国家动辄七八百页的版权法相比,中国的版权制度建设当前仍然处于初始阶段。版权制度建设的不足使得新媒体产业在逐利目标的驱动下,容易成为传统内容产业的"寄生虫",作者和传统出版商的版权利益难以得到合理保障,社会原创力也难以得到有效的激发。因此,互联网及依托互联网的新媒介技术迅猛发展后,一段时间内我国以《著作权法》为核心的知识产权法律体系在激发社会创造力、适应新媒介技术环境方面难以与社会需求相匹配。随着我国数字出版产业的发展与繁荣,越来越多新媒介环境下的数字版权保护新问题涌现出来,建设和完善适应新媒介技术环境、符合公正与平衡原则的利益分配机制成为当务之急。为规范市场秩序、促进我国数字出版产业良性发展,数字出版相关规范性文件的出台逐渐增多,立法层级也不断提高。

(一)采用"双轨制"模式,积极打击盗版侵权行为

盗版侵权问题是世界范围内版权管理面临的痼疾。我国采用司法保护和行政执法并轨而行的"双轨制"模式,在法制管理与行政管理两方面同时发力,实现了版权保护中民事救济、行政救济和刑事救济的结合。具体而言,在法制管理方面,2020年修订的《著作权法》引入了惩罚性赔偿原则,提高了侵权人的法定赔偿数额与赔偿上限。此外,我国不断增强对信息网络传播权的刑法保护,于2011年颁布了《关于办理侵犯知识产权刑事案件适用法律若干问题的意见》,其中明确、细致地规定了信息网络传播权在司法实践中刑法保护的适用性问题。[1] 第十二届全国人大常委会第十六次会议表决通过了《刑法修正案(九)》,明确了网络服务提供者履行信息网络安全管理的义务,加大了对信息网络犯罪的刑罚力度,进一步加强了对公民个人信息的保护,对增加编造和传播虚假信息犯罪设立了明确条文[2],强化了对网络行为和网络犯罪的监管。对于

---

[1] 陈兴芜编著:《互联网时代的数字版权保护研究》,人民交通出版社2020年版,第79—80页。
[2] 《刑法修正案(九)出台了哪些信息网络安全的新规?》,https://www.cac.gov.cn/2015-09/02/c_1116420857.htm,2024年8月15日访问。

数字版权保护领域,具体规定"明知他人利用信息网络实施犯罪,为其犯罪提供互联网接入、服务器托管、网络存储、通讯传输等技术支持,或者提供广告推广、支付结算等帮助,情节严重的,处三年以下有期徒刑或者拘役,并处或者单处罚金",明确了要对侵犯著作权罪的网络帮助行为进行责任追究。

(二)平衡各方利益关系,以促进知识的传播

我国《著作权法》及相关法规和管理条例还有"促进社会主义文化和科学事业繁荣和发展"的立法目的,这一目的实现的前提是著作权法所保护的优质知识与内容在互联网中被合理传播和合理使用。而要达到此种效果,立法者需要平衡社会公众利益、制度利益、群体利益与权利人利益,在平衡中使各方利益得到最大化满足。在我国的版权管理制度中,立法者进行利益关系平衡的典型案例便是"避风港原则"和"红旗原则"的提出。"避风港原则"是指在发生著作权侵权案件时,当权利人认为网络服务提供商侵犯自身权利时,可发送书面通知,要求其做出删除作品或断开链接等补救行为,"网络服务提供者为服务对象提供搜索或者链接服务,在接到权利人的正式通知书后,断开与侵权的作品、表演、录音录像制品的链接,则不承担赔偿责任"。2014年《最高人民法院关于审理利用信息网络侵害人身权益民事纠纷案件适用法律若干问题的规定》对"避风港原则",在网络侵权审判实践中的适用范围和认定作了进一步细化。该原则为网络服务提供者进行作品的传播与经营提供了法律保障。但为了防止"避风港原则"被滥用,我国同时规定了"红旗原则"这一例外适用:在网络服务提供者"明知或应知"侵权行为发生的情况下,应当承担共同侵权责任。

(三)扩展作品的概念范围,为新技术发展提供法律保障

2020年修正的《著作权法》第三条规定:"本法所称的作品,是指文学、艺术和科学领域内具有独创性并能以一定形式表现的智力成果",这是我国首次对作品的概念进行界定。值得注意的是,《著作权法》提出的概念包含了九类具体的作品类型。其中,第九类为"符合作品特征的其他智力成果"。这一修改意味着法院拥有对作品界定更大的自由裁量权:在司法实践中可以认定一种《著作

权法》未予明确规定的表达形式"符合作品特征",从而对其进行保护①,这为以人工智能作品为代表的新技术作品形态获得著作权保护提供了法律前提,顺应了 AI 绘画、AI 写作如火如荼发展的市场趋势,体现了我国在前瞻性立法方面做出的努力。

第三节　新媒体时代出版业内部发展战略

一、大众出版的网络浪潮

新媒体技术的发展与数字平台的兴起改变了传统的传播流程和商业模式,打破了原有的出版格局,对大众出版领域造成了极大的冲击。其影响可概括为以下四个方面:一是,用户阅读方式变化。随着数字阅读产品更迭升级,大众阅读方式正逐渐由纸质阅读向数字阅读转变。根据 2021 年发布的第十八次全国国民阅读调查,数字化阅读方式的接触率为 79.4%。② 数字阅读日渐成为我国公众的主流阅读方式。二是,用户阅读习惯发生变化。随着互联网技术发展和人们的工作、生活节奏不断加快,碎片化业已成为新媒体时代信息传播的常态③,人们越来越倾向于阅读篇幅短小、实用或具有娱乐休闲性质的短文。三是,出版途径发生变化。新媒体技术带来的内容载体多样化、信息承载量海量化、内容可复制、传播便捷等出版传播特征使大量草根作品得以发表与传播。自出版、众筹出版等多种依靠互联网的出版途径兴起。四是,营销渠道发生变化。传统大众出版往往借助实体书店进行销售,但近年来,当当网、京东等网络营销平台日益成为大众出版最主要的销售渠道。同时,抖音等直播平台的兴起拓宽了大众出版的营销范围。从上述影响可见,大众出版在新媒体时代迎来了网络化浪潮。

---

① 王迁:《〈著作权法〉修改:关键条款的解读与分析(上)》,《知识产权》2021 年第 1 期。
② 《第十八次全国国民阅读调查成果发布》,https://www.nationalreading.gov.cn/xwzx/ywxx/202104/t20210425_100399.html,2024 年 8 月 19 日访问。
③ 李雪梅:《新媒体时代信息碎片化对意识形态管理权的影响》,《新闻爱好者》2020 年第 8 期。

在大众出版的网络化浪潮中,网络文学平台乘风破浪,成为浪潮中的"弄潮儿"。其中,阅文、掌阅、阿里三大移动阅读平台巨头是典型代表。根据《2021—2022 中国数字出版产业年度报告》,网络文学持续迈向高质量发展,呈现出精品化、产业化、生态化趋势。截至 2022 年,中国网络文学产业规模已达 358 亿元,2021 年新增作品 250 多万部,存量作品超过 3000 万部,新增注册作者 150 多万人。新生代力量不断加入,"95 后"和"00 后"作者日益成为网络文学创作的重要组成部分。文学作品的读者规模达到 5.02 亿人,占全体网民的 48.6%。[1] 以阅文集团为代表,其基于多年耕耘的海量文学内容和用户积累,将"泛娱乐"作为发展战略,积极开发 IP 全产业链,并围绕泛娱乐产业链进行投资、重组和并购等资本运营活动。[2] 截至 2020 年底,阅文平台已积累了 1390 万部作品储备,覆盖 200 多种内容品类,触达数亿用户,并孵化、签约了逾 900 万名原创创作者。[3] 此外,网络文学等数字出版产品也是文化"走出去"的主力军,有助于建构我国国际话语,提升我国国际传播力,促进优秀文明交流互鉴。如阅文集团积极拓展海外市场,推进全球化经营,已与亚马逊、武侠世界(Wuxiaworld)等达成合作,并打造了全球首个网文正版海外门户——起点国际[4],海外读者群从日韩、欧美地区拓展到拉美等新兴市场。

二、学术出版精准分发、优先数字出版与开放获取

知识发展与研究创新是一种渐进式的社会活动,许多重要的知识创新都是基于他人的成果。对于研究者而言,取得与研究主题相关的参考文献是一项非常重要的工作。[5] 图书馆、档案馆作为政府投资的公益性机构,承担着知识存储

---

[1] 《2021—2022 中国数字出版产业年度报告发布》,http://www.chinawriter.com.cn/n1/2023/0217/c403994-32625576.html,2023 年 1 月 15 日访问。

[2] 宫丽颖、纪红艳:《网络文学平台多元化资本运营探究》,《中国出版》2018 年第 12 期。

[3] 《文娱:阅文集团 CEO 程武:在线文娱让中国文化"扬帆远航"》,http://www.cgia.cn/e/wap/show.php?classid=58&id=156513,2024 年 9 月 5 日访问。

[4] 宫丽颖、纪红艳:《网络文学平台多元化资本运营探究》,《中国出版》2018 年第 12 期。

[5] 李治安、林懿萱:《从传统到开放的学术期刊出版:开放近用出版相关问题初探》,《图书馆工作与研究》2007 年第 4 期。

和服务的重要职责,更是公众获取传统印刷书刊文献的主要渠道。① 传统图书馆和档案馆在提供知识服务方面的便捷性是十分有限的,读者需要付出时间和交通成本,亲自到馆查询、借阅、归还。而且由于馆藏数量的限制,它们并不能满足所有读者多层次的文献需求。② 因此,让公众更为便捷、高效地查询和使用知识资源,并在版权法律法规许可范围内尽可能地为公众提供知识服务③,成为学术出版的努力方向。随着大数据、人工智能、移动智能设备的发展和普及,以"用户需求"为中心的精准化知识服务越来越受到学术出版界关注。如何借助新媒体技术挖掘和分析用户需求并提升用户获取各类出版物的便利程度,成为新媒体环境下学术出版发展亟须解决的问题。④

具体而言,新媒介技术环境下学术出版发展呈现出以下三方面的趋势:

一是,从知识组织到知识服务。

新媒体环境为学术出版发展提供了良好机遇。出版商、发行商、网络化信息服务商主导的在线知识服务平台将包括文献储存、检索、使用在内的全面信息服务直接提供给用户。在更为系统、高效的知识组织模式下,传统的学术出版机构和图书馆受到强烈冲击。⑤ 知识创造、传播和使用的环境进一步智能升级,知识内容走向全面数字化、富媒体化、关联数据化、智能化和开放共享⑥,以平台化、数字化的知识组织为主要特征的学术出版也逐渐转向以智能化、精准化的知识服务为主的学术知识服务,在用户体验等方面体现出分布式、开放式、多维化、智慧化等核心特征,涵盖了知识生产、组织、发现、传播、存储等全过程。⑦ 当下,大数据、人工智能等技术正进一步引发知识服务的深刻变革。

---

① 张强等:《传统书刊文献信息资源公共获取论析》,《图书馆理论与实践》2011 年第 8 期。
② 同上。
③ 同上。
④ 余杨:《大数据环境下数字图书馆精准知识服务体系构建策略》,《图书馆学刊》2019 年第 8 期。
⑤ 张晓林:《走向知识服务:寻找新世纪图书情报工作的生长点》,《中国图书馆学报》2000 年第 5 期。
⑥ 张晓林:《颠覆性变革与后图书馆时代——推动知识服务的供给侧结构性改革》,《中国图书馆学报》2018 年第 1 期。
⑦ 魏大威、王菲、肖慧琛:《Web 3.0 背景下的智慧图书馆知识服务研究》,《图书馆理论与实践》2023 年第 1 期。

二是,从线下优先到线上优先。

传统学术出版模式下,在线出版仅是线下学术书刊出版的附庸和延展,学术知识传播仍以线下出版为优先和标准。编辑、出版、印刷等环节拉长了出版流程,知识传播效率受到较大限制,无法满足研究者第一时间获取最新科研成果的需求。近年来,优先数字出版为学术期刊的发展提供了新的思路和模式,已在国际学术出版中占据重要一席。如《自然》(Nature)创办了"AOP"(Advance Online Publication)、《科学》(Science)创办了"Express"、斯普林格(Springer)创办了"Online First"、爱斯唯尔(Elsevier)创办了"In Press"等线上优先的出版模式。国内学术期刊界也在实践中逐步探索优先数字出版的可行模式。① 优先数字出版浪潮的出现解决了阻碍学术知识服务发展的关键难题:(1)传统模式下,学术成果从提交到发表存在较长时间损耗,且发表数量资源十分有限。研究成果的首创性、影响力和可利用价值受损。(2)传统模式下,学术成果发表只能集中于大类研究主题,学术期刊难以形成鲜明的出版特色与品牌效应。② 优先数字出版的内容是印刷书刊录用的学术成果,但在印刷书刊出版前以数字出版的形式在网络上优先发表③,为学术知识服务提供了更具时效性、互动性和更有个性化的解决方案。

三是,从传统封闭系统到开放存取系统。

与大众出版的作者不同,科研人员发表成果的目的主要不是获利,而是希望在尽可能大的范围内传播自己的研究成果。同时,科研人员为开始或继续研究,也需要及时、便捷地获取其他同行的研究成果。④ 这一具有公益性质的信息获取动机使得开放存取模式在学术出版领域成为可能。开放存取(open access)是一种学术信息共享的自由理念和出版机制。在此模式下,任何研究人员可以在任何地点、任何时间平等免费地获取和使用学术成果。⑤ 学术出版的

---

① 吕赛英等:《学术期刊推进优先数字出版的问题及对策》,《编辑学报》2012年第1期。
② 同上。
③ 《学术期刊优先数字出版模式简答》,《中国民康医学》2011年第3期。
④ 李武、刘兹恒:《一种全新的学术出版模式:开放存取出版模式探析》,《中国图书馆学报》2004年第6期。
⑤ 同上。

传统模式具有商业化性质,少数出版商把握着有限的出版资源:它们一方面控制版面等出版资源,对学术知识的发表进行过滤、筛选,使得丰富的科研成果难以全部进入知识传播流程;另一方面,出版商通过订阅等商业模式将学术知识商品化,使得科研人员的学术交流产生十分高昂的成本。互联网作为一种开放的信息交流平台给传统的学术交流体系带来深刻的变革。网络首发期刊和优先数字出版开始成为学术交流的重要手段。相对于传统的印刷书刊需要编辑、印刷和发行等复杂程序,利用计算机和网络运作的发行模式使学术期刊出版和传播的成本大大降低,传播范围大大扩展,传播效率大大提升。[1] 在全球范围内相关机构赞助和研究者的倡导下,基于互联网的新型学术传播机制——开放存取模式获得了较大进展。截至 2021 年,开放存取期刊目录 DOAJ(Directory of Open Access Journal)数据库已经收录了超过 17 000 种开放获取期刊。其中,超过 12 000 种期刊不收取任何文章处理费,收录文章超过 680 万篇,收录文献来源于 130 个国家/地区,覆盖 80 种不同的语言。开放存取模式固然为高质量学术知识的免费获取做出了十分重要的贡献,但也面临运行资金压力大、质量控制难度高等问题,尤其在版权问题上存在争议。当前主流的看法是,从使用角度讲,开放存取就是允许他人免费使用已经发表的研究成果。这种出版模式与现行版权法并不冲突。开放存取模式充分尊重作者个人意愿,仅基于作者的自愿表示,学术成果才可适用开放存取模式,被其他用户免费使用。

三、从教育出版到教育服务

教育出版在我国整个出版业中占据重要份额。由于我国教师和学生规模巨大,社会教育和终身学习热潮兴盛,在现行教育和考试制度下,教科书、教辅资料等教育类图书长期占据着出版市场的大半壁江山。[2] 因此,尽管我国教育类出版社只占出版社总量的 1/4,但其在销售码洋及销售收入、盈利能力、版权

---

[1] 李武、刘兹恒:《一种全新的学术出版模式:开放存取出版模式探析》,《中国图书馆学报》2004 年第 6 期。

[2] 陈兰枝、范军:《教育出版数字化转型的困境与对策研究》,《编辑之友》2015 年第 6 期。

交流、获奖等方面所占比例和规模都远超其他出版类型。[①] 关于什么是"教育出版",学界存在多种观点。一是根据出版物类型来界定,认为教育出版以出版、发行教育类出版物为主,产品涵盖幼儿园教育、小学教育、中学教育、高等教育、成人教育、自考教育及社会培训范围的教材、教参、教辅资料等产品。这是被广为接受的一种定义。[②] 二是根据出版社业务范围来界定,认为教育出版包括以教育类产品与服务作为主营业务的出版社,如:中国人民大学出版社、复旦大学出版社、广西师范大学出版社等高校出版社;以高等教育出版社、人民教育出版社、教育科学出版社和各地方教育出版社为代表的教育出版社;以及其他承担大量中小学教材教辅出版任务的出版社,如重庆出版社、陕西人民出版社、北京出版社、甘肃人民出版社等地方出版社。[③] 尽管存在不同的定义方式,但学者普遍认可教育出版不能脱离教材出版这一核心,教材教辅是重要的产品形态。

近年来,随着数字技术的发展和互联网的普及,教育出版的产品形态不断更新,对现有市场格局产生重大影响。同时,我国政府明确提出要实行教育改革,通过教育信息化带动教育现代化,进而形成人人享有优质教育资源的信息化学习环境。因此,在政策导向和市场促进作用下,我国教育出版机构在教育出版数字化方面积极探索出许多新产品形态。

(1)电子书包项目。电子书包(e-schoolbag)作为一种个人便携式移动终端,具有阅读电子教材、互动交流、管理个人学习资源等功能。[④] 2010年,《国家中长期教育改革和发展规划纲要(2010—2020年)》颁布,电子书包研发被列为新闻出版科技创新工程,推动了电子书包在全国各地的推广工作。2012年《国家教育事业发展第十二个五年规划》提出要"培养软件外包和电子信息设备生产技术技能人才。加强各级各类学校信息技术教育"。电子书包项目希望通过移动设备终端减轻学生负担,提供多媒体教学环境,促进教育现代化改革。[⑤] 然而,尽管试点初期声势浩大,能够长期坚持且具有成效的电子书包项目并不多见。

---

① 周蔚华:《中国教育出版:现状、问题及对策》,《出版发行研究》2006年第6期。
② 同上。
③ 同上。
④ 章怡、牟智佳:《电子书包中的教育大数据及其应用》,《科技与出版》2014年第5期。
⑤ 施勇勤、唐继文:《电子书包领域的教育出版发展策略》,《中国编辑》2015年第6期。

(2) 在线课程教育。如果说电子书包实现了教材的多媒体化,以慕课(Massive Open Online Course, MOOC)为代表的在线课程教育则将课堂搬到了互联网上。有了移动互联网、人工智能、云计算等新技术的支撑,在线课程教育实现了翻转课堂、自适应主动学习、学分互换、课程认证等全新的学习模式。在国际上,Coursera、Udacity 和 edX 是在线课程教育的三大巨头,集结了哈佛大学、麻省理工学院、杜克大学等全球优质大学资源。在我国,许多知名大学相继加入国际在线课程教育平台。同时,许多高校和互联网企业也相继加盟,建立起中国大学 MOOC、清华学堂在线、果壳网 MOOC 学院、腾讯课堂、新东方在线、网易云课堂、CCTalk 等线上课程平台。

(3) 教育服务。随着教学环境的变化,传统的以供应教材为主的发展方式难以为继,教育出版集团逐渐向立体化教育服务方向发展,实现了从"卖书"到"卖服务"的转型。相较于传统教材教辅"产品提供商"的角色,在数字化加速发展过程中,教育出版集团开始向"教育服务商"的角色转型,通过整合各方资源,建立起包括教学平台和学习平台在内的教育资源服务系统。[①] 如国际教育出版巨头——培生教育出版集团近年来研发出许多教育服务平台,如高校教材开发软件 MyLab、学生信息跟踪管理系统 PowerSchool、在线远程学习平台 eCollege 等。[②] 相较于传统教育,教育服务具有诸多优势,能基于大数据计算对用户进行更为精准的画像,建立起个性化服务体系。此外,教育服务能综合利用人工智能、虚拟现实、增强现实等先进媒介技术,增强信息表现效果,扩展信息交互渠道,有效调动学生多种感官体验,提高学习效率。

案例 1:电子书定价:代理制与批发制之争

在 20 世纪 90 年代末期至 21 世纪初,美国市场上的电子阅读终端分为电脑阅读软件和手持阅读器。前者以微软和 Adobe 为代表,后者包括电子书阅读器火箭书(rocket-book)、软书(softbook)和掌上电脑 Palm 系列等。在此

---

① 郑豪杰:《从产品到服务:教育出版商业模式创新》,《中国出版》2011 年第 13 期。
② 同上。

期间,只有Adobe公司在电子书格式方面取得了重要进展,其他阅读设备未能形成重要影响。除了由于硬件技术的限制,阅读器无法完全代替纸质书的局限,整个出版业对于电子书也缺乏足够的信心。

亚马逊于2004年组建了126实验室,着手研发适合长时间阅读的专属阅读器。此时电子墨水(e-ink)技术已经发展成熟。该技术既能提供舒适的阅读体验,又能使设备具有长时间的续航能力,为Kindle阅读器的沉浸式阅读奠定了技术基础。此外,初代Kindle还具有3G上网功能,这使得Kindle随时能和亚马逊平台实现连接,方便读者购书。Kindle的研发过程历时三年,除了杰夫·贝佐斯(Jeff Bezos)本人对硬件设备的严格要求外,亚马逊还花费大量时间来准备足够多的电子书。

杰夫·贝佐斯为Kindle商店预设的电子书目是10万册。然而,当时出版商的电子书业务仅占其利润总体的很小一部分,他们并没有足够的动力来开发电子书。于是,亚马逊便采取了一些手段拉拢或者迫使出版商进行合作:一是向出版商展示尚属机密的Kindle阅读器,借此引起出版商对电子书产业的兴趣;二是依托自身平台优势,胁迫出版商满足亚马逊的电子书需求。在Kindle上市后,亚马逊开始大力宣传其畅销书和新书的电子版的售价皆为9.99美元。该售价远低于一本电子书的批发价格,是赔钱的买卖。但是,低廉的书价能带动Kindle的销量,进而能壮大亚马逊自身在电子书产业的影响力。

至2009年,亚马逊Kindle的市场份额达到90%。完成了电子书平台和终端的扩张后,亚马逊开始在大众出版领域发力。2009年5月,亚马逊成立了出版部门Amazon Encore。该部门旨在在亚马逊网站上挖掘那些经过市场检验、广受读者好评的自助出版书籍,为其出版纸质版、电子版和有声版图书。2010年5月,亚马逊推出了电子书自助出版系统——KDP。该系统可以在几分钟内制作完成一本电子书,并能在两天内上架。这个系统的定价与利润分成模式是:作者可以在0.99—9.99美元间自由定价,其中定价在0.99—2.99美元的书,作者可以享受35%的版税,定价在2.99—9.99美元的书,作者可以享受70%的版税。虽然平台设定的电子书价格很低,但是给作者的版税远远高于传统出版社的标准。除了在自助出版行业频频出手外,亚马逊还扩张到传统出版领域,收购了一批专注大众出版的出版社,形成了自己的内容供应端。

亚马逊在电子书定价模式上,采用的是批发制。所谓批发制就是亚马逊以固定折扣(一般是对折)从出版社采购电子书,然后根据自己的销售策略,自主定价销售。出版商的新版精装书定价一般在 26 美元左右,那么同样的电子书批发价就是 13 美元左右。而在亚马逊 Kindle 商店里,此类书的销售价格是 9.99 美元。

2010 年,苹果公司准备进军电子书市场。为了给 iPad 的 ibookstore 筹备足够的电子书资源,并与亚马逊一较高下,苹果公司开始与五大出版商(企鹅、麦克米伦、哈珀·柯林斯、西蒙 & 舒斯特、阿歇特)协商电子书销售问题。苹果的策略是实施代理制。代理制就是出版商制定统一的电子书价格,一般为 12.99—14.99 美元,在苹果 ibookstore 上销售,苹果收取 30% 的佣金。同时,苹果也希望出版商联合起来要求亚马逊接受代理制,放弃批发制。在与苹果商定了代理制后,麦克米伦出版社率先发难亚马逊,要求其接受代理制。矛盾激化后,亚马逊便下架了麦克米伦出版社所有的纸质书和电子书。后来在五大出版商联合施加的压力下,亚马逊被迫接受代理制。

然而,代理制带来的直接结果是电子书价格上涨,使其价格与纸质书价格基本相当,消费者对此大为不满。此后,美国司法部开始涉入调查。理由是在没有通货膨胀、物价稳定的时候,电子书价格骤增,苹果和五大出版商涉嫌操纵电子书价格,损害消费者利益。在历时两年的调查和审理后,最终苹果败诉。苹果公司和出版社被要求赔偿因涨价给消费者带来的损失,且苹果公司两年内不能再与出版社签署代理制协议。代理制在美国电子书市场上彻底败北。亚马逊凭借批发制电子书定价模式,成功地在与传统出版商博弈的过程中,获得了主导美国电子书定价的地位。

资料来源:练小川:《再谈亚马逊》,《出版参考》2011 年第 31 期;林艾涛:《美最大书商进军数字市场,多方提前火并或阻行业发展》,《IT 时代周刊》2009 年第 16 期;林成林:《苹果电子书价格操纵案综述之一:苹果垄断之罪如何成立?》,http://www.bookdao.com/article/65765/,2022 年 10 月 16 日访问。

案例2：培生教育并购扩张案例

培生父子1844年从一家小建筑商起步，后来因收购了一批报社，组建了威斯敏斯特出版社(Westminster Press)，于1920年正式转入出版业。近百年来，培生成了全球出版业的翘楚。这一方面得益于"日不落帝国"的殖民历史及发展中国家追赶现代化的现实需求造成的英语成为"世界语言"的局面；另一方面则得益于培生出色的公司发展战略，以及其随着技术发展不断成功转型的"弄潮"本色。在业务范围缩小和并购扩张之间，培生抓住了数字时代教育出版变革的新方向，重组并购部门并提高利润率和市场占有率，构建了与数字时代契合的内容生产平台。

在缩小业务范围、出售与教育无关的部门的同时，培生集中教育出版并在教育服务领域进行并购扩张，实现了1+1>2的效果。1968年，培生因并购朗文出版公司使得公司的经营领域出现银行、投资和出版三足鼎立之局面。1970年，培生并购了企鹅出版社，表现出对出版领域投入的重视，银行和投资业务范围缩小。培生集团的绝大多数并购和出售发生在1995年以后，正是数字技术对传统出版业提出挑战和赋予新机会的时候。1998年，培生并购了西蒙&舒斯特(Simon & Schuster)的教育出版部，然后与艾迪逊维斯利、朗文集团合并，组建了销售额超过20亿美元的培生教育集团，这决定了其接下来几十年的发展方向。

数字时代，国际大型出版集团都在进行"步履一致"的企业转型——出版的专业化、经营范围的核心化。这种转型的优势在于：专业化、核心化的出版更容易打造富有影响力的数字平台，通过专业化产业链的衍生（从教育出版到数字教育服务的转型）可以获得市场竞争优势、增加营业利润；专业出版更符合数字时代要求企业解决一揽子问题的内在需求，也更容易发挥数字出版的低成本优势。培生所并购的企业本身在其市场内部有很高的知名度，甚至是出版市场的品牌企业，这客观上让培生成了一个品牌聚集平台。培生下属的著名出版公司包括：朗文，爱迪生·卫斯理(Addison Wesley)、普伦蒂斯-霍尔(Prentice-Hall)、本杰明·卡明斯(Benjamin Cummings)、斯考特·福尔斯曼(Scott Foresman)和麦克米伦等,这使培生在小学教育、中学教育、高等教育、职业教育、英语教育等方面均处于国际领先地位。集中财力并购品牌企业是培生成为品牌聚集平台的必经之路,如并购维京出版社(Viking Press)、格罗塞特与邓拉普(Grosset & Dunlap)童书出版公司、费德里克·沃恩出版社(Frederick Warne)等。在并购的同时,培生注重对业务的重新整合以及对人才的培养和激励,取得了集约经营的效果。20世纪90年代以来,培生并购了一系列教育技术商,客观上也成为教育技术品牌集聚平台。

与此同时,英语作为"世界语言"的优势地位也成为培生布局全球英语教育市场的重要动力,培生因此进行了高效的品牌并购。2001年至2013年,培生先后通过收购日本领先的教育出版商桐原公司(Kirihara)股份、朗文尼日利亚分公司(Longman Nigeria)股份、巴西领先的教育出版公司巴西教育系统(Sistem Educacional Brasileiro或SEB)的学校学习系统、印度的图特维斯塔(Tutor Vista)、巴西最大的英语培训机构多分组(Grupo Multi)等进军各国市场。对于中国教育这块大蛋糕,培生也加快了其切割的速度。2009年,培生通过并购华尔街英语进入中国英语教育市场。同年,培生又连续收购了另两家中国外语教学机构(上海乐宁进修学院、北京戴尔国际英语学校)。2010年,培生与教育部达成协议:在职业教育领域开展BTEC[①]课程计划。截至2012年底,培生在全球已开设460个华尔街英语学校,学生人数达到191 000人。这种B2C的经营模式,是培生教育仅依靠授权经营的B2B模式之后的一种新的尝试。

培生集团在数字技术领域的并购集中在它的教育出版领域。它注重技术公司与已有内容之间的契合度,通过并购和自建平台,引领了数字教育服务的潮流。如果说内容并购使得培生获得了优质内容资源的优势,那么技术并购和平台的构筑则使这些优势成为胜势。同时,技术也优化了培生的产业流程,降低了运营成本,使得资源的聚集效应更加明显。

资料来源:徐丽芳、王心雨、张慧:《国外教育出版数字化发展对我国的启示——以培生集团为例》,《出版广角》2019年第1期;张大伟、石晶晶:《培生教育:如何在数字时代切割教育出版大蛋糕?》,《编辑学刊》2016年第4期。

---

① BTEC是一套服务于年轻人的行之有效的教育和职业间的过渡认证机制。

思 考 题

1. 新媒体对我国出版业发展的影响主要体现在哪些方面?
2. 结合世界各国的版权管理制度调整现状,你认为我国在建立公平、合理、利益均衡的版权体系方面还应做出哪些调整?
3. 你认为当下的数字出版产业满足了受众的哪些需求?市场主体又应该如何调整以进一步满足受众需求和提供更好的知识服务?

 拓展阅读

魏玉山:《关于出版新业态的回顾与思考》,《现代出版》2022年第6期。

易继明、蔡元臻:《版权蟑螂现象的法律治理——网络版权市场中的利益平衡机制》,《法学论坛》2018年第2期。

王迁:《技术措施保护与合理使用的冲突及法律对策》,《法学》2017年第11期。

[英]约翰·B.汤普森:《数字时代的图书》,张志强等译,译林出版社2014年版。

徐丽芳、刘锦宏、丛挺编著:《数字出版概论》,电子工业出版社2013年版。

第七章 新媒体与舆论

第一节 舆论及其形成

一、舆论的产生与形成

(一) 古代舆论活动

舆论观念在中国具有悠久的历史。在中国,"舆"字的本义为车厢或轿子,后引申为抬轿子的人,也可以解释为众人,即普通的公众或民众。如《左传·僖公二十八年》中有"听舆人之诵",《晋书·王沈传》中有"自古圣贤,乐闻诽谤之言,听舆人之论",其中的"舆人"均指众人。"论"字指观点、意见,"舆论"作为一个词组,最早见于《三国志·魏·王朗传》"设其傲狠,殊无入志,惧彼舆论之未畅者,并怀伊邑",其后见于《梁书·武帝纪》"行能臧否,或素定怀抱,或得之舆论",其中的"舆论"即指向公众的言论,或公众的意见。

中国古代舆论活动的形态是多种多样的。随着社会形态、生产力,尤其是信息传播媒介的迅速发展,舆论活动的形态和相关的制度也在发生变化。中国古代统治者都自觉或被迫地创建某种反映、传播和控制舆论的方法和制度。

1. 谏鼓、谤木

"谏鼓"是指我国古代供民众直言进谏之鼓。相传尧舜曾在宫廷外设置一鼓,供百姓击鼓进谏。此后古代统治者为听取臣民的谏议之言或冤抑之情,特地在朝堂外悬鼓,让臣民击鼓上闻(见图7-1)。宋代设有"登闻鼓院",简称"鼓院",统治者借此以了解民情、体察民隐,同时,民众也可由此向统治者表达心愿或申诉冤屈。就普通民众而言,他们多采用"示威游行""击鼓"和"拦桥"等方法鸣冤或反映舆情民意。19世纪末,我国第一批新闻学论文的作者将谏鼓视为现代大众传播的古代形态。①

图7-1 谏鼓谤木图

资料来源:(明)张居正、马自强、吕调阳编撰:《张居正帝鉴图说》,龙建春校注,东方出版社2022年版,第21页。

相传尧舜时于交通要道竖立木柱,供人上书写谏言,称"谤木",所以"谤

---

① 戈公振:《中国报学史》,中国新闻出版社1985年版,第36页;中国人民大学新闻系编:《中国近代报刊史参考资料》,校内资料,1982年,第3页。

木"代指广开言路,听取各方意见,后来演变成华表。① 击鼓的声音传播和木柱上的书写铭刻构成了最早的舆论传播媒介。

2. 采风

古代称民间歌谣为"风",所以采集民歌的活动称为采风。"采风"自中国先秦时期已经出现。由于统治阶级与下层社会在空间上分隔,而为政需要体察民情,因此最适宜表达人们感情的歌谣就成为写照民情民意的好资料。所以,统治者十分注重通过采录歌谣来了解民众情绪。

《左传》记载,春秋时期每年每逢春秋季节,皇帝都要指派官员到乡下收集歌谣和民谣,成为一种体制化惯例。春秋时期的歌谣和民谣采集活动形成了中国最早的官方史实记录,即《春秋》。汉朝曾设立乐府机构,采集各地民歌,主要为了寻找散落民间的古代歌曲、音乐,以整顿礼乐制度,教化民众。明朝后期也曾出现采风高潮。冯梦龙、李开先等一批文人看重民间歌谣、故事的质朴与真实,着手搜集民间歌谣、笑话等,编辑刊印了《挂枝儿》《山歌》《笑府》等民歌集、笑话集。清人李调元的《粤风》是记述广东、广西民间风谣的采风之作,范寅的《越谚》采录的是绍兴地区的民间谚语。晚清黄遵宪同样重视民间文学的采集。采风的主要形式有:一是政府雇用年老无子嗣者,在冬季到民间采录;二是政府专职官员在春三月向路人采录。

> 从十月尽正月止,……男年六十,女年五十无子者,官衣食之,使之民间求诗。
> 故王者不出牖户,尽知天下所苦。
> ——《春秋公羊传》
> 古有采诗之官,王者所以观风俗,知得失,自考正也。
> ——《汉书·艺文志》
> 州异国殊,情习不同,故博采风俗,协比声律,以补短移化,助流政教。
> ——司马迁《史记·乐书》

---

① 参见《淮南子·主术训》。《后汉书·杨震传》亦有记载。

民谣是公共舆论的反映,作为公众批判、下情上达的途径是十分有效的。民谣朗朗上口、言简意赅,对统治阶级进行了激烈的讽刺和抨击。它们深受人民喜爱,世代流传,对于喜爱好名声、不愿遗臭万年的统治者也构成了压力。

3. 乡校

"乡校"是春秋时代郑国的乡间公共场所,它既是学校,又是乡人聚会议事的公共空间。到汉魏,许多城镇建有规模更大的馆舍,儒士说客经常在这些地方议论朝政,形成清议或清谈的风气。历代的学士中都存在一群非官方的评论家,他们往往利用乡校和馆舍等舆情表达的公共空间来谈古论今、针砭时弊、指点江山。而这种非官方的批判代表了民众的真实声音,近似对应着今天新闻界的作用。

除上所述,东汉时期的"太学谣"、西汉的"清议"、魏晋的"清谈"、宋代的"学潮"等,都与舆论活动紧密相关。从古代舆论的内容上看,它们大体都与当时具体的社会生活形态密切相关,不乏政治批判色彩。但是,历代统治者一直对舆论活动心怀戒备和敬畏,而且批判式的舆论传播也并未脱离"君权神授"的思想基础,所以在主要依靠口述传达信息、社会沟通不畅的古代社会,"讽谏""清议"等舆论活动只能是边缘性的政治活动,无法获得更为重要的政治地位和可见度。

(二) 近现代的舆论活动

舆论史料的表象背后,是舆论对于社会发展所具有的深层意义。

近现代史上,"舆论"(public opinion)直到18世纪才作为一个词组出现。最早直接提出"舆论"一词的是法国18世纪的启蒙学者卢梭,1762年他在《社会契约论》中首次将"公众"(public)与"意见"(opinion)组合成一个概念,即"舆论"。这个概念一出现,就体现了与现实权力之间的张力。舆论这一概念,作为君主当政的对应词,带有"人民主权"的时代意涵。当时的学者将舆论视为"人民主权"的表现形式。这个概念从一开始出现,就带有进步的社会政治意义。民意的表达和民众力量的显示,是舆论的本质特性。

"舆论"因为人民主权的政治属性以及彰显民众力量的特征,与西方近代资产阶级革命密切相关。尤其自法国大革命开始,舆论获得了巨大的政治影响力,再加上法国革命者声称一切权力在民的加持,公共意见获得了举足轻重的地位。西方近代史上,舆论引导了资产阶级革命,也造就了新的政府,获得了持久的生命力。卢梭曾把舆论比作"国家真正的宪法"①。舆论的巨大影响力不仅表现为它可以对国家政权和政府行为进行监督和制约,还表现为可以对公众有关社会公德的行为进行宣扬或约束,成为社会控制的有力形式之一。②

因此,近现代的舆论不仅仅是一个单纯的公共意见的概念,它本身蕴涵着一系列民主认知和理念,代表着人类文明更加先进的成果;不仅是构成合法政府的基础之一,而且受到法律的保护和制约,成为社会中一支独立的、有意识的合法力量。这一力量得以展现,主要依靠报纸、广播、电视等近现代媒体作为载体,发挥巨大的影响作用。特定社会媒介系统运作的变化与舆论的形态及传播之间存在紧密的关联。

(三)舆论的产生与形成

舆论的产生与形成具有一定的规律。舆论产生、形成与传播的整个过程一般要经过三个基本阶段:首先,社会变动、较大事件的发生会刺激意见的出现。之后,多样化的意见在社会群体中展开互动,经过凝练以后形成群体意见。最后,这些群体意见经过报纸、广播、电视等传播介质被公开表达并加以放大后,就会形成社会公众显见的舆论(见图7-2)。

图7-2 舆论的形成过程

媒体强大的传播能力使其能够有效地影响舆论的产生,但在舆论形成的过程中,还会有很多其他因素发挥影响和制约的作用,包括但不限于资本、政治权力等,文化与道德传统的作用也不容小觑。

---

① 〔法〕让-雅克·卢梭:《社会契约论》,何兆武译,商务印书馆2003年版,第96页。
② 李良荣:《新闻学概论(第六版)》,复旦大学出版社2018年版,第79页。

二、舆论的要素

舆论每天都在产生,每个人都能感觉到舆论的存在,那么舆论究竟是什么?由于观察舆论的角度不同,关于舆论的定义众多:

(1) 公众的言论。①

(2) 社会中相当数量的人对于一个特定话题所表达的个人观点、态度和信念的集合体。②

(3) 社会生活中政治经济地位、利益关系和文化观念构成相同或相近的人或社会集团,对其所关注的某一现实问题的共同意见。③

(4) 在特定的时间空间里,公众对于特定的社会公开事务公开表达的基本一致的意见或态度。④

第一种定义强调的是舆论的主体,第二种定义强调舆论的公共性,第三种和第四种定义强调舆论是针对某一具体事物和问题发表的意见。后三种定义都强调了这种意见对于社会动态的知觉及其共同、一致的特征,只是表述的方式有差异。

在诸多关于舆论的定义中,如何把握舆论的核心?陈力丹系统地总结了舆论的八个要素⑤,对于我们深刻理解舆论和准确界定舆论具有重要的参考意义。

(一) 舆论的主体——公众

作为舆论主体的公众,是自在自发、对于外部社会有一定的共同知觉,或者对具体的社会现象和问题有相近看法的人群。⑥公众通常面临共同的社会问题并拥有共同的群体利益意识,在此基础上,不同利益和文化背景下的人群对某些问题的看法可能形成较为一致的意见。作为舆论主体的公众,应当能够自由

---

① 中国社会科学院语言研究所词典编辑室编:《现代汉语词典(第7版)》,商务印书馆2016年版,第1599页。
② 《不列颠百科全书(国际中文版)》第14卷,中国大百科全书出版社2007年版,第5—9页。
③ 陈霖:《新闻传播学概论(第四版)》,苏州大学出版社2013年版,第40页。
④ 李良荣:《新闻学概论(第八版)》,复旦大学出版社2023年版,第68页。
⑤ 陈力丹:《舆论学:舆论导向研究》,中国广播电视出版社1999年版,第11—23页。
⑥ 同上。

发表意见或自发表达观点，具有自主意识，这是其能够被视为舆论主体的必要条件。自主表达牵涉媒介、历史、政治和经济等多重具体条件的复杂耦合。相比之下，各种社会团体、党派、学校、企业事业单位和政府机构的宣传部门、公关部门等，传播代表自己组织利益和方针政策方面的信息，组织社会活动，执行一种与舆论群体性质相似的职能。但作为按照一定的规则有意识地组织起来的群体，它们与原本意义上自在的公众是有区别的，所以不是舆论的主体。因相近或相同的认知而关联，具有社会参与的自主性，这是作为舆论主体的公众的两个主要标志。[①] 无论社会参与还是共同感知，都与媒介的系统化运作直接相关。

（二）舆论的客体——现实社会中的各种现象和问题

现实社会中各种社会现象和问题构成舆论的客体。现代社会在各种变动过程中，成为公众注意的对象，并引发舆论反应。宏观的舆论客体包括社会的结构变迁，微观的则有社会活动家的个人举动、新近发生的重大事件、流行的现象和观念、社会热点问题等。公众对社会变动的知觉，对于各种社会现象和问题所表现或表达出来的情绪、态度、观点，只要形成一定规模，表现出一种或几种发展趋势或明显的倾向，只要具有一定的争议，都应被视为舆论的存在形式。[②] 舆论的客体不同程度地具有争议性。如果公众对于现实社会中的某种社会现象、问题均保持中立的态度和观点，没有形成争议，这就不构成舆论或者不属于舆论讨论的问题范畴，因为这些问题既无法产生重大影响，也不能成为公众意见真正指向的对象。争议通常发生在异质群体观点的碰撞和勾连中，而媒介设定了这种碰撞的基本参数。

（三）舆论——信念、态度、意见和情绪表现的总和

舆论较为明显的存在形式和直接表现方式，就是公开的言语意见。但是，有时人们并没有明显而清晰地用言语表达意见，只是流露出一些情绪或情感。

[①] 陈力丹：《舆论学：舆论导向研究》，中国广播电视出版社1999年版，第11—23页。
[②] 同上书，第14页。

任何外露的言语、情绪都是一种特殊的态度,而态度是由一定的信念(beliefs)决定的。① 因此,将舆论定义为信念、态度、意见和情绪表现的总和,对于准确把握舆论具有重要意义。在舆论形成的过程中,既有能够清晰表达个人态度的言论,也有能表达直观价值判断或者支持不同价值倾向的深层次情绪基础,当然还有一以贯之的信念系统(如人们对于社会公德或社会价值观的基本态度)。所以,舆论除了人们能够明确感知到的言论之外,还具有很大的下沉空间。舆论在社会公众群体中以信念、态度、情绪等各种形态普遍存在。

(四)舆论的数量

舆论的数量即舆论的一致程度。舆论代表了多数人对于现实社会中各种现象和问题的意见与看法,因此需要一定的数量支持。围绕一个舆论客体产生的各种意见,如果仍旧处于众说纷纭的状态,呈现几乎无限的多样性,未形成特定的群体意见,那么便不存在关于这个客体的舆论。因而,舆论的数量是辨别舆论存在与否、存在程度的一个客观标准。②

关于舆论数量的问题,胡汉民最早提出了"社会优势"这一概念,认为只有具有一定社会优势的意见才能形成舆论。在此之后,很多学者对于形成优势意见的具体数量和比例进行了讨论。陈力丹认为,舆论的数量和比例应该基于运筹学中的黄金分割比例 0.618 来讨论。一般来说,当某一舆论观点在一个整体"1"中占比达到 0.618,就能够产生对整体的决定性的、全面的影响;而达到 0.382(即 1 中除去 0.618 的部分),则可以使整体感觉到存在着另一种能产生重要影响的观点。依据这个临界点来考查舆论的数量(一致性)划分,可以认为:在一定范围内,如果有 38.2% 的人持某种意见,那么这种意见便在这一范围内具有了相当大(但尚不能影响全局)的影响力;而若有 61.8% 的人持某种意见,则这种意见在这一范围内将成为主导性舆论。③ 显然,实际生活中没有必要精确到如此程度。但值得注意的是,舆论的数量起点是一定范围内持某种

---

① 陈力丹:《舆论学:舆论导向研究》,中国广播电视出版社 1999 年版,第 14 页。
② 同上书,第 17 页。
③ 同上书,第 18 页。

意见的人数大体上达到总体的三分之一,这时,这种意见可被称为切实可感的"舆论"。

把握舆论的数量分布,对于了解关于某一舆论客体的不同舆论之间的力量对比,并采取相应措施进行舆论引导具有重要意义。

(五)舆论的强度

舆论的强度,即强烈程度,一般有两种表现形式。一种是用舆论的外在表达形态来显示,通常通过行为表达的舆论比仅用言语表达的舆论更强烈。另一强度指标则通过测量未经语言表达的内在态度倾向来做评估。舆论的强烈程度需要通过舆论调查衡量,即测量舆论量级。第一种表现形式的强烈程度,一般通过实际观察、访谈和体验进行估量;第二种表现形式则需要根据舆论调查中常见的各种意见态度或价值观量表分析得出。

舆论的强烈程度与公众对于舆论客体的了解程度正向相关。换言之,特定公众对于舆论客体了解得越清楚,越是有所体验,对自身表达的意见倾向信心越强,则意见的强度越大;对于客体只是略知一二,缺乏深入了解和情景体验,则意见容易受到外界影响而变化,强度较弱。

强烈程度是测量舆论存在与否的重要指标之一。公众意见必须具备一定的强烈程度、意见指向和意见结果,才能成为舆论。如果只有少数人持某种意见,强度又很微弱,一般无法将其视为舆论。

(六)舆论的持续性

在日常生活中,人们会针对许多话题发表意见和言论。但通常情况下,这些言论随意即兴,口头表达稍纵即逝,谈论过后很快淡忘。这些意见和言论通常不能称为舆论。舆论一旦形成,总要持续存在一段时间。即使舆论客体消失了,人们还会有所议论,因为舆论的发生总是滞后于舆论客体的。舆论的存在时间或持续性是考量舆论的另一指标。舆论的存续短则几小时,长则很多年。人们对舆论的感知,一定程度上是舆论客体持续存在,不断给人施加刺激造成的。

舆论的持续性有时被称为舆论的韧性,与舆论客体的情况相关。① 舆论的持续性或韧性具体表现为公众在一段持续的时间内此起彼伏地讨论某个社会问题或新闻事件,例如广受关注的转基因问题。如果人们议论的舆论客体在信念、价值观等方面与公众的普遍信念、价值观差距较大,或者说"问题没有解决",舆论很可能不会在短期内消失;即使人们的注意力暂时被新的刺激物转移,一旦原有的问题再现,还是会形成相近的舆论。例如,近年来屡次发生的网约车乘客被害事件。还有另一种情况,即如果舆论客体在信念、价值观与公众的十分相近,只要这个客体存在,便会产生与之相应的舆论。通常情况下,这类舆论的强度不大,但存在的时间较长,或者说韧性极强,例如涉及道德原则的舆论。

(七) 舆论的功能——影响舆论客体

舆论的存在表现为能以自在的方式、直接地或间接地、明显地或隐蔽地影响舆论客体。如果一种言论没有产生对客体的任何影响,那么它就不能算作舆论,而是一种一般的无关紧要的议论。人们之所以能够感觉到周围存在着各种相近的或相对立的舆论,就是由于各种舆论在相互交织的过程中时时影响着舆论的客体,促使客体朝着主导性舆论的方向发展或发生转变,这种影响表现为各种舆论相互作用的复杂过程。

舆论是一把双刃剑。大多数时候它是历史进步的催化剂,但是有时它也成为社会进步的绊脚石。换言之,舆论的作用是双向的,它的质量并不是恒定不变的,而是存在着高低之分、好坏之别。衡量舆论质量的标准是舆论作用于社会实践的后果,包括直接与间接后果、长期与短期后果等。②

(八) 舆论的质量——理智与非理智

舆论的质量是指舆论在表达价值观、观念及情绪的过程中表现出来的理智

---

① 陈力丹:《舆论学:舆论导向研究》,中国广播电视出版社1999年版,第20页。
② 李良荣:《新闻学概论(第六版)》,复旦大学出版社2018年版,第82页。

程度。① 从本质上说,舆论是一种群体性意见的自然表达形态,因而带有较强的自发性和盲目性。舆论的变化发展在一定程度上具有不稳定性。舆论的主体公众常常来自完全不同的社会阶层。不少学者依据不同的社会阶层、不同的发生范围、不同的舆论客体等因素对舆论进行划分,而不同舆论主体的文化水平和信息接受能力悬殊。就舆论的数量、强烈程度和持续性而言,不同的阶层对社会舆论的整体感知各有不同。因此,舆论包含多种类型和表达方式。另外,舆论不同于自为组织的政策纲领,可以对各种问题表现得十分理智。舆论的自在形态决定了它在总体上是一种理智与非理智的混合体。②

（九）舆论要素的必要性

在以上八个要素中,前七个构成了舆论的必要要素,即舆论的主体、舆论的客体、舆论本身、舆论的数量、舆论的强度、舆论的持续性和舆论的功能。这七个要素缺一不可,少了一个即无法构成舆论。③

舆论的数量、强度、持续性及功能是区别舆论与个人意见、组织决策或一般性议论的重要条件。第一,从舆论的数量看,如果在特定地理或时间范围内,持有某种舆论观点并公开表达的人数低于当时在场总人数的 1/3,则这种观点难以对舆论场整体形成压力,通常不会被视为舆论。第二,就舆论的强度而言,如果某种意见的行为表达强度几乎使人感觉不到,或者通过舆论调查测得的意见强度接近"中立"或"无所谓",这样的意见由于强度过于微弱,也不能被视为舆论。第三,任何舆论都有一定的存续时间,以表明公众关于某个舆论客体所持意见的顽强性和韧性。存续时间过于短暂的意见,如过后就淡忘的某个话题,不属于舆论。第四,舆论的无形力量,本质上在于它能对舆论的客体产生社会影响。如果舆论的自在社会功能几乎让人感觉不到,甚至连一些起码的压力都不存在,那么也就谈不上舆论,可能只是一种想象中的社会意见,或者只是闲谈。

---

① 陈力丹:《舆论学:舆论导向研究》,中国广播电视出版社 1999 年版,第 22—23 页。
② 同上。
③ 陈力丹:《新闻理论十讲(第二版)》,复旦大学出版社 2020 年版,第 368—401 页。

舆论的非必要要素有许多,如舆论的质量、空间(舆论总是有一定范围的)、文化种族特征、表现方式、文化含量、信息含量等。其中,舆论的质量是最为重要的非必要要素之一。

三、媒体与舆论的关系

现代社会中,媒体与舆论之间具有紧密的关联。媒体是舆论的载体,是现代社会中能够影响舆论全过程的强大力量,为舆论提供了存在和发展的空间与舞台,更是社会成员之间自由讨论、广泛交换意见、表达意见的最有力的工具。媒体的情况、意见沟通和舆论的形成发展之间存在一种天然的关联。媒体与舆论的关系主要体现在以下三个方面:

(一)媒体反映并代表舆论

媒体代表舆论的理论基础是新闻事业和媒体行业的公共性。在西方国家,媒体或者大众传媒被视为立法、司法、行政以外的"第四权力",而其作为"第四权力"的权力来源正是其公共性。由于新闻事业的公共性与舆论的公共性有所重合,所以媒体可以通过代表公众发表舆论,从舆论中汲取力量,进而表现或者实现公共性。

在我国,近代以来,徐宝璜、梁启超等学者都提到过报馆、报社的工作具有代表"公意""公言"的作用,这也反映出报纸时代大众媒体反映和代表舆论的特点。例如,徐宝璜曾说:"新闻纸之编辑,应默查国民之大多数,对于各事之舆论,取其正当而有利于国家者,著论立说,在社论栏中,代为发表之。言国民所欲言而又不善言者,言国民所欲言而又不敢言者。……若仅代表一人或一党之意思,则机关报耳,不足云代表舆论也。"[①]

同时,舆论也需要借助媒体的力量来反映公众力量和公民意志。"分散的个人意见也要公开表达,参与大范围的社会讨论,最终形成的一致意见也要公

[①] 徐宝璜:《新闻学》,中国传媒大学出版社2016年版,第3页。

开表达,才能作用于社会,成为具有实际意义的公众意见。"①也就是说,媒介本身的运作也能够凝聚起特定形态、持续特定时间、一定空间范围和强度的舆论。如前文所述,公开表达是舆论产生的必要条件,又是其最后形成的标志,而公开表达必须借助一定的媒介。传统媒体履行的是面向全体社会成员的大众传播功能,其传播涵盖范围之广、公开程度之高是其他传播渠道难以比拟的。同时,它的传播又倚仗媒介系统持续的、大规模的运作。这样,公众就很容易,也很自然地选择在媒体上发表评论,最后的"达成一致"通常也是在媒体上经由媒介化传播实现,并广为传布。舆论的形成自始至终都少不了媒体这条最公开的渠道。

媒体与舆论之间相辅相成、关系紧密。在不经意间,媒体在舆论领域实际已同时扮演了公众论坛和公众代言人的双重角色:既是舆论的载体,又常常是舆论主体即公众的影子。

(二) 媒体引发、生成舆论

在现实生活中,人们接收到的来自外界的重要信息很大程度上来自媒体,甚至人们在判断信息的重要程度时也主要依据媒体给不同信息设置的顺序。传播学中的"议程设置"理论认为,大众媒介往往不能从根本上决定人们的判断和思考问题的方式与具体看法,但可以通过提供信息和安排相关议题的显著度排序,在很大程度上有效地影响人们思考和关注的话题。换句话说,媒体上的内容可能并不能直接地改变人们的态度或者舆论的倾向,但却可以激发起社会公众对某一社会现象或问题的关注,进而导致不同意见的碰撞与交汇。媒体设置的议题常常演化为舆论的源头——公众关注的公共问题和公共事务,这是媒体长期、潜在地影响舆论的一个最重要的手段。②

媒体引发舆论的方式主要有三种:(1)有选择、有重点地传播某些新闻,以激起传播者期望的某种舆论关注;(2)利用各种形式,比如请权威人士或者当事

---

① 李良荣:《新闻学概论(第六版)》,复旦大学出版社 2018 年版,第 82 页。
② 同上书,第 83 页。

人甚至编辑部出面,就某一重大问题发表意见,以激起民众讨论,形成舆论;(3)把存在于某一特定环境的比较集中而又与社会整体利益有密切关系的意见加以扩散传播,以引起更大的反响。

(三) 媒体引导舆论

媒体不仅可以通过议程设置引发公众舆论,还能够直接对舆论发挥导向作用。媒体引导舆论的方式主要有两种:

一是通过持续不断的信息流,构筑现代信息环境,作用于人们的认识,引导舆论。以2024年夏季的巴黎奥运会为例,各种媒体以各种方式报道奥运会的精彩赛事,公共空间、微信群、视频平台等到处都在展示、讨论、分享运动健儿的出色表现。来自媒体的持续不断的信息流,对于引导舆论具有极其强大的作用。信息是舆论的建筑材料,决定着人们对事实的掌握程度和对外界的感知,是意见、态度形成的基础,是人们做出判断的依据。信息流的引导是潜移默化的,作用时间更持久,作用力度也更大。

二是通过直接或间接的意见表达引导公众意见。这种方式的理论基础是德国学者诺尔-诺依曼提出的"沉默的螺旋"理论,即在舆论形成的过程中,分散的公众成员在发表意见时会受制于从众心理,即出于避免被孤立这种很自然的想法,会自觉或不自觉地被占优势地位的多数意见所影响或左右。这种对于外界优势多数意见的感知主要来自人际传播和大众传播,尤其是在现代社会,这种对优势地位意见的感知多来自各种媒体的传播。

第二节　新媒体与舆论新格局

步入互联网时代,蓬勃发展的新媒体已经渗透到社会公众生活的方方面面,并逐渐成为人们生活中不可或缺的一部分。借助数字化、交互性、超时空等特征,新媒体在社会发展的政治层面、经济层面和文化层面都产生了重大的影响。第53次《中国互联网络发展状况统计报告》显示,截至2023年12月,我国网民规模达 10.92 亿人,互联网普及率达 77.5%;网络基础设施建设持续加强,新型消费持续壮大,网络惠民走深走实,更多人共享互联网发展成果。① 作为强大的信息传播工具与舆论引导工具,新媒体在加速传播信息资讯、推动多样化意见互动、凝聚公众意见、展现舆论力量、激发社会治理创新等方面发挥了强大的作用,已经成为公众了解现实社会、表达观点和意见的新平台。随之而来的是舆论格局的变化和发展,不同于报纸、广播、电视等传统媒体构建的舆论场,新媒体传播创造了舆论新格局。

一、互联网:新媒体与新舆论场

有学者提出,互联网作为一种新的传播技术和媒介形态,不仅为舆论提供了呈现和发布的新渠道,而且影响着舆论的形成、传播和作用方式。伴随着互联网技术形态的升级,网络舆论不断发展和演变,其独立性也日趋显著,呈现出与一般社会舆论不同的特点。②

(一) 新媒体技术赋权公众表达:新舆论场的力量来源

人类社会绵延至今,经历过四次意义重大的传播革命。③

第一次传播革命是文字的发明和使用。这是人类文明第一次突破时间、空间的限制,"通之于万里,推之于百年",并保证了信息在传播中不被扭曲、变形、重组和丢失。人类社会由"野蛮时代"迈向"文明时代"。

第二次传播革命是印刷术的发明。印刷术的发明不仅给中国,也给欧洲和整个世界文明带来了曙光。报纸、杂志、书籍等大众媒介的迅速普及,在欧洲直接引发了宗教革命和启蒙运动。曾经只在上流社会流转的竹简、帛书等昂贵的书写媒介,开始走进寻常百姓家,知识的垄断被打破,大众传播时代来临,这加

---

① 《第 53 次〈中国互联网络发展状况统计报告〉》,https://www.cnnic.net.cn/n4/2024/0322/c88-10964.html,2024 年 2 月 29 日访问。

② 李良荣主编:《网络与新媒体概论》,高等教育出版社 2014 年版,第 126 页。

③ 不同于一些学者"五次传播革命"的观点,笔者认为,语言传播不能作为人类特有的传播文明被视为第一次传播革命。越来越多的研究已经显示,动物也有丰富多样的发达的"语言"。

速了封建主义的没落和资本主义的诞生。

第三次传播革命是电报的发明,以及之后以广播、电视为代表的一系列模拟式电子传播技术与媒介的出现。这些发明挣脱了印刷传播时代必不可少的物质传播的束缚,使得人类信息传播的速度空前迅疾,范围空前广泛,内容空前丰富,复制、扩散和保存信息的能力空前增强。电报的发明实现了长距离即时点对点传播。随后的广播、电视将点对点技术发展到点对面技术,使即时的全球大范围传播成为可能,信息供给空前丰富。

第四次传播革命,即互联网新媒体技术的推广与使用。相比于前三次传播革命,第四次传播革命不仅在传播载体、传播介质上更加先进,实现了数字、语言、文字、声音、图画、影像等多种传播方式的统一数字化处理,还以其交互性传播模式,使得传播者与受众之间的传统关系发生巨大转变,传播权力面临深层次的结构调整。[1]

前三次传播革命在推动人类文明前进的同时,始终贯穿着不断增强的资本、权力控制。国家占据知识、技术与意识形态领域的主导地位,从传播革命中获得的权力资源和治理资源远远多于社会所得。现如今,"公民拥有言论、出版自由"几乎是所有国家的宪法规定的公民的一项基本权利。但事实上,面对庞大的国家组织、实力雄厚的资本市场、复杂的传统媒体机构,普通公民根本没有可能与之抗衡,所谓公民言论、出版自由只是空洞的条文。传播的权力或被国家垄断,或受资本控制,或是政府、资本合谋共享,公众有传播的权利,却没有传播的权力,媒体沦为权力、资本奴役公众的工具。

第四次传播革命将宪法赋予公民的表达权通过技术赋权落到实处。拥有传播权利的普通公民,借助互联网传播、新媒体技术,在知情、表达方面享受到了更多的权利。在网络舆论出现之前,传统大众媒体是舆论的主要载体。媒介建构的"拟态环境",普通大众没有能力质疑。去中心化的数字媒介技术打破了大众传媒的单一话语空间,创造出大量依托网络的新的"公共舆论中心",使国家、资本的"信息权力"似乎逐渐式微。普通公民借助互联网传播、新媒体技术,

---

[1] 李良荣、郑雯:《论新传播革命:"新传播革命"研究之二》,《现代传播(中国传媒大学学报)》2012年第4期。

成为传播革命的推动者、参与者。从这个意义上来说,相比于前三次传播革命,这一次传播革命不仅在传播载体、传播介质上更加先进,亦使得传播者与受众之间的传统关系面临重大转变。公共舆论的影响力进入新阶段。新舆论场的力量得益于技术的赋权。当下的中国互联网,已经成为我国公众重要的意见表达渠道和政治参与途径。① 正是这种权利、影响力的增强,促使政府在各个方面更加重视舆论,全方位改进管理模式。

第四次传播革命以前,媒介建构现实,媒介报道什么,社会就是什么;现在,一个新的话语空间诞生,它沟通虚拟与现实、官方与民间、公民行动与高层决策,推动形成多方互动,构建了一个公众参与公共事务讨论与行动实践的新"舆论中心"。从这个意义上来说,新舆论场的力量来源于新媒体技术的赋权。

(二) 新旧媒体互动,构建舆论新格局

从物质载体角度来说,传统媒体是指报纸、广播、电视等大众媒体形式,而所谓新媒体是指以互联网为基础的电脑、手机等。新媒体虽然在20世纪90年代已经兴起,但在新世纪以前,舆论的主要载体还是传统媒体。进入新世纪,随着新媒体快速增长,网民数量激增,互联网作为新的舆论载体崭露头角,久而久之形成一个新的舆论场,打破了传统媒体对舆论的垄断。由此,在新世纪开端,中国出现了两个"舆论场":一个是以传统媒体为阵地的舆论场,一个是以互联网为阵地的舆论场。

以2003年"孙志刚案"为开端,两个舆论场开始互动,只是数量不多,基本上互不干预,各有各的主流议题。2007年,以四大网络事件即厦门的PX事件、陕西的"周老虎"事件、重庆"最牛钉子户"事件和山西"黑砖窑"事件为标志,新媒体、传统媒体开始联手,互相配合,互相呼应,两大舆论场融合在一起,形成更为强大的舆论声势,吸引了社会各界、各阶层广泛参与,引发了从中央到地方各级政府高度关注。以山西"黑砖窑"事件为例。山西一些砖窑主从人贩子手中购买偷运来的民工,其中有很多童工,将他们关押在各个窑厂里从事高强度的

---

① 郑雯:《理解网络舆论:新力量、新格局、新战场、新文化》,《青年记者》2020年第7期。

体力劳动,不少民工伤残甚至死亡。2007年5月,该事件被天涯论坛的一则帖子曝光,在6天内就有58万的点击率和3000多篇回帖。之后,传统媒体开始介入。2007年5月19日至6月2日,河南电视台《都市报道》深入采访,播出《罪恶的黑人之路》,《山西晚报》《羊城晚报》等跟进报道。6月14日,时任中共中央总书记胡锦涛、国务院总理温家宝先后作出批示。中华全国总工会现场调查,督办此事。7月17日,临汾市中级人民法院审判了相关责任人。2007年以后,在众多公共事件中新媒体和传统媒体之间的互动协作成为常态。

在这种互动中,新媒体与传统媒体扬长避短,发挥各自的优势,逐渐形成新的舆论格局。各类网络舆论事件,大部分是由网民首先在新闻网站、博客、微博、社区论坛提供第一手资料或披露某些材料,瞬间被各大网站转载,引发网民关注、转发和跟帖;其后,传统媒体闻风而动,或深入调查,提供事实真相,或发表评论,表明立场、态度,指出问题的关键,从而引发网民更广泛、更深入的讨论,提供更多的内幕材料。新媒体平台的发帖、跟帖量往往能达到几万、几十万、几百万,点击量甚至可能过亿,推动形成强大的舆论压力。这时,事件指向的当事人或相关组织不得不出面表态,地方政府机构介入调查、处理问题。于是,新媒体与传统媒体围绕当事人表态、政府调查和处理的情况再次进行讨论。新媒体与传统媒体相互配合,推高公众对于舆论客体的关注热度,直到事情获得解决。

近年来,基于新媒体、传统媒体互动产生的舆论影响力不断扩大,网络舆论事件逐年增加,事件涉及面越来越广,参与网民越来越多。新媒体与传统媒体的互动影响和构建了全新的舆论格局,呈现出新媒体时代的舆论生成新特点。

(三) 网络舆论未必代表民意

互联网在各类重大事件中的作用愈发重要,网民就热点问题或重大议题展开激烈讨论,形成强大的舆论影响力。网络民意已成为当前中国社会民意表达的重要渠道,成为各级党政领导者了解社情民意的重要来源,对现实政治乃至具体的国家公共决策产生了实质性影响。同时,互联网也是多种力量博弈的主战场。因此,网络舆论只能在一定程度上和一定范围内代表一定的民意,不能简单地将其与民意完全等同,需要具体问题具体分析。

第一,网络对民意的代表性不足。网民不能代表现实中的公民,活跃的网民也不能代表全体网民。即使目前我国网民总数已达到相当规模,网民的构成却与非网民明显不同。在结构上,伴随移动互联网的广泛普及与互联网平台用户的总体下沉,普通群众成长为互联网上用户规模最大、潜在发声人数最多、舆论声量最大的网络社群力量。CNNIC 于 2020 年 12 月发布的《中国互联网络发展状况统计报告》显示,中国网民总体学历结构中,大学专科的比例为 10.5%,本科及以上的比例为 9.3%,高中及以下的比例高达 80.2%。CNNIC 近 20 年历次中国互联网络发展状况统计调查数据显示,大专及以上学历的互联网人口占比,从 2000 年的 84%,到 2003 年的 57.2%,2014 年降至 21.4%,及至 2020 的 19.8%。中国网民的总体用户结构呈现出低学历人群占比持续增加、中等教育水平和高等教育水平的群体占比大幅下降的趋势,故而网络舆论所代表的民意也具有很强的倾向性。此外,互联网上存在大量"沉默的网民",在一些重大事件和议题中,表现活跃者仅仅代表了一部分网民的意见,所谓的网络民意事实上反映的也是这一小部分活跃的网民对相关事件的态度。

第二,网络民意的真实性存疑。大量被"污染"的网络民意充斥网络,表现为在热点事件中舆论走向被操纵、公选投票中专业刷票等现象。

第三,存在群体极化现象。群体成员一开始有某些偏向,在商议后人们朝偏向的方向继续移动,最后形成极端的观点,这种现象被称为群体极化。[①] 互联网中的群体极化现象尤其突出,网络群体性事件中有不少是群体极化过程中的典型代表。

需要肯定的是,网络已经成为中国民意表达的重要场域,舆论的理性程度越来越高。伴随着网民数量不断攀升、网民结构不断优化,多元利益关系与多元意见交互碰撞,网络民意从总体上逐渐更加成熟和理性,网络民意对整体民意的代表性也大大提升。中国互联网正逐步进化成一个理性力量主导的舆论生态场。

---

① 〔美〕凯斯·R.桑斯坦:《信息乌托邦:众人如何生产知识》,毕竞悦译,法律出版社 2008 年版,第 3—4 页。

二、网络舆论发展的四个阶段

(一)网络舆论萌芽期(1999—2002)

1994年中国接入互联网后,以经济和文化精英为主导的第一代网民推动网络舆论在中国萌芽。这一阶段网民的主要特点是知识层次普遍较高,网络舆论多由社会精英主导。特别是20世纪90年代后期,当互联网逐步走出科研院所,面向社会公众普及之际,全球化进程中国家经济的快速发展和中国在国际交往中的悲喜交集是网络论坛中的主导性议题。

1999年5月8日,以美国为首的北约飞机用导弹袭击了中国驻南斯拉夫大使馆,造成多名中国公民和工作人员伤亡,使馆严重被毁。事发后,国内群情激奋,民众抗议此起彼伏。5月9日,《人民日报》网络版开通"强烈抗议北约暴行BBS论坛",使激愤的民情有了宣泄的渠道。同年6月19日,抗议论坛正式更名为"强国论坛"并沿用至今。这个出现在特殊时期的国家级网络论坛,首次将大国网民的民意呈现在世人面前,成为中国网络舆论发展历程中一个具有里程碑意义的事件。

受新媒体技术形态和普及程度的限制,当时的网络舆论对社会的渗透程度有限。只有当涉及国家主权的重大事件发生时,网络舆论才会进入社会公众的视野。但此时,由千千万万普通民众构成的网民群体正逐渐形成并不断壮大,他们在网络空间内影响日盛。网民不仅是国家意志作用的对象,同时也是悄然作用于国家意志的力量;不仅是受精英影响的对象,也反过来逐渐成为改变精英的力量。网络舆论在网民的不断成长中集聚发展的能量。

(二)网络舆论成长期(2003—2008)

2003年是中国接入互联网的第十个年头,这一年的"孙志刚事件""嘉禾拆迁株连事件""哈尔滨宝马撞人事件"等事件在网上引发了巨大的民意声浪,在我国舆论发展史上留下了清晰的印记。2003年被认为是中国网络民意的元年。① 也是从这一年开始,网络舆论成为政府部门进行管理和决策的重要依据。

到了2005年,中国网民总数首次超过1亿。在全球化和市场化的推动下,普通网民可以与西方发达国家的网民近乎同步地分享互联网主流技术升级所带来的最新成果。在中国的语境中,公众运用这些技术成果创造出具有中国特色的网络舆论表达。

2007年,依托Web 2.0技术浪潮,新闻跟帖、聚合新闻、聊天室、社区论坛、即时通信等主流技术形态的升级,使互联网逐渐成为支持社会舆论形成和表达的主力媒介。公权力大、公众关注度较高的公共部门和公职人员成为网民关注的焦点,社会民生问题成为网络舆论的主流,而网络舆论也反过来推动了相关社会问题的解决。网络舆论的影响范围也逐步扩大到政治领域,成为社会舆论的重要组成部分。

这一时期,中国的互联网舆论有两个较为显著的特点:一是新媒体与传统媒体之间的互动成为网络舆论实际影响大多数人乃至社会公共事件走向的重要因素;二是政府感受到网络舆论的强大力量,高度重视网络舆论的社会作用。习近平总书记深刻指出:"网络空间已经成为人们生产生活的新空间,那就也应该成为我们党凝聚共识的新空间。"从"十四五"规划到围绕党的二十大相关工作进行网络意见征求,互联网成为共产党同群众交流、沟通的新平台,成为了解群众、贴近群众、为群众排忧解难的新途径,成为发扬人民民主、接受人民监督的新渠道。

(三)网络舆论爆发期(2009—2013)

随着互联网应用渗透入社会各阶层、各领域,网络舆论表达的形态也日趋丰富。从2009年开始,网络舆论事件每年都在200个以上,其中包括网民对政府失职渎职行为的问责,对违法乱纪官员的鞭挞,对困难群体的同情和声援,对公权力在阳光下运行的期盼等。根据中国人民大学舆论研究所发布的《中国社

---

① 赵鼎新:《社会与政治运动讲义(第二版)》,社会科学文献出版社2012年版,第4页。

会舆情年度报告(2012)》:2011 年全年具有社会影响力的网络热点事件总计 349 个,平均每天 0.96 个[①],中国进入了危机常态化社会,互联网成为舆论最主要的源头。

2009 年新浪微博诞生以来,4A(Anyone, Anywhere, Anytime, Anything)传播使社会进入"大众麦克风"的时代。移动互联网的普及使民众能随时通过文字、音频、视频等方式对线下事件进行现场"直播"。更高的交换率和更强的信息扩散性进一步加速了各种舆论风暴的形成和传播。2010 年,以"我爸是李刚"为标签的河北大学撞车事件以及随后的郭美美事件在国内引发舆论啸聚,甚至引发国外媒体关注。一人一地一事,在短时间内演变为吸引全球关注的公共事件,凸显了新媒体借助全球化和个人化两大潮流释放的巨大能量。国内国外、线上线下互动成为常态。虚拟网络的力量在多元社会力量和网络化逻辑的推动下,不断趋向实体化。虚拟空间与现实空间的互动呈日趋频繁之势。

互联网早期的民意表达带有较强的知识分子气质,到 2003 年孙志刚事件引爆舆论时,精英的主导作用还是显而易见的。但随着互联网的普及,网民的整体学历层次下降。2007 年前后,新意见阶层崛起,普通网民在更大范围内自主地问政问责。网民在早期精英的带领下,逐渐熟悉了互联网的环境,开始发挥更加主动的作用。但是也要看到,在越来越复杂的互联网环境下,网民面对更多的资讯、更多的意见选择。同时,意见领袖也获得了越来越多的机会和新的权力。

在网络舆论的爆发期,中国已经进入网络舆论常态化影响政府机制的新阶段。在前一阶段,传统媒体与新媒体互动、意见领袖的推进和网络舆论的兴起之间具有紧密的联系。而在爆发期,除了传统媒体和意见领袖之外,越来越多的草根领袖和普通大众可以在更广的范围内直接问政问责,这是这一时期网络舆论的状态。正因为网络舆论进入了高发、常态化、多元力量共同推进的阶段,所以其在爆发期也呈现出相对混乱与噪声四起的状态。

---

① 喻国明主编:《中国社会舆情年度报告(2012)》,人民日报出版社 2012 年版,第 20 页。

（四）网络舆论清朗期（2014年至今）

在2013年打击整治网络谣言专项行动的基础上，2014年2月，中央网络安全和信息化领导小组成立，习近平任中央网络安全和信息化领导小组组长。中央网络安全和信息化领导小组着眼国家安全和长远发展，统筹协调涉及经济、政治、文化、社会及军事等各个领域的网络安全和信息化重大问题；制定实施国家网络安全和信息化发展战略、宏观规划和重大政策；不断推动国家网络安全和信息化法治建设，不断增强安全保障能力。

曾经，我国网络管理体制呈现出"九龙治水"的管理格局，存在明显弊端，表现为多头管理、职能交叉、权责不一、效率不高等诸多问题。从2014年开始，我国对互联网的监管和治理职能集中于国家互联网信息办公室。2018年3月，根据中共中央印发的《深化党和国家机构改革方案》，将中央网络安全和信息化领导小组改为中国共产党中央网络安全和信息化委员会。清朗网络空间建设成为一项长期任务，有关部门进一步集中精力、集中力量对网络谣言、淫秽色情、涉恐涉暴等有害信息进行"大清理""大扫除"，运用网络传播规律，弘扬主旋律，激发正能量，在新的网络舆论场大力培育和践行社会主义核心价值观。

第三节　新媒体与中国共产党新闻舆论思想

一、互联网成为新闻舆论工作的主战场

网络舆论场凭借强大的影响力建构了全新的舆论格局，使得互联网成为多种力量博弈的舆论主战场。一方面，在国家转型发展的特殊阶段，各种错综复杂的利益关系可能影响舆论走向。其中不仅有政治的力量、资本的力量，还有境外力量以及网络上各种推手的力量。这些力量彼此博弈，共同影响网络舆论的发展态势。另一方面，网络舆论的独立性增强，使得网络推手及网络水军的运作方式出现了新的特征：操纵网络舆论信息的职业化和专业化水平不断提高。除此之外，新媒体和传统主流媒体的互动亦对网络舆论的发展产生了重要

的影响。这些因素共同导致网络舆论场的意识形态斗争形势十分复杂。

党的十八大以来，以习近平同志为核心的党中央高度重视党的新闻舆论工作，多次研究舆论有关问题，并做出重要部署。2016年2月19日，习近平主持召开党的新闻舆论工作座谈会并发表重要讲话，用"新闻舆论"替代了"新闻宣传"。把"新闻宣传工作"改成"新闻舆论工作"，体现了党对舆论工作的高度重视。基于互联网新媒体的迅速发展与广泛应用，舆论已经成为影响政府决策和中国政治进程的一个极其重要的因素。

党的二十大更为明确地强调了全媒体的重要性。二十大报告指出，我们要建设具有强大凝聚力和引领力的社会主义意识形态，牢牢掌握党对意识形态工作领导权，全面落实意识形态工作责任制，巩固壮大奋进新时代的主流思想舆论，加强全媒体传播体系建设，推动形成良好网络生态。习近平强调，党的新闻舆论工作是党的一项重要工作，是治国理政、定国安邦的大事，要适应国内外形势发展，从党的工作全局出发把握定位，坚持党的领导，坚持正确政治方向，坚持以人民为中心的工作导向，尊重新闻传播规律，创新方法手段，切实提高党的新闻舆论传播力、引导力、影响力、公信力。新闻舆论战线只有适应形势发展，积极改革创新，全面提高工作能力和水平，才能担得起这样的使命、负得起这样的职责、对得起这样的信任。

二、新闻舆论工作要坚持党性原则

（一）党性原则是新闻舆论工作的根本原则

党性是一个政党的政治本质和特征，是其阶级性的最高和最集中体现。新闻舆论工作必须坚持党性原则，是马克思主义新闻观最基本、最重要的观点。党性原则要求党报党刊必须捍卫党的纲领方针，按照党的精神工作，这是党的新闻舆论工作的根本原则。

党性观念是马克思主义新闻思想的精髓。从马克思、恩格斯到列宁，再到毛泽东、邓小平、江泽民、胡锦涛、习近平，党性原则始终是贯穿他们的新闻宣传思想的一条红线。马克思、恩格斯虽然没有明确使用党性原则这一概念，但他们身体力行,利用党报、党刊和其他报刊,与形形色色的机会主义理论、巴枯宁主义者等各类宗派、各种思潮以及违背党的纲领的言行进行不倦斗争,保持了党的统一。

明确地、正式地提出党报党性原则的是列宁。列宁在1905年发表的《论党的改组》《党的组织和党的出版物》两篇文章里反复论述了党性的极端重要性。列宁指出,如果我们党有蛊惑人心的倾向,如果党性基础(纲领、策略规定、组织经验)十分缺乏或者薄弱、动摇,那么毫无疑问,这个危险可能是很严重的。① 党是自愿的联盟,假如它不清洗那些宣传反党观点的党员,它就不可避免地会瓦解,首先在思想上瓦解,然后在物质上瓦解。确定党的观点和反党观点的界限的,是党纲,是党的策略决议和党章,最后是国际社会民主党,各国的无产阶级自愿联盟的全部经验。② 列宁坚持了马克思、恩格斯办党报的原则,并明确地把按照党的纲领、策略原则和党章办报规定为党报的党性原则。

在中国共产党的发展历程中,党性原则一直是党的新闻舆论工作的根本原则。毛泽东高度重视党报的党性原则,反复强调务必使党报的宣传服从于党的当前政策,使宣传完全符合于党的政策。③ 1948年4月在《对晋绥日报编辑人员的谈话》中,毛泽东以简洁的语言完整地表述了党报的党性原则:"报纸的作用和力量,就在它能使党的纲领路线,方针政策,工作任务和工作方法,最迅速最广泛地同群众见面。"④ 在报纸上正确地宣传党的方针政策,通过报纸加强党和群众的联系,这是党的工作中的一项不可小看的,有重大原则意义的问题。⑤ 这一论述成为我们党领导新闻媒体的基本指导思想。

邓小平在叙述党内生活基本准则时强调,党报党刊一定要无条件地宣传党的主张。对党的工作中的缺点和错误,党员当然有权利进行批评,但是这种批

---

① 中共中央马克思恩格斯列宁斯大林著作编译局编译:《列宁选集》第12卷,人民出版社1987年版,第79页。
② 同上书,第95页。
③ 《毛泽东新闻工作文选》,新华出版社1983年版,第96—97页。
④ 《毛泽东选集》第4卷,人民出版社1991年版,第1318页。
⑤ 同上书,第1319页。

评应该是建设性的批评,应该提出积极的改进意见。①

江泽民在代表党中央领导集体发表的历次关于新闻工作的谈话中,反复强调党报的党性原则。坚持党性原则,就需要新闻宣传在政治上同党中央保持一致。② 在1994年1月召开的全国宣传思想工作会议上,江泽民同志代表党中央领导集体提出了新时期党性原则和新闻宣传工作的基本要求:以科学的理论武装人,以正确的舆论引导人,以高尚的精神塑造人,以优秀的作品鼓舞人。③

进入新世纪,媒体作为执政的战略资源,成为意识形态主阵地,影响力日益强大。习近平担任中共中央总书记以来,多次视察中央媒体,就新闻舆论工作发表多次讲话,坚持新闻工作的党性原则是习近平同志一以贯之的思想。习近平强调,党的新闻舆论工作坚持党性原则,最根本的是坚持党对新闻舆论工作的领导。党和政府主办的媒体是党和政府的宣传阵地,必须姓党。党的新闻舆论媒体的所有工作,都要体现党的意志、反映党的主张,维护党中央权威、维护党的团结,做到爱党、护党、为党;都要增强看齐意识,在思想上政治上行动上同党中央保持高度一致;都要坚持党性和人民性相统一,把党的理论和路线方针政策变成人民群众的自觉行动,及时把人民群众创造的经验和面临的实际情况反映出来,丰富人民精神世界,增强人民精神力量。落实到舆论工作,就需深入学习贯彻党的二十大精神,全面贯彻习近平新时代中国特色社会主义思想,坚决捍卫"两个确立"、增强"四个意识"、坚定"四个自信"、做到"两个维护",始终把"政治家办报"作为"第一要求"。

(二) 党性原则是中国新闻事业的基本制度

新闻工作的党性原则是中国共产党党性原则在新闻工作中的自然延伸。中国共产党的党性原则和新闻工作的规律、要求相结合,就形成了新闻工作的党性原则。党性原则不仅仅是理论,它首先是一种制度安排,是马克思主义建党学说的重要构成,是中国社会主义制度政治体制的重要构成。

---

① 《邓小平文选》第2卷,人民出版社1994年版,第272页。
② 中国社会科学院新闻研究所编:《中国新闻年鉴》,中国社会科学院出版社1995年版,第64页。
③ 同上书,第22页。

20世纪40年代初,党在延安整风运动期间明确提出党报的党性原则以后,经过半个多世纪的打磨、完善,党性原则已形成一套完整的制度。这个制度包含如下几个主要方面:

(1) 给新闻媒体定性:所有新闻媒体都是党和政府的耳目喉舌,基于这一点,所有新闻媒体都必须在政治上和党中央保持一致。

(2) 主要任务:党所领导的所有媒体都必须无条件宣传党的方针政策、国家法令法规和政府施政纲领。为保证准确、及时地宣传党的方针政策,从延安时期开始,党委机关报的主要负责人列席地方党委常委会工作会议。也是从延安时期开始,毛泽东亲自实践并不断倡导从中央到地方各级党委主要负责人要策划、参与甚至亲自动手撰写党委机关报上的重要社论或其他评论。

(3) 组织原则:党管媒体。习近平总书记强调,党的新闻舆论工作坚持党性原则,最根本的是坚持党对新闻舆论工作的领导。党和政府主办的媒体是党和政府的宣传阵地,必须姓党。党管媒体具体表现在:新闻政策与新闻规则的制定权、新闻媒体主要领导的任命权、重大事项的决策权、重要资产的配置权、新闻宣传的终审权,都在党委领导机关,这是中央文件明确规定的。①

(4) 党管媒体还有一个属地管理原则:除中央级媒体,例如人民日报、中央电视台、中央人民广播电台、新华社等之外,任何媒体都归媒体所在的区域党委、行政机关管理。

(5) 坚持正面报道为主,坚持正确的舆论导向。团结稳定鼓劲、正面宣传为主,是党的新闻舆论工作必须遵循的基本方针。

(6) 为确保上述要求得到贯彻落实,国有资本拥有对所有新闻媒体绝对的控股权。过去,业外资本一律不准进入传媒业。近年来,经营这一块允许吸纳外来资本,但媒体必须控股,坚持国有资本一股独大;任何进入传媒业的单位不得参与管理,更不准干预编辑业务。

(7) 采用行政手段来扶持主流媒体,尤其是党委机关报。除了资金注入、税收优惠、邮发优惠等措施外,最主要的扶持措施是采用行政手段来确保主流

---

① 李良荣:《新闻学概论(第七版)》,复旦大学出版社2021年版,第173—176页。

媒体的市场占有率。例如,各地党委每年都发出文件,规定党政机关、国有企事业单位要优先订阅从中央到地方的党委机关报。

(三)坚持党性与人民性相统一

坚持党性原则和发挥新闻工作者的积极性、主动性、创造性是一致的,坚持党性原则与掌握灵活的宣传策略之间也是统一的,坚持党性原则的鲜明的倾向性和真实性之间也是统一的。其中最重要的是,坚持党性与坚持人民性也是统一的。做好党的宣传舆论工作,必须坚持以人民为中心的工作导向,坚持以民为本、以人为本,解决好"为了谁、依靠谁、我是谁"的根本问题,把实现好、发展好最广大人民根本利益作为全部工作的出发点和落脚点。党性与人民性从来都是一致的、统一的。

从新闻史上看,凡政党报纸都是一个政党的宣传工具。任何政党报纸在这一点上都没有区别。无产阶级政党报纸和资产阶级政党报纸的区别在于:无产阶级政党报纸既是党的喉舌,又是人民的喉舌。媒体宣传党的理论、纲领、方针、政策,并反映人民的愿望、要求。维护党的利益和维护人民利益,对党负责和对人民负责是一致的。而其他阶级的政党报纸尽管口头上可以这样说,实际上无法做到。这是由政党的性质决定的。党报宣传党的理论、路线、方针、政策,正是在维护人民的利益,因为这些都是符合民族和人民利益的。党报反映人民的愿望、要求,同样坚持了党的立场,因为这一切是正确地制定政策的出发点和执行政策的归宿,是使我们党永远和人民心连心、立于不败之地的切实保证。

在新的历史时期,中国的新闻事业为满足市场经济和数字技术的需要正在进行改革。新闻改革的重要目的之一是加强党的新闻工作的党性和人民性。越是在复杂的社会转型阶段,越要加强而非削弱新闻工作的党性和人民性。党性和人民性都是中国共产党的根本立场和原则,在数字媒介环境下,这两者的结合、统一是必要的。面对新的舆论格局,更需要舆论工作不断提高政治判断力、政治领悟力、政治执行力;始终把"围绕中心、服务大局"作为"第一职责",不断提高新闻宣传和舆论引导工作质量和水平;始终把媒体融合发展作为"第一工程",在"主流"上下功夫,在"新型"上求突破;始终把改革发展作为"第一要务",统筹发展和安全,推动各项事业行稳致远;始终把"不负历史、勇立潮头"作为"第一追求"。

案例 1:齐齐哈尔体育馆坍塌事故

2023年7月23日,黑龙江省齐齐哈尔市第三十四中学体育馆发生坍塌。经核实,事故发生时,馆内共有19人,其中4人自行脱险,15人被困。此次事故共造成11人死亡。2023年8月14日,国务院安全生产委员会发布重大事故查处挂牌督办通知书。

7月23日18时起,新华社、央视新闻、中新网等主流媒体在微博等平台先后发布事件信息,实时更新救援最新进展(见图7-3)。

图 7-3　媒体报道时间轴

一、事故发生后,网民关注什么?讨论什么?

事故发生以后,对被困人员的救援进展是网民最先关心的问题之一。梳理微博热搜话题后发现,关于救援最新进展的话题持续动态登顶微博热搜榜首。尤其是事故发生地点在中学的体育馆,更是引发了公众对于师生的伤亡情况以及遇难人员家属的关心。网民在博文和跟帖评论中写道:"对家长来说太残忍了!""好可怜,这么多个家庭就这样毁了。"

事故发生的原因同样引发了网民大量关注。随着事故现场鸟瞰图被公布,以及官方公布初步结论,即"经现场初步调查,与体育馆毗邻的教学综合楼施工过程中,施工单位违规将珍珠岩堆置体育馆屋顶。受降雨影响,珍珠岩浸水增重,导致屋顶荷载增大引发坍塌",越来越多的声音聚焦于对"豆腐渣工程"、施工违规操作的斥责。

人民网舆情数据中心在分析中特别指出,考虑到不久前"荣莱高铁被举报偷工减料,存在重大安全隐患"的事件讨论,相似事件成为"催化剂",使得网络舆论场中对于建筑质量、施工资质的声讨居高不下,引发了对于公共工程安全的负面舆论风暴。

从事件在互联网的传播走势来看(见图7-4),热度主要集中在7月24日。

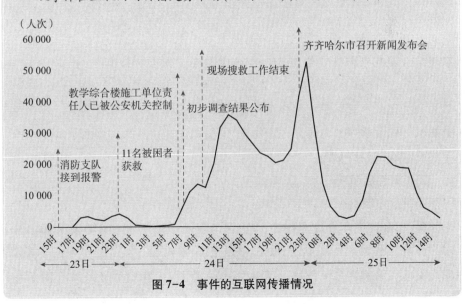

图7-4 事件的互联网传播情况

官方通报"此次事故遇难人数为11人"推动舆论声量快速走高。当天晚上，齐齐哈尔市召开新闻发布会，向第三十四中学体育馆坍塌事故遇难者默哀，推动舆论声量达到峰值。相关事件多个话题登上热搜榜，时间主要集中在24日，累计阅读量超24亿次，累计讨论超560万次。此外，与受害者身份、受害者家属及政府相关的内容同样备受舆论瞩目。

二、网络舆论场的焦点转移

需要指出的是，一段"遇难学生家长在医院质疑无人出面沟通"的视频，将网民的视线从整体事故状况转向聚焦于对个体家庭的抚慰。视频中，涉事家长称，"遇难学生送来之后，在医院已经等待5个小时，其间没有一人出面与在场家长沟通学生伤情状况，甚至有家长直到自己的孩子失去生命体征才知情"。"孩子抢救这么长时间，谁能和我们家属说一声情况？！"视频中家长的一声声质问令人揪心。据凤凰网、澎湃新闻等媒体报道，在场的政府工作人员，除了公安部门到医院维持秩序外，没有及时与在场家长进行有效沟通并安抚其情绪，甚至未能及时告知家长自己孩子的伤情。

该视频最先由个人账号在抖音平台发布，后被删除。从可回溯的数据来看，7月24日中午，齐鲁晚报·果然视频在此视频基础上发布了31秒的剪辑版视频，成为推动相关内容得以快速传播的关键媒体账号，点赞量超160万次。当日下午，凤凰网发布了一段时长为6分26秒的视频，成为第一个在互联网平台发布完整视频的专业媒体，点赞量在百万次以上。

至此，网络舆论场的意见焦点发生变化，许多网民表达了对家长的同情，认为相关视频中的家长已经极度克制和理性，支持他们为正义发声。有网民开始批评地方政府的工作方式和态度，希望相关部门尽快对家长们的请求给予回应，及时解决问题。

三、事件启示

通过对事件的回顾，可以发现：

第一，主流媒体在应急处理、推进问题解决的过程中发挥了重要的舆论引导作用。本次事故中，救援进展、事件细节、家属表态均通过媒体报道在互联网空间引发网民广泛关注。可以看到，新华社、央视新闻等主流媒体在事故救援进展的动态通报中，多次作为首发渠道，第一时间向公众传递现场最新情况，充分体现了主流媒体在新闻报道方面的传播力、引导力、影响力和公信力。主流媒体也动态发布信息，客观还原事件面貌。例如7月23日晚，媒体先后发布的事故信息中，事故发生时间为"23日下午4时许"，被困人员数量表述为"初步研判有10余人被困"；至当日晚间21时许，媒体报道就已明确齐齐哈尔市消防救援支队指挥中心接警时间为14时56分，消防救援力量到达现场并开展营救时间为15时10分；7月24日上午，关于被困人数，媒体发布"事故发生时馆内人员共有19人，其中4人自行脱险，15人被困"。这些数字的及时更新和不断明确，让事件在信息的动态发布过程中逐渐呈现出客观面貌，回应了网络舆论关切。

第二，媒体走在官方发声之前，敦促相关部门积极作为，在网络舆论场引发激烈讨论。灾难、事故等突发事件，因其突发性、复杂性、破坏性、异常性等特点，使得媒体在其中具有非常重要的作用。媒体有意识地对信息进行编排整合、阐发观点和意见，对于引导突发事件的走向具有十分积极的作用。此次事件中，由专业媒体率先披露的现场鸟瞰图，使得众多自媒体和网民可以对现场房顶存放的物品、楼体结构进行讨论，对事故原因进行推测。专业媒体主动在网络舆论场设置议题，让事件在动态发布的过程中逐渐呈现出客观的面貌，也通过舆论监督的方式敦促地方政府部门尽快对事件进行深入调查，及时向公众说明情况。

第三，事故灾难中，沟通安抚更能见真情，也更能赢得舆论的认可与支持。与事故灾难救援工作同样重要的，是对于遇难者家属的情绪安抚和后续问题的及时解决。齐齐哈尔体育馆坍塌事故中，学生家长斥责政府部门的视频广泛流传，引发公众共情，众多网友表达了对于相关部门应对缺位的不满情绪。这也提醒相关部门，在突发事件中不能忘记人文关怀，要以人为本，及时安抚人员情绪，做好沟通与互动工作。

资料来源：《齐齐哈尔体育馆事故现场：珍珠岩堆成垛，幸存者靠记忆引导挖掘》，https://baijiahao.baidu.com/s?id=1772337084306250267&wfr=spider&for=pc，2024年5月30日访问；《舆情观察 | 齐齐哈尔某中学体育馆坍塌引发多类负面舆情及消极影响》，https://baijiahao.baidu.com/s?id=1772447639060997107&wfr=spider&for=pc，2024年5月30日访问；《舆情观察：齐齐哈尔第34中学体育馆坍塌事故舆论聚焦点梳理》，https://mp.weixin.qq.com/s/SWxO0GhzmXiJAq9WPfM8BQ，2024年5月30日访问。

案例2：南京地铁"开罚单"引发网民质疑

2023年7月25日，有媒体报道称，一名乘客因在南京地铁车厢喝水被开罚单。南京地铁客服人员对此回应称，"列车上禁止饮食，喝水也是饮的一种，发现后会做出相应处罚"。随后，该话题在微博等互联网社交平台迅速发酵，引发媒体关注和网民的广泛讨论，#女子在南京地铁车厢喝水被开罚单#话题登顶百度热搜第一。当天晚上，@南京地铁发布官方声明，回应报道所说并非"喝水"而是"饮料"，并非"处罚"而是"告知书"，并表示将进行充分的研究和论证，不断优化工作措施。

这一事件之所以能迅速在互联网上成为热点，是因为在地铁上仅"喝水"就被"处罚"这一表述，在新媒体语境下的网络传播过程中起到助推作用。相比其他重刺激性气味的食物或液体，饮水显然不在公众认为的禁食范围内，这极大地激发了公众对话题的关注热度和讨论热情。

通过回溯可以发现，这一表述最早出现在部分新媒体平台上时，就已出现偏差。7月25日9时35分，@后浪视频率先报道了此事，并创建#女子在南京地铁上喝水被开罚单#、#南京地铁回应乘客因喝水被开罚单#两个话题，@头条新闻随即进行转发，并创建#女子在南京地铁车厢喝水被开罚单#、#如何看待地铁喝水被开罚单#两个话题。"喝水""罚单"两词均出现在各大平台的话题榜单或热搜中，推动形成受众对此事的基本事实认知。

与此同时，新闻报道中来自南京地铁客服的首次回应也加深了事实偏差。面对媒体的求证，相关客服人员在未做事实确认的情况下，先入为主地认为"喝水被处罚"一事存在。因此，工作人员针对失实的内容去进行合理性解释，"喝水也是饮的一种""可在站台上喝"等回应自然也就加剧了问题的严重性，造成了误导。客服首次回应失当，在变相认为部分新媒体传播内容属实的同时，激化了网民的不满情绪，导致"声讨"的舆论出现。

值得思考的是，在这一事件中，为何网络舆论场的讨论愈演愈烈？微博的话题热度迅速上升后，涉事乘客接受媒体采访时表示，"喝的是瓶装饮料，因为是首次，所以并未罚款，沟通过程中工作人员很负责"。随后，@南京地铁发布声明,对相关事实进行再次澄清和解释。从网络舆论引导的一般规律来看,当事人的理解与肯定、关键细节的发布与澄清,再加上当事方诚恳、得体的回应,能够有效扭转网民对此事的看法。但在此次事件中,网络舆论场对此次执法行为的不认同声音得到放大。

有法律学者认为,南京地铁禁止饮食的规定是合法依规的,但其选择性的执法行为却违背了立法原意。《南京市轨道交通管理条例》出台的初衷是减少对他人权利的侵害,让乘客的乘坐环境更加安全、舒适。而脱离这一初衷的严格执法反而会让乘客不适,甚至引发对立情绪。多家主流媒体在后续的网络新闻评论中指出,防止饮料泼洒导致的安全卫生隐患这一解释,可能是对于规定的自由发挥和过度诠释。面对条例出台后屡次带来的争议,有关方面可以选择坚持条例不改,但不能选择沉默或者放任基层工作者随意解释。

2023年3月,有乘客在南京地铁上使用手机时外放声音,收到地铁方面的"告知书",网民对此纷纷点赞,呼吁全国推广。然而不久后,有乘客因在南京地铁内喝牛奶收到"告知书",却引发不少网民质疑。可以发现,类似事件带来更多争议的本质,是经由南京地铁解释的执法行为与广大市民基于常人情理的思考存在矛盾。因此,网络舆论有时并不会全盘采纳官方解释,甚至会进一步质疑事件和问题本身。

通过此次事件,可以获得如下启示。第一,遇到类似事件时,需要把握好首次回应的机会,避免带来更负面的影响。第二,在对个案的处理过程中,不仅要重视当事人的心态、行为和反馈,更要考虑广大公众的情感体验。新媒体时代,要学会在释疑和与网民的互动中,把握网络舆论的沸点所在,摸清其中的情理边界,更好地履行管理职责。

资料来源:《女子在地铁车厢喝水被开"罚单"? 南京地铁回应》,https://baijiahao.baidu.com/s?id=1772437312798480789&wfr=spider&for=pc,2024年2月29日访问;《舆情观察:"委屈"的南京地铁和更需要被理解的舆论情绪》,https://mp.weixin.qq.com/s/mDXdD90gCABIa1mM0_nQZw,2024年2月29日访问;《网曝女子在南京地铁"喝水被罚"官方回应释疑引发争议》,http://www.legaldaily.cn/index/content/2023-08/30/content_8894719.html,2024年2月29日访问。

思考题

1. 网络舆情、网络舆论、网络民意之间的区别是什么?
2. 新媒体语境下,主流媒体应当如何做好舆论工作?
3. 网络舆论场已成为多种力量博弈的场域,多主体、多平台共同影响舆论走势,试举一案例并分析不同主体或平台在其中的作用。
4. 有学者指出,网络舆论也塑造了新的舆论文化,你如何理解这种"新文化"?
5. 互联网平台对国际舆论博弈可能产生哪些影响?

拓展阅读

〔美〕沃尔特·李普曼:《公众舆论》,阎克文、江红译,上海人民出版社 2006 年版。

林语堂:《中国新闻舆论史》,王海、何洪亮主译,中国人民大学出版社 2008 年版。

李良荣主编:《网络与新媒体概论》,高等教育出版社 2014 年版。

李良荣编著:《新传播革命》,复旦大学出版社 2015 年版。

陈力丹:《舆论学:舆论导向研究》,中国广播电视出版社 1999 年版。

李良荣:《新闻学概论(第七版)》,复旦大学出版社 2021 年版。

〔德〕伊丽莎白·诺尔-诺依曼:《沉默的螺旋:舆论——我们的社会皮肤》,董璐译,北京大学出版社 2013 年版。

郑雯、桂勇:《网络舆情不等于网络民意——基于"中国网络社会心态调查(2014)"的思考》,《新闻记者》2014 年第 12 期。

〔美〕凯斯·桑斯坦:《网络共和国:网络社会中的民主问题》,黄维明译,上海人民出版社 2003 年版。

后　记

"新媒体"是贯穿本书所有章节的关键词,更是作者们从传播应用的不同面向分头展开讨论时,彼此共享、贯穿始终的视角和立场。纲举目张,"新媒体"即全书展开之纲要。新媒体视角也成为本书特色:一则与公共管理、信息技术、国际关系、数据科学等同样讨论舆论、技术、数据和国际关系等话题的其他学科教材之间形成区分,二则,也是更重要的,设定了跨学科对话中传播学科自身特有的立足点和视角。

但"新媒体"作为视角是否不言自明?本书所谓新媒体并非指互联网、手机、移动穿戴设备等具体的技术客体对象。事实上,如果行文内容止步于讨论各种新兴的数字技术、技术对象的社会文化属性、技术的认知行为效果等,则传播学教程很容易沦为计算机科学、技术哲学、公共管理或社会(心理)学等其他学科的注脚和补充,这样,传播学独立的学科意识、理论建构和话语体系便很难形成,更遑论与其他学科之间平等对话,激发新的火花。在编者看来,技术不等同于媒体。给特定技术对象冠上"以之为媒"的帽子很多时候于事无补。借用德布雷所言,界定媒介学科的理应是其特定的立场和视角。故本书在围绕新媒体如何改变文化、生成游戏体验、应用数据库、创造舆论新形态、重构出版业态或国际传播格局的讨论中,始终力图从新媒体的立场和视角出发,打开新的思路。

何为"新媒体"的立场和视角?以新媒体为视角大体包含以下几方面的含

义。首先,媒体是"活"性的。也就是说,本书会着力探究新兴的数字沟通系统在具体的政治、文化、经济、历史和社会场景中如何进行具体的运作。系统运作中显现和获得的媒介性会出现起伏差异:技术系统作为媒介有自身的生命周期。作为本书基本的分析单位,"在运作中产生媒介性的技术系统"必然是由硬件、软件和湿件(人)构成的复杂耦合体。技术系统的运作不止实时生成新的社会文化场景,还反过来受到具体场景因素的影响;反复运作设定了人们栖息其中所能获得的时空体验、认知实践和社会交往;运作的自反性又不断推动技术系统重新编码,自我升级,实现更新迭代。其次,媒体视角突出沟通系统在具体运作中对异质性的中介、调和。具体而言,中介、调和的力量表现为通过系统运作将不同的社会群体、符号叙事和商品生产资料以不同的时空尺度"装配"为可体验、可获知、可反复、可辨认、有生命力,并能不断创生新现象、新体验、新关系的数字文明形态。特定系统牵扯的范围越广,涉及的元素异质性越强,中介生产的碰撞交融越具有创造性,则技术系统的媒介沟通力就越强。媒介在随机混乱中创造秩序和意义,构成文明之基础。结合以上两点,本书在各章探讨具体问题的过程中,力图展现新知与旧识、传统与新潮、远方与附近、直接与间接、本地与全球、熟人与生人间经特定技术系统运作形成的复杂动态的关系。数字技术系统在舆论、游戏、国际传播、出版发行和数字应用等具体场景的运行中创造出来的沟通过程成为本书关注的焦点。

新媒体中所谓"新"又是什么意思呢？本书所谓"新",不仅指时间上技术出现的新近程度——如此界定新旧很不严谨,逻辑上漏洞百出。本书所说新媒体之"新",意在突出数字技术系统尚蕴涵更多的可待实现的媒介潜能。按学界对新(兴)媒体(emerging media)的界定,"新兴"的概念强调了技术系统尚未完成结构化,尚未成为可见度较低、被完全自然化的基础设施之前,还有多重沟通潜能有待实现。本书以新媒体为贯穿各章节的线索,恰恰希望通过传播学领域的同人们出色的工作,揭示出新媒体沟通力量中目前蕴含的多重潜能。实现数字技术在各种场景运作中更为多样化的媒介潜能,有利于为人类文明开辟出更有趣、更可持续、更有尊严的未来。

以"新媒体"为视野和立场,本书在具体内容上探讨了数字系统对沟通中最关键的几个面向的重新"装配"情况。与大众媒介相比，数字媒体的重新"装配"呈现以下几方面的特点。首先，数字媒介无处不在，无法关闭。故此，日常生活中所有方面的媒介性都有可能被数字技术系统重新激活。譬如，文化符号的数字化创造出大量新的文化实践形式和象征叙事；个体的媒介属性被激活使舆论的生成和扩散方式发生了根本变化；城市空间的媒介性增强带来了混杂空间前所未有的游戏漫游体验；知识生产和传播体制的数字化将更多的生产主体吸纳进来；传统媒体通过数字化过程增强媒介性，构成媒介融合重要的前提条件。人类社会被卷入数字洪流，数字媒介的力量无处不在，万物皆获得了成为媒介的潜在可能。其次，数字媒体广泛互联的特征令大量既有象征叙事、物品流动和社会交往看起来似曾相识，但其意义嵌入新媒体新的"语法"结构，已发生根本改变。这种仿佛旧相识、实则新来客的状况，提醒本书作者和读者要对原有的概念重新进行意义分析，并在新的沟通场景中对其进行把握和反思，如本书中对于"游戏""媒介融合"和"舆论"等传统概念在不同场景中的意义辨析。此外，传统媒体（屏幕或纸张）多为平面，而数字媒体使符号影像的传播和流动获得了更加多样的空间性。由此，符号与实体、虚拟与现实、媒体传播与公共空间之间产生大量新的碰撞和杂糅。新形态的混杂催生了巨大的媒介能量。众筹式的知识生产方式、充满玩乐精神的多重移动体验、穿梭虚实之间的导航定向能力无一不深刻地改变了出版、舆论、国际传播和游戏玩乐等各个方面。最后，数字媒体重塑了个人与附近的关系。从最早的随身听，随后的位置媒介，到最新出现的 Vision Pro 等可穿戴设备，当面交往和线上沟通之间越来越密集地彼此勾连、转化和渗透。直接和间接沟通加速融为一体。与此相应，舆论场越来越多地表现出线上线下混合的特征；文化群体的交往和身份认同重新突出了地理接近性的重要性；国际传播中个人在本地的一举一动都可能在虚实穿梭的过程中产生意料之外的国际影响，打破原来主要自上而下的国际传播和外宣模式。

出于以上考量，本书立足新媒体的立场和视角，较系统地介绍了新技术对于数字文化、数据、媒介融合、游戏电竞、国际传播、出版发行和公共舆论等诸方面的数字化重塑。选择以上几个方面进行阐释，一来是因为这些话题向来是新闻传播学科的热点。从新媒体视角切入，重新反观大众媒介时代对这些话题的讨论，或能产生新的启发，催生新的洞见。二来，也是更重要的考量，是因为这些具体的传播应用受到数字媒体的影响最为全面和深刻。每个章节都由在相关领域崭露头角的同事负责撰写。第一章由崔迪负责，介绍理解新媒体文化的基本角度与思路；第二章由徐笛负责，聚焦新媒体环境下数据的意义与应用；第三章由周海晏负责，以新媒体游戏为对象，从概念、特性、功能和趋向四个方面探索新媒体与游戏相互促进、相互结合、相互融合的关系；第四章由伍静负责，阐述了媒介融合趋势从不同方面、在不同层次上给人类社会带来的深刻改变；第五章由徐佳负责，讨论了新媒体如何改变国际传播的实践与理念；第六章由张大伟负责，分析了新媒体对出版市场、出版主体及业态产生的冲击；第七章由郑雯负责，集中讨论了数字时代舆论工作的实践、理论和工作原则的变化。

数字技术的发展一日千里。教材的出版周期与新媒体实践变化的速度常存在错位。教材的具体内容或需随后不断更新补充，以做到与时俱进。本书将新媒体与这些具体方面的复杂关系进行比较全面和系统的介绍，辅以相关话题领域关键的研究文献和一组启发性的思考问题，希望能鼓励读者就此不断做出独立的思考和分析。

编　者

2023 年 8 月于复旦大学

教师反馈及教辅申请表

北京大学出版社本着"教材优先、学术为本"的出版宗旨,竭诚为广大高等院校师生服务。

本书配有教学课件,获取方法:

第一步,扫描右侧二维码,或直接微信搜索公众号"北大出版社社科图书",进行关注;

第二步,点击菜单栏"教辅资源"—"在线申请",填写相关信息后点击提交。

如果您不使用微信,请填写完整以下表格后拍照发到 ss@pup.cn。我们会在 1—2 个工作日内将相关资料发送到您的邮箱。

书名		书号	978-7-301-	作者	
您的姓名				职称、职务	
学校及院系					
您所讲授的课程名称					
授课学生类型(可多选)	□ 本科一、二年级 □ 高职、高专 □ 其他_____			□ 本科三、四年级 □ 研究生	
每学期学生人数	_____人			学时	
手机号码(必填)				QQ	
电子邮箱(必填)					
您对本书的建议:					

我们的联系方式:

北京大学出版社社会科学编辑室

通信地址:北京市海淀区成府路 205 号,100871

电子邮箱: ss@pup.cn

电话: 010-62753121 / 62765016

微信公众号:北大出版社社科图书(ss_book)

新浪微博:@未名社科-北大图书

网址: http://www.pup.cn